――― 一橋大学経済研究叢書 38 ―――

平井規之著

大恐慌とアメリカ財政政策の展開

岩波書店

経済研究叢書発刊に際して

　経済学の対象は私たちの棲んでいる社会である．それは，自然科学の対象である自然界とはちがって，たえず変化する．同じ現象が何回となく繰返されるのではなくて，過去のうえに現在が成立ち，現在のうえに将来が生みだされるという形で，社会の組立てやそれを支配する法則も，時代とともに変ってゆくのが普通である．したがって私たちの学問も時代とともに新しくなってゆかねばならぬ．先人の業績を土台として一つの建造物をつくりあげたと思った瞬間には，私たちは新しい現実のチャレンジを受け，時には全く新しい問題の解決をせまられるのである．

　いいかえれば経済学者は，いつも摸索し，試作し，作り直すという仕事を，性こりもなく続けなければならない．経済研究所の存在意義も，この点にこそあると思われる．私たちの研究所も，一つの実験の場である．あるいは，所詮完全なものとはなりえない統計を，すこしでも完全なものに近づけることに努力したり，あるいは，その統計を利用して現実の経済の動きの中に発展の法則を発見しようとしたり，あるいは，分析の道具そのものをみがくことに専念したり，あるいは，外国の経済の研究をとおして日本経済分析のための手がかりとしたり，あるいは，先人のきわめようとした原理を追求することによって今日の分析のための参考としたり，私たちの仕事はきわめて多岐にわたる．こうした仕事の成果を，その都度一書にまとめて刊行しようというのが本叢書の趣旨にほかならない．ときには試論の域を出でないものがあるとしても，それは学問の性質上，同学の方々の鞭撻と批判を受けることの重要さを思い，あえて刊行を躊躇しないことにした．ねがわくば，読者はこの点を諒承していただきたい．

　本叢書は，一橋大学経済研究所の関係者の筆になるものをもって構成する．必ずしも定期の刊行は予定していないが，一年間に少なくとも三冊は上梓のはこびとなろう．こうした専門の学術書は，元来その公刊が容易でないのだが，

私たちの身勝手な注文を心よくききいれて出版の仕事を受諾された岩波書店と，研究調査の過程で財政的な援助を与えられた東京商科大学財団とには，研究所一同を代表して，この機会に深く謝意を表したい．

　1953 年 8 月

一橋大学経済研究所所長
都　留　重　人

はしがき

　本書が提出されるこの時期は，時あたかも，1929年恐慌の再来が世上で懸念されつつある時期と重なるところとなった．例えば，「1990年崩壊」説などが喧伝されている．言うまでもなく，本書はそのような風潮を直接意識して書かれたものではない．しかし，本書は大恐慌とそれに対する対応についての戦後の研究史をふまえており，大恐慌のもとでのアメリカ合衆国のポリシー・メイカーたちの苦闘を追体験することは読者にとって十分に意義のあることであると考える．

　ここに読者に提供するのは，大戦間のアメリカ合衆国における財政政策ないしは財政政策構想の展開についての検討である．

　本書を書くに際しては，もちろん，それなりの理由がある．筆者がアメリカ経済論とアメリカ経済史の研究を担当するなかで，ファシズム，ナチズム，および日本の軍国主義と区別されたものとしてのニューディールという対応をもって大戦間の危機に対処できたアメリカ合衆国の政治・経済制度というものについてそれなりの見解を提出しておきたいと考えたのがそれである．

　筆者がアメリカ経済の研究を始めて以来，わが国の研究者がアメリカ経済のあれこれの局面について与えるコメントに関して感じていたことは，月並みなシェーマによる解釈から始まって原資料の誤読に至るまで，およそ納得のできないものも含めて，「一体それがアメリカ（経済）なのか」と質問したいような著述にしばしば遭遇したことであった．もちろん，他方には，資料の慎重な検討と堅実なアイディアをもってものした啓発的な労作もあった．

　本書の特色を挙げれば，大恐慌の勃発から「1946年雇用法」の成立にまで至る連邦政府担当者——「プリマ・ドンナ」としては，フーヴァ大統領とローズヴェルト大統領——の恐慌対策の変遷を通して，アメリカ合衆国の大戦間における財政政策(構想)の展開を事実に即して説明したところにある．大恐慌ないしは大不況という歴史的事情を背景にして，フーヴァ大統領その人も，また

その恐慌対策の破産もやむをえない「歴史の産物」であったこと，したがって，フーヴァ政権の徹底的破産のあと，「大胆な実験」を鼓舞したローズヴェルト政権のニューディールが必然的なものとして生み出されたこと，そして，この経験の中からアメリカ財政革命を遂行したいくたの人材とアイディアが生み出され，その帰結が「1946年雇用法」であったこと——これが，本書を貫く赤い糸をなしている．

　ここに本書を提供するに際して，一橋大学経済研究所の知的環境の厳しさと楽しさとを銘記すると同時に，筆者にやりたいことをやらせて下さったかつてのアメリカ部門主任，伊東政吉名誉教授と，現在の筆者の直接のボスである佐藤定幸教授の学恩に深く謝意を表したい．

　本書はほとんど書きおろしであるが，第4章第4節は筆者の滞米中に書いたものであり，そこで使われている資料の多くは，大戦間の日米関係からして，現在のわが国では，入手——不可能ではないにしても——困難であると思われるので，これを修正することなくそのまま再録した．

　本書は，筆者の仕事に全くの無頓着をよそおった2人の娘と，筆者の草稿に決して手を触れようとしなかった息子と，筆者が何をやっているかを十分に弁えていた妻と母と——これら5人の家族成員のセンスのよさに捧げられる．

　　1988年1月10日

　　　　　　　　　　　　　　　　　　　　　　　　　　著　　者

目　　次

はしがき

第1章　問題の所在 …………………………………………… 1

第2章　大恐慌とフーヴァ大統領の破産 …………… 5
　　　　──財政政策の「革命前夜」──

1　はじめに ………………………………………………… 5
2　協力・共同国家論 …………………………………… 9
　　　──フーヴァ大統領がなそうとしたこと──
　　(1) 第一次大戦中の経験　　(2) フーヴァのヴィジョン
3　美しきアイディア──反循環的公共事業支出── …………… 26
4　フーヴァ大統領の恐慌対策 ………………………………… 34
　　(1) 連邦農務局　　(2) 大恐慌の勃発──ホワイト・ハウス会議と「全国ビジネス・サーヴェイ会議」　(3)「大統領雇用緊急委員会」と「大統領失業救済組織」　(4)「全国信用会社」
5　フーヴァ大統領の破産──時代の産物── ………………… 57
　　(1) はじめに　　(2) 財政均衡主義の呪縛　　(3)「復興金融公社」について　　(4) フーヴァ政権の歴史的意義

第3章　ニューディール──実験的進化 …………… 75
1　はじめに ………………………………………………… 75
2　「管理通貨制」成立の評価について ……………………… 79
3　ニューディール財政政策の概要 ………………………… 86
　　(1) はじめに　　(2) 農業調整計画　　(3) 社会保障　　(4) 失業救済　　(5) 公共事業

4　「財政革命」にとっての歴史的制約条件 ……………………… 127
      (1) 制約された認識　(2) 二重予算制度　(3) ニューディール
      の実験的性格

第4章　「財政革命」への歩み ……………………………………… 143
   1　は じ め に ……………………………………………………… 143
   2　1938年の結着――「スペンダーズ」の勝利―― ……………… 144
   3　ケインズとアメリカ …………………………………………… 156
   4　1939年行政改革――予算局の独立とその意義―― …………… 163
   5　第二次大戦の経験と教訓 ……………………………………… 175

第5章　1946年「雇用法」の成立 ………………………………… 185
   1　は じ め に ……………………………………………………… 185
   2　「完全雇用法案」の出現 ……………………………………… 186
      (1) 法案出現の土壌　(2) 貢献した諸組織　(3) 再転換論争と
      その一帰結――「完全雇用法案」の出現
   3　「完全雇用法案」論争 ………………………………………… 213
      (1) 議会での論争の経過　(2) 議会外での対応
   4　1946年「雇用法」の成立 ……………………………………… 229

第6章　結　　　語 ………………………………………………… 233

注 ……………………………………………………………………… 237
参 考 文 献 …………………………………………………………… 244
索　　引 ……………………………………………………………… 257

第1章　問題の所在

　1946年2月20日，ローズヴェルト大統領亡きあとを受けた合衆国第33代大統領ハリー・トルーマン(Harry S Truman)[1]は，第79議会公法(PL)304号に署名した．ここに1946年「雇用法」(the Employment Act)がついに成立した．前年1945年1月22日に「1945年完全雇用法案」が上院に上程されて以来展開されてきた一大論争がこのPL304の成立によって一応の結着を見たのである．

　そのセクション2「政策の布告」は，同法立法の目的を次のように規定している．

　「産業，農業，労働，および州と地方政府の援助と協力のもとに，連邦政府の必要と義務および全国的政策の他の不可欠の考慮要件と両立するすべての実行可能な手段を用い，自由競争企業制度と一般的福祉を育成し促進することを意図した仕方で，能力と意欲を持ちかつ仕事を求める者に有用な雇用が与えられる諸条件を創出し維持する目的のために，すべての連邦政府の計画，機能，および資源を統合し利用し，最大限の雇用，生産，および購買力を促進することが，連邦政府の持続的政策かつ責任であることを，議会はここに布告する」[2]．

　PL304は，のちに見るように，マリー原案S.380に，上院審議，下院審議，そして上下両院合同協議委員会審議を通して徹底的な修正が加えられて最終成案となったものであるから，「すべての人にとってすべての事を意味しうる」[3]文面となっているという極端な評価を下す論者もいる．しかし，PL304は，まさにこの「政策の布告」なる重要条項において，「最大限の雇用，生産，および購買力を促進すること」が，ほかならぬ合衆国「連邦政府の持続的政策かつ責任」であると宣言したのである．このことだけは，まごうかたのない事実であると言わなければなるまい．

しかも，この「雇用法」の規定によって，合衆国大統領は毎年の会期の初めに議会に対して「経済報告」を行うことを義務づけられ，報告の内容として特定されたのは，雇用，生産，および購買力の水準とその趨勢，上記「布告」に唱われた政策目標を遂行するための連邦政府計画などであった．同時に，この立法の目的を遂行する助けとして大統領行政府の中に「経済諮問委員会」(Council of Economic Advisers, CEA)が創設された．上記「布告」の遂行のために専門の経済学者が大統領行政府に恒常的に参加する道が開かれたのである．さらには，この法によって，両院「経済報告合同委員会」(のちに「合同経済委員会」Joint Economic Committee, JEC)が設立されることになった．その後の事態の経過の中で，独自のスタッフを持ち広範な公聴会を開く JEC の存在の意義の大きさが次第に明らかになった．

　すべてこうしたことは，1920年代末までの，いなもっと言えば，「雇用法」成立以前のアメリカ合衆国では，考えられない本格的な変化であった．まことに，「雇用法」はCEA初代委員長が述べたように，「'自由競争企業体制'の原則の力強い再確認であると同時に，経済分野における連邦政府の責任の拡大の積極的な宣言」[4] をなすものであった．

　こうして，「1946年雇用法」の成立は，アメリカ経済における連邦政府の役割の発展のうえで1つの分水嶺をなす出来事であった．言うまでもなく，「雇用法」は，その名称が連想させるところとは違って，何か雇用調整とか労働の再訓練とかいったことに関する政府の雇用政策の法的規定を与えたものではない．合衆国連邦政府の意識的計画的財政政策の法的根拠をなしているところにその意義がある．ここでは，この意識的計画的財政政策ということが強調されなければならない．このような財政政策の遂行が，すなわち時代の文脈で言えば，ケインズ政策の遂行が，連邦政府の「責任」であると唱われたところに「雇用法」成立の決定的な歴史的意義が求められなければならない．だからこそ，「雇用法」制定・実施の10年後アルヴィン・ハンセンはPL 304をもって「完全雇用のための政府計画のマグナ・カルタ」[5] であると喝破したのである．われわれが「雇用法」に注目する理由もまたそこにある．

第1章 問題の所在

　国家の経済への介入の強化が20世紀資本主義諸国に通則的に見られる傾向であるとすれば，それはアメリカ合衆国においていかなる歴史過程を通して実現されたのであるか．これがここでの問題である．

　これはアメリカ合衆国においては自明の過程ではなかった．連邦政府が収支相償うべき「家計」視されていた段階から国民経済のコントローラーとなるべきであるという認識に到達するまでには長い苦渋に満ちた経験が必要であった．

　本書は，この問題に次の構成から接近する．すなわち，本書は，大戦間のアメリカ合衆国における財政政策構想の転換を検討するために，(1) 1929年の大恐慌の勃発から33年3月までのフーヴァ政権時代，(2) それにつづくローズヴェルト政権のニューディール時代，(3) ニューディール終焉から第二次大戦期の3つの時期区分を行う．それぞれの時期の意義を述べれば，第1の時期は，国民経済に対する連邦政府の役割をできる限り控えめなものとすべきであるとする伝統的観念に立つ政府政策が大恐慌を前にしてその無力を暴露した時期であり，第2の時期は，伝統的観念にひざまずきながらの反抗を行いつつ大恐慌という「異常時」，「緊急時」の名のもとにスペンディングの実験が行われた時期であり，第3の時期は，国防支出がスペンディングの対象とされ，赤字国防支出という形でスペンディングが公然と承認された時期である．その彼方に財政政策転換のメルクマールとして，われわれは1946年「雇用法」を見いだす．「雇用法」は，すでに述べたように，連邦政府の意識的計画的財政政策の遂行が，連邦政府の「責任」であると規定することによって，アメリカ財政革命上画期的な意義をもっている．

　本書は，46年「雇用法」にひとまず収束される大戦間アメリカ財政政策構想の進展を跡づけることを課題としている．

第2章 大恐慌とフーヴァ大統領の破産
―― 財政政策の「革命前夜」――

1 はじめに

　ハーバート・フーヴァ (Herbert Clark Hoover) は繁栄の1920年代を一身に代表する「偉大なるエンジニア」として1929年に第31代合衆国大統領に就任するが，就任後半年余りにして29年恐慌に見舞われ不況のどん底の33年3月にホワイト・ハウスから「足蹴にされて放り出され」[1]ていった．

　このようにしてフーヴァは，ほぼ1931年を境にして顕著になるジャーナリズムの集中砲火の中で，32年の大統領選挙においてフランクリン・ローズヴェルト (Franklin Delano Roosevelt) に敗退させられる．こうした歴史的事情のために，なるほど時間の経過とともに非難の内容の個々の詳細はひとの心から消え去り，忘れられていったけれども，彼についてのある1つの否定的残像が根強く残るところとなった．そして，この否定的残像は，フーヴァの大統領としての歴史的評価を決定するうえで重要なモメントとなり，こうして彼は，ある研究者が指摘したように「今日に至るまで，依然として無力な指導者，無能な政治家，弱い大統領の一例として好んで引合いに出されている」[2]．これが現在のアメリカ人一般の常識に定着しているフーヴァ像であろう．

　しかし，フーヴァは「何もやらない」大統領ではなかった．彼は少くとも「何かをやろうとする」大統領であった．彼は，みずからの信念にもとづいて真剣になって何かをやろうとして，結局破産したのである．

　なおまた，財政政策の転換が「ケインズ革命」の名に結びついているところから，フーヴァ大統領の恐慌対策を支えていた思想はのちにケインズが「古典派」的と呼んだそれであったと想像されがちであるが，事はそれほど単純では

ない.

　例えば，ウォール街のガラのあと1カ月も経たないうちに，フーヴァ大統領がまず第1にとった行動の1つは，産業界の指導者をホワイト・ハウスに呼びよせ，なかんずく賃金率の切下げを行わないという約束を彼らからとりつけることであった．産業側は，労働側が賃上げストをやらないことを条件にして賃金率の維持に原則的に同意した．結局，2年後の1931年9月21日に，USスチールが10月1日以降の10%の賃金カットを発表し，GM，ベスレヘム・スチール等々がこれに直ちに追随することによって，フーヴァの賃金戦線は破れる．しかし，それにしても，銀行業者の代弁者として知られる『コマーシャル・アンド・ファイナンシャル・クロニクル』紙はフーヴァの高賃金哲学に当初から攻撃を加えていたし，何よりもまず，財務長官アンドルー・メロン (Andrew Mellon) は，「労働を清算せよ，株式を清算せよ，農民を清算せよ，不動産を清算せよ」とフーヴァを説きつけようとしたとフーヴァの回想録は記録しているのである[3]．しかし，それでもフーヴァは自己の信念と見解を変えようとはしなかった．賃金率の低下は高賃金部門に集中した余分な労働の「清算」を表現する健全な現象なのであって，賃金カットこそが失業を解消する手段であるといった見解を，フーヴァがとっていなかったことだけは確かである．

　そういうわけで，フーヴァ大統領は何もやらない大統領ではなかった．彼はまさに何かをやろうとして失敗したのである．

　そこで，本章では，フーヴァが実際にやろうとしたことは何か，そしてそれはいかにして破産したかを明らかにすることが課題となる．

　この解明が本書に占める位置づけは明らかである．アメリカ合衆国における財政革命の途上におけるフーヴァ政権の歴史的意義は何であったかという問題にそれは結びついているからである．

　ところで，フーヴァ政権の歴史的意義という問題は，実は特定された具体的問題として与えられている．

　フーヴァ政権のあとにはローズヴェルト政権のニューディールが来る．これまでの研究集成からして，フーヴァ政権の歴史的意義という問題は，外でもな

く，フーヴァ政権とローズヴェルト政権との歴史的関係をいかに把えるかという問題として立てられなければならない．要するに，フーヴァ政権とローズヴェルト政権との関係は「継続」において把えられるべきなのか，それとも「断絶」において把えられるべきなのかというものとして問題は与えられているのである．

　フーヴァ大統領がたんに旧套墨守(conventional)の――いわゆるレッセ・フェール的な――保守主義者であったというコンセンサスが成立していたように見える1940年代から60年代初めまでの時期においては，研究者の解釈上の対立はいわば信仰箇条のそれであり，その意味では，対立は対立する人々が相互に相手を無視できる次元でのものであった．フーヴァ大統領を称讃する人々は，フーヴァを，連邦政府の経済への介入に抵抗した最後のチャンピオンとして称揚し，「ビッグ・ガヴァメント」への道を開いたローズヴェルト大統領を非難した[4]．他方，フーヴァ大統領を非難する人々は，フーヴァが大恐慌という未曾有の危機に依然としてレッセ・フェール的無策をもって対処したと解釈し，至上命令的に必要であった連邦政府の出動を拒否したことを理由にしてフーヴァを断罪した[5]．

　この段階では，フーヴァ政権とローズヴェルト政権との関係は，言うまでもなく「断絶」そのものとして把えられていた．「断絶」の前後のどちらを支持するかが研究者の解釈上の対立をなしていたのである．

　現在ではフーヴァ解釈をめぐる状況はやや変化している．この変化をもたらした最大の要因は，1962年8月10日に，アイオワ州ウェスト・ブランチにあるフーヴァ・ライブラリが一連のフーヴァ文書を解禁し[6]，それとの対決に取組む新世代の研究者が輩出したことであろう．新しい世代の研究者はありきたりの党派的歴史解釈にはあきたらなかったのである．

　ここにフーヴァ解釈の変化という場合，われわれが意味しているのは，フーヴァ大統領とその政権についての解釈の根本的転換ではない．確かに，ロスバードのようにフーヴァ政権をニューディールの「先駆者」[7]と見たり，オルスンのように「復興金融公社」(RFC)を「ニューディールのモデル」[8]とみなし

たりして，フーヴァ政権とローズヴェルト政権の「連続性」を主張する論者も出てきた．しかし，本書の以下の論述が示すように，このような新しい主張は歴史の解釈の1つとしては興味深いけれども，歴史の現実を表現したものとは思われない．ヒンメルバーグの次のようなロスバード評価は妥当である．「ロスバード教授は，レッセ・フェールから少しでも離れれば，それはコレクティヴィズム国家に直線的に導くと考えているのである」[9]．本書は，フーヴァ政権とローズヴェルト政権との関係を依然として「断絶」において把えるものである．

それでは，フーヴァについての新しい研究において変わったものは何か．一言で言えば，フーヴァ大統領についての月並みなイメージが払拭されたことである．われわれは，すでに，フーヴァ大統領とその失敗についてより深い理解を与えられており，フーヴァについて以前より複雑な，しかしよりシャープな彫像を与えられている．1920年代アメリカの一級のテクノクラートの1人というフーヴァ像はまさにそれである．

本章は，このような新しい研究成果をふまえて，フーヴァ政権の恐慌対策を検討する．

フーヴァ政権の恐慌対策は結局破産したこと，しかし，フーヴァ大統領とその失敗は時代精神に制約された「時代の産物」であったこと，そして，そこから来る根底的破産こそ，後続のニューディールの嵐のような実験への道を浄めたものであること，こうしてフーヴァがいなければ，ローズヴェルトもいなかったであろうということ——こうした命題は依然としてわれわれのものである．ただそれを「フーヴァ哲学」という牛刀をもって解明するのではなく，フーヴァという1920年代の傑出したテクノクラートの真剣な努力の追跡のうちに明らかにしようというのが，本章の課題である．

2　協力・共同国家論
――フーヴァ大統領がなそうとしたこと――

(1)　第一次大戦中の経験

「協力・共同国家」とは，いかにも熟さない言葉であるが，an "associative state" の訳語のつもりである．それはビジネスとの関係における連邦政府の役割に関するフーヴァの見解とアプローチに対してホーリー[II‐70]が与えた規定である．

1920年代のビジネス・イデオロギーとしての政府論を当時論定した単一の体系的な著作があるわけではない．したがって，それは政治学や経済学の鍛えられた用語によって提供されているわけではない．しかし，そのような政府論ないし国家論は確かに存在していた．単一の体系的な著作として表現されてはいないけれども，そのような国家論が事実として行われていたことを独自の方法で検証した研究の1つに，プロスロ[II‐135]がある．プロスロは，合衆国商業会議所(U. S. Chamber of Commerce)と全米製造業者協会(National Association of Manufacturers)の一連の公式見解を洗うことによって，20年代のビジネス・イデオロギーを確定することを試みた．それについて，筆者はかつて要約的に紹介したが[10]，ここでは再現しない．そこでは，フーヴァの「哲学」が当時のビジネス・イデオロギーの土壌にいかに根づいていたかを示そうとしたものであり，そのこと自体は間違ってはいないが，いまは別の文脈からフーヴァ大統領の政策に接近しようとしているからである．

そこで，本節では，連邦政府と大統領職の指導性のあり方についてのフーヴァ大統領の考え方を，当時のポリシー・メイカーズの経験の中からの総括的認識として示すという手法をとることにしよう．

さて，1920年代には，連邦政府と国民経済との関係について，相互に必ずしも相対立しない2つの見解が行われていた．

ここに両方の見解が相互に必ずしも相対立しないというわけは，両者が共に，「アメリカのビジネスはビジネスである」というクーリッジ大統領の名言に代表される認識を共通の前提としていたからである．政府の役割はどうであれ，アメリカにおける生活の展開を決定するのは，最終的にはビジネスの仕事なのだというのが自明の前提であった．ビジネスがアメリカ的生活様式の窮極の決定要因であることがコンセンサスをなしていたのである．この場合の相違は肯定と否定との対立ではなかった．共に肯定するある対象に対するアプローチのうえでの相違であった．

　さて，一方において，経済政策，ことに財政政策の観点から見るかぎり，1920年代の合衆国は，やはり「大洪水以前」的状態にあったと言うべきであろう．国民経済への連邦政府の介入という面から見れば，ミニマル・ガヴァメントが最良の政府であるとされていた．まことに，「アメリカのビジネスはビジネス」であった．そして，この命題の現実的前提として，1920年代のアメリカ経済は——農業と石炭産業を主要な例外として——繁栄を享受していた．

　他方，それとは別に，国民経済に対する連邦政府の「介入」は論外としても，政府の「責任」の増大を意識する人々が出ていたのも，20年代の特徴であった．もちろん，大統領と連邦政府があれこれの時点でイニシアティヴを発揮するという意味では，連邦政府の責任はすでに建国以来見られたものである．しかし，法と秩序の維持，国の安全保障，領土保全といった政治過程とは区別されたものとしての経済過程とのかかわりで連邦政府の役割をどう把えるかというのが，ここに新しく提起された問題であった．

　1920年代のアメリカ合衆国において経済過程に対する連邦政府の役割という問題を意識する人々が出ていたと言うとき，それにきっかけを与えた最大のものは，言うまでもなく，第一次世界大戦に際しての経済動員の経験であった．ここでわれわれは，バーナード・バルーク (Bernard M. Baruch) とフーヴァという2人の注目すべき人物に焦点を合わせて，経済過程とのかかわりでの連邦政府の役割についての認識の変化をおさえておこう．

　この2人は，第一次大戦の遂行にかかわって，共にウィルスン政権に参加し

た.バルークは「戦時産業本部」(War Industries Board, WIB)の本部長として,フーヴァは「食糧長官」(Food Administrator)としてであった.

WIBは,大戦時の産業動員の衝にあたったアド・ホックな組織であったが,アメリカ合衆国における初めての経済計画の経験であった[11].WIBは,民間人と陸海軍の代表から構成され,民間人はいわゆる「年俸1ドル・マン」(dollar-a-year men)であり,最終的にはバルークが本部長をつとめた.

周知のように,アメリカ合衆国は,第一次大戦に際して2年半以上にわたり中立状態を保ち,1917年4月に参戦して大戦終結の決定打をうった.しかし,中立状態にあったとはいえ,アメリカ産業はその間にも外国に,主として協商連合国側(英仏露)に,物資を供給していたから,アメリカ自身の参戦が要求する戦時産業動員から来る突然の需要増は,当然にアメリカ国内における投機とインフレーションの恐れを増大させた.「フリー・マーケットは,もしも非組織的,非計画的なままに放置されておけば,外敵と戦争状態にある一国民にとって内的脅威をなしていた」[12].つまり,フリー・マーケットを放置しておけば,政府は不可避的に高い価格で物資を調達せざるをえなくなり,そうした高い価格を支払わなければ,物資は国家と軍には向かわずに,市場一般に流れてゆくであろうというわけであった.総力戦への経済動員とフリー・マーケットのこの矛盾をどう解決するかがWIBの課題であった.

バルークのイニシアティヴによって,WIBによる産業動員は官僚統制的国家主義的方式ではなく,戦時という緊急事態に対応した産業側の自発的な協力に依拠して実行された.もちろん,産業動員の本部としてのWIBには調達物資のプライオリティを決定する権限が与えられており,しかもこのプライオリティを実現するための手段として,資材,ことに燃料と,運輸サービス(鉄道)とを自由に配分できる権限が与えられていた[13].さらには,戦時体制下であったから,陸軍と海軍が徴発という手段を実際に行使して,産業側に「公正価格」を押しつけた場合もあった.陸軍だけで510件の物資徴発令と996件の生産強制命令を発したと報告されている[14].

しかし,産業動員の実行に際しては,こうした強制力の発動は努めて避けら

れた.強権の発動ではなく,合意による目的の実現がウィルソン政権の基本方針であった.バルークの伝記作者が書いているように,「WIBは,産業動員の優先順位を決定する権力の行使と自発的協力というイデオロギーを通して,かつての泥棒貴族(robber barons)の搾取を抑制し,社会全体に関心をもつ(social-minded)資本主義を樹立するよう努力した」[15].

こうして,WIBは,大戦勝利という国家目的を理解したビジネスマンを産業界における有力な勢力として動員し,彼らの自発的協力によって経済環境を安定化させ,フリー・マーケットの放置がもたらしかねない弊害を除去しようと努力した.「啓蒙されたビジネスマン」[16],「啓蒙された利己心」[17]の育成がバルークのスローガンであった.したがって,「WIBにおける大物ビジネス行政官の狙いは,国民の資源を戦争のために効果的に動員すると同時に,産業経済の基礎的構造と性格を平時のために維持するような制度的秩序を創出することにあった」[18].

以上が,WIBによる戦時産業動員のあり方であった.

WIBのモットーが,「効率の最高かつ最良の形態は自由な人々の自発的協力である」というウィルソン大統領の言葉であった[19]とすれば,食糧長官フーヴァのモットーは,「この国の食糧統制にプロシャ的専制に似たものを導入すること」を拒否するというウィルソンの方針であり,フーヴァは,それを,われわれは「プロシャ化されることなくわれわれ自身を防衛できる能力」を証明しなければならないと敷衍した[20].

1916年と17年の農産物の不作の上に,ヨーロッパからの食糧需要の激増が加わって,アメリカには食糧不足と価格騰貴が生み出された.この情勢に対応するために,ウィルソン大統領は食糧と燃料とを統制する権限を大統領に与える法案を議会に提出するが,行政府の権限の拡大を警戒する議会の伝統的な抵抗のため,法の成立は遅滞した.そこでウィルソンは,「陸軍歳出法」(Army Appropriations Act)を法的根拠にして,17年5月に「食糧長官」のポストを設け,それ以前ベルギーの救済にあたっていたフーヴァを長官に指名した.結局,「食糧・燃料法」(Lever Food and Fuel Control Act)は1917年8月10日に

成立した.

　食糧管理を行うに際して，フーヴァは強制的な配給制度を導入することを拒否し，愛国心の喚起と説得による自発的制御の道をとり，一般市民，主として婦人をヴォランティアとして組織した．終戦の時点で食糧局の有給職員は，ワシントンのレベルで1500人，地方のレベルで6500人の合計8000人であったのに対して，フルタイムのヴォランティアは全国で約8000人，パートタイムのヴォランティアは75万人組織されていたと言われる[21]．これらのヴォランティアたちが何を行ったかというと，食糧の節約や代用食への転換を地域の市民に教育・説得する活動であった．砂糖や小麦粉の消費の削減が訴えられ，代用食としては，例えば，小麦粉のパンの代りに，そば粉 (buckwheat)，じゃがいも，とうもろこしのパンをとるよう推奨され，その調理法を載せたリーフレットが配布されたりした[22]．

　フーヴァの意向に沿って，食糧局は州と地方の段階での活動を促進することに重点を置いた．州のレベルでは，おおむねヴォランティアの食糧ディレクターを選び，連邦政府からの助言による州全体の教育活動を行わせた．コミュニティの図書館長は，食糧の節約の仕方をめぐる情報を集めたセンターを設けるよう要請された．カウンティ・レベルの活動が最も重要になった．当該カウンティで最大の銀行の頭取は，銀行家，新聞などの編集者および友愛組織からなる会議を組織し，カウンティの食糧アドミニストレイターを指名するよう要請された．各タウンの代表者からなる委員会は，苦情を調査し，教育資料を配布し，地方紙に食品の最高公正価格とコストを公表して小売商の注意を喚起するようにした．このような委員会は，1917年12月までには全国至る所のカウンティに存在しており，のちには市のレベルにも普及したという[23]．

　食糧の調達にも独特の自発的協力路線が採用された．のちに，フーヴァが唱道した「産業の自治」の原型である．

　食糧局は食糧購入の契約システムを用いるのではなく，大企業と業界団体 (trade associations) が，政府の監督のもとに，食糧供給を当該業種間で配分し，価格を設定するという方式をとった．技術的な規制や外国との契約の起草に習

熟した企業や業界の代表者がコンサルタントとしてワシントンに集められた．価格は市場の相場で設定されるのではなく，戦前期の利潤に運送費をプラスするという方式で決定された[24]．

　フーヴァは「価格設定」(price-fixing) という用語より「利潤設定」(profit-fixing) という用語をむしろ好んで用いた．上院の農業委員会で証言に立ったとき，ビジネスマンにはいかなる利潤も与えられるべきではないと一議員から反論されたとき，フーヴァは，利潤がなくなれば，経済制度は24時間で崩壊するであろうと答えている[25]．

　フーヴァの崇拝者であるライアンズは，「食糧局は現代における自発的協力という原則の最も大きな，最も成功した実践的テストを提供した」[26]と称讃している．自発的協力といっても，WIBと同じように，一方では，商品を退蔵する業者からライセンスを取り上げたり，設定価格を順守しない業者に罰金ないしは禁固刑を課す権限を食糧長官はもっていたのだから，額面通りにそれを受け取ることはできないであろう．しかし，総力戦体制の中で全体としては官民の協調が進められたことは事実である．

　以上が，食糧長官としてのフーヴァの経験の概略である．

　バルークもフーヴァも，この戦時経験から平時においても経済過程に対する連邦政府の責任は変わることはないという認識を深めた．バルークとフーヴァは，初期の混乱とインフレへの趨勢を抑え，アメリカがかつて経験したことのなかった総力戦体制を確立するという任務を，それぞれ産業動員と食糧管理の面で遂行した．2人とも，戦時立法にもとづく強制力を享受し，また時にはこの強制力を発動したこともあったが，基本的にはビジネス側の自発的協力を鼓舞する方式をとり，ビジネス側もまたそれに積極的に対応して内部での協力・共同関係を確立し，維持した．その際，2人とも，トレイド・アソシエイションズの組織化が戦時インフレの克服と経済安定化のための1つのカギであることを経験した．2人とも，いまやアメリカ経済は，個々の孤立した個人からなっているのではなく，自発的諸組織，すなわち全米製造業者協会，合衆国商業会議所，市民団体，労働組合とその協議会組織，農民団体と農協，トレイ

第2章 大恐慌とフーヴァ大統領の破産

ド・アソシエイションズなどからなっていることを痛感した．

しかし，他面では，2人とも，アメリカ経済が利潤原理によって構成されていることをよく知っていた．だから，2人とも，トレイド・アソシエイションズが存在し，発展しているからといって，ビジネスが「自発的」ないしは「自然発生的」に協力して，組織化と安定化を達成するとは信じていなかった．戦時中，この事業を指導し，援助したのは，WIB であり，食糧局であり，つまりは連邦政府であった．

大戦中の経験が，経済とのかかわりにおける連邦政府の役割についての認識の変化をもたらしたというのは，以上の文脈において理解されるものである．経済の組織化と安定化の事業はビジネス側自身に委せておくことができないとすれば，その方向に向けてビジネス側を教育し，統合化を援助するのが連邦政府の役割ではないだろうか——これが2人に共通する結論であった．

しかし，この点での政府の役割の実際のあり方については，バルークとフーヴァは異った見解をもっていた．WIB における経験から，大戦後バルークは，「適切に構成された調停機関」(properly constituted arbitral authority) なるものの必要性を主張し，それを「商務最高裁」(supreme court of commerce) と呼んだり，「商務高裁」(high court of commerce) と呼んだりしている[27]．つまり，バルークは，企業の合併・統合，各産業でのトレイド・アソシエイションズの組織化，あるいは労働者の労働組合への組織化という時代の趨勢を前にして，相対立する利害の仲裁裁定を行う何か中立的な機関が経済過程に介入する必要があるという形で，自己の WIB における経験を総括したのである．フーヴァがより多くビジネス側の自発性に期待し，それを政府構想の中心に置くのに対してバルークはむしろビジネスに対する監督の側面を強調する．投機家としてウォール街の空気に慣れていたバルークはビジネスマンに対するフーヴァのような期待に対してはシニカルであった．

バルークは，「戦時中，フーヴァのことをアイディアと人材の窃盗者であるとみなしていた」[28]という．しかし，大戦中の経験を「産業の自治」(industrial self-government) というキー概念に総括し，ホーリーがそう命名した「協力・

共同国家」というヴィジョンにまで高めた構想力の点では、フーヴァの方がバルークより一枚上手であったと言わなければならない。そこで、われわれは、ここでバルークと別れて、われわれの本来の研究対象であるフーヴァに注意を集中することにしよう。

(2) フーヴァのヴィジョン

フーヴァが、大戦中の体験の中から、最重要のものとして取り出してきたのは、自発的協力に従った民間組織の存在であった。フーヴァは、1922年に『アメリカ個人主義』について著書を出したとき、アメリカ個人主義の「経済的側面」の1つにこうした組織を位置づけて、次のように述べている。「過去30年に、相互協力と経済目的のための社会の理想を前進させるべき組織が著しく成長した――商業会議所、トレイド・アソシエイションズ、労働組合、銀行協会、農民組織、その他がこれである」[29]。

トレイド・アソシエイションズを初めとする民間のこうした相互協力の組織が、フーヴァにとって、アメリカ個人主義の経済的側面の1つであったというのは、いささか奇妙に響くが、実はそこにフーヴァのヴィジョンの中核が潜んでいるのである。

フーヴァにとって、こうした相互協力組織は、古い産業社会と新しいそれとの「総合」であって、これによってアメリカは、個人の努力、グラス・ルーツでの参加、および私企業に本来備わるエネルギーと創造性を犠牲にすることなしに、科学的合理化と社会の工学的運営から恩恵を受けることができるのである。これらの組織は一種の「私的政府」の構成要素をそれぞれなしているが、しかし、公けの政府の官僚制からはまぬかれている。トレイド・アソシエイションズは、かつてのトラストと違って、個々の単位の独自性を維持し、個々の単位を通して活動し、奉仕と効率と倫理にかなった行動を自発的に行い、視野を大きく拡大することのできるリーダーシップを発展させるであろう[30]。

すなわち、フーヴァにとって、トレイド・アソシエイションズを初めとする相互協力組織は、アメリカの徳性である個人のイニシアティヴを損うことなく、

むしろそれを高い段階で発展させる枠組みなのである．これらの組織が古い産業社会と新しいそれとの「総合」であるというのは，それが18-19世紀の個人主義と，「産業と商業への途方もない成長のシフト」[31]を経験しつつある20世紀アメリカにふさわしい組織形態との「総合」だという意味に外ならない．

そして，このような「総合」を達成したところに，「アメリカン・システム」の他のヨーロッパ諸国に対する優越性がある．「アメリカン・システム」は，フーヴァにとって遠くにある理想ではなかった．現存する「アメリカン・システム」が理想そのものであるか，少くとも理想を実現しつつあるのであった．

フーヴァが大戦時の経験から総括した最も重要な認識はこれであった．

それでは，フーヴァの政府構想はどのようなものとして出て来るのであろうか．上で現存する「アメリカン・システム」が少くとも理想を実現しつつあるとフーヴァが認識していたと述べた．であるとすれば，この進化過程を管理し，促進し，導く必要がある．協力組織からなる新しい「私的政府」の確立に向けて，現に存在し，進化しつつある「連合的秩序」と結合し，協力する政府が必要である．これがホーリーの命名した「協力・共同国家」である[32]．われわれはここで，ホーリーの命名を言い換えて，「協力・共同政府」というのが，フーヴァの政府構想だったと言ってよいであろう．

さて，以上のような目的をもった「協力・共同政府」の建設は，一見すると理解しがたいパラドクスをはらんでいる．「連合的秩序」の完成としての「私的政府」の確立をめざす以上，連邦政府それ自身も強権的介入的方策をとることはありえない．トレイド・アソシエイションズを初めとする協力組織の内部を支配する原理は強権とは対蹠的なものである．しかも，大戦中のウィルスニアンズの1人としてのフーヴァにとって，連邦政府の説得にもとづくビジネスの自発的協力というビジネス=政府関係が，あくまでも目標であり，手段であった．だから，フーヴァがいわゆる「介入論者」(interventionist)になることは，到底ありえなかった．

他方，かの「私的政府」の確立をめざしたフーヴァの戦略は，そのための

トータルな経済計画と連邦政府の積極的活動でなければならなかった．一旦目標が設定された以上，そこに至る進化過程をできる限りすみやかに促進しなければならないとするのが信念の人フーヴァにとって当然の義務感であった．

しかし，国民経済への不介入とトータルな経済計画による積極的政府活動，すなわち現に進行しつつある民間での連合化趨勢への信頼とこの趨勢を促進する連邦政府の強力な指導——これはパラドクス以外の何ものでもない．

しかし，フーヴァにとって，それはパラドクスではなかった．これは連邦政府の役割に対するフーヴァの考え方を理解するうえで決定的な点である．

われわれは，政府の組織ないし構造と，政府が実際に行動する際の仕方・様式とを区別しなければならない．

のちに見るように，フーヴァは1920年代を通してハーディングとクーリッジの商務長官として，商務省を取るに足りない存在から量的にも質的にも強力な官庁に鍛えあげた．ホーリーが次のように指摘している通りである．「それは，あたかもすべての戦争を終わらせるための戦争［第一次大戦］と同じように，将来の官僚帝国を終わらせるための官僚帝国であった．そして，少くとも理論のうえでは，ひとたび新しい秩序が建設されれば，それは消えてゆくものと想定されていた」[33]．これは，フーヴァの組織者としての情熱と能力を示すものであるが，では，この「官僚帝国」はどのように機能するのであろうか．

フーヴァにとって，連邦政府の機能は，公営企業や法的強制や恣意的たらざるをえない規制などによって遂行されるものではなかった．政府は，あれこれの政策を促進するためのコンファランスや専門家への諮問や政府に協力する各種委員会の組織者に外ならなかった．連邦政府の権威は，グラス・ルーツの個人的イニシアティヴから始まって私企業の創意と社会奉仕を経て専門的インテリジェンスにまで至るアメリカの徳性のオルガナイザーとして行使されるべきものであった．

以上のように，国民経済には介入すべきではないというフーヴァの信念と，トータルな経済計画を促進する政府活動の積極化というフーヴァの政府構想は，フーヴァ自身においてはパラドクスではなかった．そして，以上述べたのが，

第2章 大恐慌とフーヴァ大統領の破産

まさにフーヴァの政府構想の概略なのである.

ところで,フーヴァは商務長官としての実際の行動によって彼のこの構想の中身をわれわれに提示している.というよりも,商務長官としてのフーヴァの行動は,彼のこのプログラムの実現に向けての苦闘であったと言ってよい.そこで,フーヴァの商務長官としての行動を次に見ることにしよう.

1921年2月に,フーヴァはハーディング大統領から商務長官に指名された.フーヴァは経済政策の決定についてフリーハンドが与えられるべきことを条件にして,それを受諾した.ハーディング政権は1921年3月4日に発足した.

フーヴァが商務長官に就任した頃の商務省は「政府の中で最も目立たない省」[34]であった.のちに第4章でふれる1921年の予算改革に先立つ論争の渦中で「行政研究所」(Institute of Government Research)はミメオ刷りで無署名の行政改革案を配布したが,そこには内務省と共に商務省が廃止されるべきことが示唆されていたという[35].商務省とはその程度の存在だったのである.

フーヴァが大統領の執務室の机に電話を設置した初めての大統領であったことはよく知られたエピソードである[36].普段はゴルフでもやっていて,法案や外国との条約に署名するのが仕事だという当時の一般的な大統領のイメージはフーヴァのものではなかった.同じように,商務長官時代のフーヴァもきわめて積極的に行動した.フーヴァは商務長官であると同時に,「他のあらゆる省の次官」であると呼ばれたという[37].

フーヴァ長官のもとで商務長官の位置づけは飛躍的に増大した.「かつては閣僚のポストとしては最も低いと考えられていた商務長官の職は,フーヴァになってから,20年代にワシントンに確立したビッグ=ビジネス・ガヴァメントにとっての重要性の点でメロンの財務省に匹敵するまでに上昇した」[38].商務省も拡大された.1921年から1928年のあいだにフーヴァとその同僚は,商務省を,「小さな専門部局の雑多な集合から,アメリカの経済発展を促進し,導き,保護することに主としてたずさわる1600人の職員からなる組織体に転化させることに成功した」[39].

フーヴァは,もっとプレスティジの高いポストを与えられたときにも,商務

長官の地位を選択し，それに固執した．商務省こそ，適宜に拡大され，改造されれば，彼のプランを実現する中心的官庁となりうることを彼は知っていたからである[40]．

　実際，フーヴァは，商務省に経済開発と管理の中心的地位を与えようとした．他の省庁は，依然としてアメリカ経済の個別部門に責任をもちつづけるにせよ，経済政策全般のコーディネイターは商務省でなければならないと彼は考えた．

　100％実現したわけではなかったが，彼の商務省改革プランは次のようなものであった．すなわち，商務省は，最終的には，産業部門，通商部門および交通・通信部門の三大部門に大別されるべきものとされた．第1の産業部門は，商務省本来の漁業局と工業標準局に加えて，内務省の鉱山局とパテント事務所，および商務省センサス局に各省の統計部門を吸収した新設の連邦統計局からなるようにすべきものとされた．第2の通商部門は，商務省本来の内外通商局に，農務省から市場局を，国務省から外国貿易サービス・経済領事職を，財務省から対ラテン・アメリカ活動を，そして連邦取引委員会(FTC)から調査活動を引き抜いて加えるべきものとされた．そして第3の交通・通信部門には，商務省本来の灯台，汽船，および地図作成をめぐるサービスに加えて，沿岸警備隊の一部，海軍からの測候所，水路測定所および汽船移動サービス部，および陸軍からの湖沼調査・港湾監督官，パナマ運河，内陸水運，海運補助金業務を合体し，それに新設すべき航空局を加えるべきものとされた．商務省は，こうして，文字通り，経済政策全般のコーディネイターたるべきであるというのが，フーヴァの構想であった[41]．

　このフーヴァの構想は，たんに商務省の再編だけを意味するものではなく，他の省庁をも巻き込む行政改革を意味したから，他の省庁の抵抗も大きかったし，議会もそっけない対応しか示さなかった．だから，フーヴァは全般的な行政再編と改革を結局はあきらめたけれども，商務省の管轄を拡大し，商務省主導のアソシエイション活動のネットワークを倦むことなく拡大し続けた．

　商務省本来の部局で言えば，例えば，内外通商局(Bureau of Foreign and Domestic Commerce)は商品単位で再編成され，スタッフには輸出産業それ自

体から人を当て，通商上の情報を収集し，普及するアソシエイション体制のセンターとなし，貿易と投資活動を組織化して，それに一個の合理的かつ統合的な体系を与えようとした．こうした通商局の活動範囲の拡大についても，注意すべきは，政府は，あくまでも情報の交換所(a clearing house)，鼓舞激励の機関および国際法上の権利の保護者として機能しただけであって，政府みずからが貿易や投資にたずさわったわけでもなければ，こと細かな規制の監督を行ったわけでもなかったことである．

「連合的秩序」にもとづく「産業の自治」のための環境をつくりだすうえで，フーヴァが連邦政府の役割として最も重視したことの1つは，知(intelligence)の組織化であった．商務省の官僚組織が拡大したとしても，商務省の役人の任務は，あくまでもこのオルガナイザーの任務であった．連邦政府が，この知の組織化のイニシアティヴをとるべきであるというフーヴァの信念にはまことに迫力あるものがあった．フーヴァ長官のもと，商務省は，経済情報と統計の収集・普及，業界ごとの製品とパーツの標準化，一級の専門家を集めてのコンファランスの開催と委員会活動など，その積極性と創造性において目を見張らせる活動を展開した．

大戦中の戦争指導のうえで，フーヴァを初めとするウィルスン政権の担当者が何よりもまず痛感したことの1つは，政策形成の基礎となるべき経済情報と統計データの蓄積が当時のアメリカ合衆国にいかに不足していたかということであった．他方，戦時動員体制の中で，その気になって収集しようとすれば，これらの情報は連邦政府のもとにすみやかに集中され，それがいかに有効に活用されうるかも明らかとなった．フーヴァは，この経験から，アメリカ経済の統計化，数値化を，連邦政府のルーティーン作業とするような態勢を整備すべきであると決意した．知の組織化の第1の形態は情報の組織化であった．

商務長官としてのフーヴァがまず最初に行った行動の1つは，「統計諮問委員会」(an Advisory Committee on Statistics)の指名であった．そこに招じ入れられたのは，もちろん，誰よりもまずウェズリー・ミッチェル(Wesley C. Mitchell)であり，そのほか，セリグマン(Edwin R. A. Seligman)，ハーヴァ

ードのヤング(Allyn A. Young), コーネルのウィルコクス(Walter F. Willcox), MITのドーテン(Carroll W. Doten), かつてハーヴァード・ビジネス・スクールのディーンをつとめたゲイ(Edwin F. Gay), かつてセンサス局長をつとめたロシター(William S. Rossiter)であった[42].

　1921年6月, フーヴァの期待した通り, 諮問委員会は, 政府の統計サービスは強化されるべきこと, しかもそれは商務省の管轄下で整理統合されるべきこと, そしてアメリカ経済のカギとなるセクターの活動に関して時宜にかなったデータが定期的に刊行されるべきことという勧告を行った.

　こうしたデータは, ビジネスにとって操業コストの削減のために使われうるであろうし, 大企業のみが入手できる情報に対する中小企業のアクセスを拡大するだけでなく, 情報の幅をもっと大きく拡大することができ, 景気の過熱による過剰投機や過剰在庫形成を防止できるのではないかというのがフーヴァの信念であった.

　こうして, 1921年7月, 商務省センサス局, 内外通商局および標準局の編集で,『サーヴェイ』誌(*Survey of Current Business*)が発刊された. 創刊号の序文はこう述べている.「これらの事実は, 商務省がビジネスの条件の変化を把握しようとするうえで裨益して来た. これらの事実がビジネス公衆にとっても有用であり, これらの数字が, ある程度まで, ビジネスの判断の拡大の助けになるものと考えられる」[43].

　統計データの収集がやっと緒に着いたばかりの当時であったから, データはおおむねトレイド・アソシエイションズの提供によって得られた. 同じく序文に言う.「付随する表で用いられている基礎数字は, 主として既に存在しているものであり, 政府の省庁, トレイド・アソシエイションズ等々から収集されている」[44].

　こうした商務省のトレイド・アソシエイションズを通しての統計収集を見て, 初めのうち法務省反トラスト部は民間企業同士の情報交換は反トラスト法に違反すると判断した. しかし, 1925年6月1日に, 最高裁はかえで(maple)の床材とセメント産業のトレイド・アソシエイションズにかかわって, 情報交換そ

れ自体は違法な通商制限をなすものではないという判断を下した．こうして，商務省主導による統計の収集・加工は，連邦政府の重要な日常業務となった．センサス局といえば，10年毎のセンサス年のインタヴァルには事実上眠っているに等しい部局であったが，いまやフーヴァの指導のもとに精力的に経済情報と経済統計を収集・加工する専門部局となった．そして，もちろん，商務省のこのような新しい潮流とナショナル・ビュアロー (NBER) とが結びついて，時代はサイモン・クズネッツ (Simon Kuznets) を生み出した．サイモン・クズネッツの気の遠くなるようなねばり強い国民所得推計の努力なしに，われわれはアメリカ合衆国における財政革命を語ることはできない．しかし，また，このような努力の生み出される土壌をつくり出したフーヴァ商務長官の功績をもわれわれは忘れることはできない．

　フーヴァ長官のもとでの商務省の活動として，その次に注目されるのは，「工業標準局単一慣行部」(Bureau of Standards, Division of Simplified Practice) による製品とパーツの標準化の取組みである．これは産業知識の組織化であった．同部局は，1920年代半ばまでに約40の私的アソシエイションズと協力して新製品の開発と既存製品の改善に努力した[45]．

　標準化の例をあげれば，1922年まで，舗装用のレンガは66種類の多くが生産されていた．1921-22年のレンガ生産者のワシントン会議は，55種類の型の廃棄を勧告し，翌年にはさらに4種類が除去され，1926年までにはわずかに4種類の型のレンガが使われるにすぎなくなっていた．こうした製品の標準化は，生産者のコストを著しく削減し，消費者にとって多大の利益をもたらした．同じく，428のサイズからなっていた鋲と釘は181種にまで簡素化され，4460種の鋤とシャベルは384種に，78種のベッドのスプリングは2種に，49種の牛乳びんは9種に，そして数千種の倉庫管理用書式は15種に簡素化された．もちろん，商務省にはこれらの簡素化と標準化を押しつける法的強制力はなかったから，これらはすべて各業界の自発的協力によって実現された[46]．商務省＝連邦政府の主導によるこうした製品と部品の標準化の取組みは，これまた大戦中の経験を平時の日常業務にまで高めたフーヴァ商務長官の功績であった．

最後に，商務長官としてのフーヴァの知の組織化は，文字通りの専門家と専門知識人の動員としても実現された．

　大戦中，食糧長官としてのフーヴァは，対外通商や国内取引きで各業界の事情にたけた専門家をワシントンに招き，食糧局の衝に当たらせた．これらの人々が業界の利益代表者として振舞い，公益を損ねるという不安がないわけではなかったが，大戦中に関する限り，これらの人々は自己の専門知識を大戦遂行という公益に進んで捧げた．フーヴァ自身が鉱山業のエンジニアであり，大戦中の食糧管理事業はフーヴァにとって，経済・社会に拡大されたエンジニアリングであり，そこには何の私心も入っていなかった．みずから代表するそのような世界において，フーヴァは専門家とその知識を「アメリカン・システム」の重要な構成要素とみなしていた．

　フーヴァ長官のもとで，商務省は実に多くのコンファランスと委員会を組織した．連邦政府の主導によるこうしたコンファランスの組織化は，フーヴァの「協力・共同国家」の不可欠の属性であった．

　第1に，こうしたコンファランスの組織化とそこで到達した結論のパンフレット等による普及活動こそ，連邦政府の機能の最良の非官僚的形態とみなされていた．コンファランスの結論は，必ずしも立法府に送付されるべき法案のドラフトとはみなされていなかった．コンファランスと委員会活動は，人々を結集して，アメリカを「連合的秩序」の方向によりすみやかに前進させるための連邦政府によるイヴェントにほかならなかった．「協力・共同国家」の確立に向けてのフォーラムの場を提供することが連邦政府の任務であるとみなされていたのである．

　第2に，コンファランスと委員会活動そのものが連邦政府による個人的イニシアティヴの組織化であり，結集であった．このようにして，連邦政府はアメリカの徳性としての個人的イニシアティヴを形あるものにまとめあげるオルガナイザーとみなされた．連邦政府はアメリカの個人的イニシアティヴを具体化する触媒たるべきものとされた．そこには，法も強制力一般も不要であった．コンファランスの参加者は，ビジネスマンであるよりも前に，あるいは大学教

第2章 大恐慌とフーヴァ大統領の破産

授であるよりも前に,コミュニティの一員であり,ネイションの一員であることを要請され,自覚させられた.

第3に,個人的イニシアティヴ一般の結集だけではなく,商務長官としてのフーヴァは,当時のアメリカ合衆国を代表する知性の結集の焦点になろうと努めた.フーヴァにとって,アメリカ合衆国における公的世界は,議会政治にもなければ,行政府の官僚世界にもなかった.フーヴァにとって公的世界はまさに経済・社会に拡大されたエンジニアリングの世界であり,その担い手は公平・無私のエンジニアと知的専門家でなければならなかった.試みに,上で紹介した「統計諮問委員会」のメンバーとしてフーヴァが指名したウェズリー・ミッチェルを初めとする名前のリストを想起してみればよい.委員会やコンファランスの報告書にかかげられているきら星のようなメンバーのリストを見て,思わず息を飲むような感動を覚えない人は少ないであろう.

われわれはこのあたりで本節を閉じることにしよう.以上が,第一次大戦中の経験からフーヴァがまとめあげたアメリカ像であり,連邦政府像であった.以上の説明で明らかなように,フーヴァは連邦政府の経済過程に対する直接的介入には信念をもって反対したが,彼の理解した連邦政府活動のあるべき姿についてはその実現に向かってこれまた信念をもって行動した.ハーディングとクーリッジというアメリカ史においてはどちらかというとマイナーな大統領のもとで,商務長官フーヴァは,「協力・共同国家」の建設に向けて,彼の理解した連邦政府の経済過程に対する責任を実現するために,異例の情熱をもって奮闘した.これ以上詳述すればもはやくどくなるから一言で済ますことにするが,失業統計さえろくに整備されていなかった1920年代のアメリカ合衆国に,国民所得統計の推計にたずさわる決意をした人を生みだす環境をつくり出したのは,商務長官としてのフーヴァその人であった.

したがって,大統領としてのフーヴァが,「何もやらない」人になることはおよそありえなかったと考えなければなるまい.それが本節の結論である.

3 美しきアイディア
――反循環的公共事業支出――

　本節は，アダム・スミス的著述法に従えば，一個のダイグレッションである．したがって，読者はこの節を読みとばすことができるし，このまま読み続けることもできる．

　では，なぜ，このような節をもうけたかと言えば，すでに1920年代のアメリカ合衆国に自生的な形でフィスカル・ポリシー的アイディアが生まれていたことに筆者が興味をもったからであり，本書の読者もまた，同じような興味をもたれるであろうと思われるからである．

　まことに皮肉なことに，フーヴァ大統領は，景気対策について最も鍛えられたテクノクラートとしてホワイト・ハウス入りをしたように見える．フーヴァ政権の経済政策を論じた近年の労作の1つは，フーヴァ大統領の船出を次のように評価している．

　「アメリカの大統領で，経済政策において何を成就できるか，またそれを行う方法は何かについて，1929年のハーバート・フーヴァに匹敵できるほど詳細な構想をもって就任した大統領はこれまでいなかったであろう」[47]．

　すでに述べたように，1920年代を通して，商務長官としてのフーヴァは多種多様なコンファランスを組織した．それらのコンファランスを発掘することは，いまなお現代の研究者に残されている課題であると思われる．ここでは，1921年の「失業コンファランス」に注目したい．

　「失業コンファランス」のきっかけは，1920-21年の景気後退であった．このときフーヴァは，ハーディング大統領を説得して，「失業に関する大統領のコンファランス」を組織した．大統領という称号を冠するその公式名称にもかかわらず，イニシアティヴは商務長官フーヴァのものであり，コンファランスの議長は一貫してフーヴァがつとめた．このコンファランスの中から生まれた常置委員会は20年代を通していくつかの報告書を提出している．最も有名な

ものは,『合衆国における最近の経済的変化』[I-15]であろう.

それでは,この『失業に関する大統領のコンファランスの報告』[I-16]によってそこでどのような構想が提起されていたかを検討しよう.

「コンファランス」の開催を認めるハーディング大統領の決定が下されたあと,1921年8月29日の新聞発表で,フーヴァは「コンファランス」の目的を次のように規定した.

「'コンファランス'の目的は,必要とされる雇用の規模と失業の分布を究明し,次の冬を通して産業と公共団体が雇用のスピードアップを統合するうえで適切にとりうる措置について勧告を出し,あわせて,失業情勢を緩和しビジネスと商業を通常状態に復帰させるよう衝撃を与えるための望ましい経済的措置について広範な研究を行うことである」[48].

このように「コンファランス」は当面の景気対策を検討すると同時に景気対策についての「広範な研究」を行うことを目的としていた.したがって,同『報告』は,建設,運輸,鉱業等々といった個別産業についての対策を与えているが,われわれの注意を引くのは,何といっても,第IV章「公共事業」(public works)と終章,第VII章「失業と景気循環——長期の視点」である.

『報告』が景気循環を重視する基本的な理由は,失業問題が何よりもまず景気循環に結びついているという認識にあった.「大規模な失業はつねに不況の産物である.したがって,失業を防止し緩和するという問題はビジネスの活性と停滞の交替を防止し緩和するというより大きな問題の一部なのである」[49].

そこで,『報告』は,不況期におけるビジネス活動の停滞を公共事業支出の拡大が埋め合せることによる安定効果を重視する.「合衆国のように成長しつつある国においては,各市,郡,州および連邦政府の公共事業の総量は非常に大きなものであるから,もしも不況期において産業の活発な時期よりも大きな割合でそれが実施されれば,強力な安定化作用が実現されるであろう」[50].

不況期における公共事業支出の増大の拡大効果は,そのペアとして,好況期におけるその支出の抑制によるブームの沈静効果を前提する.「消費可能な財に対する需要の浮沈は直接的な制御に服しえないものであろう.しかし,他方,

国民全体のプラントと設備の拡大はある程度まで制御可能なはずである．もしもわが国公共事業のすべての部門とわが国公益事業——鉄道，電話など——の建設活動が，繁栄期に得られる財政準備金(financial reserves)を不況期における改善と拡大という計画的な目的のために系統的にとり置くことができるならば，われわれは不況の深さを大いに緩和できるだけでなく，ブームの高まりをも同時に緩和できるであろう．われわれは実際失業をも浪費的な行き過ぎをもなくすことができるであろう」[51]．

見られるように，ここで提出されている基本的なアイディアは，郵便局を初めとする公共建造物や道路・ダム・港湾建設といった公共事業支出の反循環的な(countercyclical)利用というものである．連邦および州・地方政府のこうした公共事業支出のタイミングを景気循環の浮沈に合せて計画的に行い，それを好況局面では減らし不況局面では増やすことによって景気循環の波をならそうというのがその構想の基本であった．

合衆国においてすでに1920年代の初めに公共事業支出のタイミングによる景気対策というこのような構想が打ち出されていた事実には興味深いものがある．そこで以下この構想の特徴点をまとめておく必要があるであろう．

第1に，驚くべきことに，そこではすでに公共事業支出が「投資」の面において把えられている——もちろん，そのものとしての「投資」(実物投資)という用語が使われているわけではないが．

すなわち，「コンファランス」に対する「緊急公共事業経済諮問委員会」の報告は，不況期における公共事業支出の拡大を勧告する理由として次のような論理を提出している．

「1. 失業の最良の治療策は雇用である．

2. 直接の雇用は公共事業によって与えられる．

3. 間接の雇用は必要とされる資材の製造において与えられる．

4. 直接，間接に雇用される人々に支払われる賃金は他の商品に対する需要を創出し，それはそれでまたその生産のための新しいグループの雇用を必要とする．このようにして，公共事業は産業全般の回復を助ける」[52]．

乗数効果や加速度原理というべき連関をすでに見出しているこの報告にわれわれは驚いているだけでは始まらない．このようなアイディアが大恐慌の中で生かされず，1 コンファランスの報告の中に埋もれたままに終ったのはなぜかを明らかにしなければならない．

そこで，第2に，注意すべきは，公共事業支出の反循環的利用による景気波動の平準化というこのアイディアは，きわめて規則的なジュグラー波動のみを前提し，それに対する対応策として構想されていたことである．

例えば，報告が公共事業の拡大と収縮のための方法として挙げるのは次のようなものである．すなわち，「連邦，州および市当局の年平均公共事業支出の少くとも 10% を延期し，この延期された蓄積資金を大体 10 年に1度起る不況の年に実行する」[53]ことというものであった．

このように，理論的には 10 年周期のジュグラー・サイクルを前提し，その規則性に対して規則的に対応しようというのがこのアイディアの基本であった．そこでは，したがって，29 年恐慌に比較したら，まことに静謐なモデルの世界があるだけであった．

29 年恐慌を迎えるにあたって，フーヴァ大統領を初めとする有能でないとはいえないポリシー・メイカーズが全く不用意であったことは，何よりもまず経験の問題であった．実際，1893 年の景気後退のあと，1929 年に至るまでアメリカ経済はその根底を動揺させられるような恐慌を経験しなかった．当時のポリシー・メイカーズは 30 年間にわたって規則的な，ノーマルな景気後退を経験しつつ政策マンとして成熟してきたのである．確かに，1907 年には金融パニックがあった．しかし，そこでの経験は，一流銀行の自発的協力による資金供給によって取付けが回避されたか，少くとも大事に至らなかったということであった[54]．第一次大戦後の景気後退は「ノーマルシーへの復帰」のための一時的動揺と解釈されただけでなく，とくに「失業コンファランス」のあと，フーヴァ商務長官の呼びかけによる地方政府の公共事業の拡大が効を奏したのであった．まことに，アメリカ経済は「新紀元」(New Era) に突入したように思われた．

公共事業の反循環的利用というアイディアは，このようなめぐまれた諸条件を背景にして生み出されたものであった．

第3に，ここで強調されているのは，「失業の最良の治療策は雇用である」ということである．すなわち，失業者の救済は彼らの生産への動員を通して行われるべきであって，直接の「施し」(handouts)によるべきではないということである．

公共事業の反循環的利用というアイディアをつくりだしたのは，「コンファランス」の「公共事業委員会」の事務局長をつとめたマレリー (Otto T. Mallery)であった．マレリーはペンシルヴェニア州産業局(Industrial Board)に所属する公共事業のエキスパートであった．

問題が失業問題にかかわるものとしての景気循環であったとしても，マレリーにとっては，失業者への直接の「施し」など問題にならなかった．公共事業支出の担当者としてのマレリーにとって，問題の本質は失業者の生産への動員にあったからである．

1921年9月26日に，「公共事業委員会」に提出された報告は次のように警告している．

「公共事業は'コマーシャル'ベースで行われるべきものであって，'救済'ベースで行われるべきではない．さもなければ，浪費に帰結するであろう．'コマーシャル'ベースによれば，仕事に適する人々は通常の率と賃金で雇われ，適さない労働者は解雇される．'救済'ベースでゆけば，労働者は困窮しているということを主な理由として選抜され，適不適を問わず，かかえられることになる」[55]．

公共事業を救済ベースとコマーシャル・ベースとに二分し，後者を採用することが望ましいとするのはマレリーが経験から得た信念で，のちに「コンファランス」の常置委員会が提出した報告においても，マレリーはこれをあらためて強調している．

「救済事業は緊急の雇用を供給するために急場で生み出され，しばしば適性を考慮せず，しかも市場の率以下の賃金で，困窮した人々によって事業が遂行

される．生産の量と質は二次的な問題となる」．「救済事業の経験一般は，それが全国的な失業の救済のためには不適切であり，避けるべき落し穴であることを示しており，もっと経済的かつ効果的な方法としての長期計画をとるべきことをさし示している」[56].

直接的救済の回避はマレリーにとっては経験から来る教訓というクールなものであったが，論題がフーヴァの手にかかると，一種哲学的な色彩を帯びてくる．「コンファランス」でフーヴァは次のように強調した．

第一次「大戦の直接的影響をこうむった他の諸国においては，政府による個人への直接の施し物(doles)によって解決がはかられた．われわれはこれまでのところこの最悪の解決策をまぬかれてきた．私の望むところは，そしてそれは皆さんの望むところであると私は信じているが，困難と厳しさに対して，例外的な場合を除いて，慈善の枠内に入らないような治療策を見出すことは，わが国民の知性とイニシアティヴに属するものである」[57].

連邦政府は，場合によっては，失業者に対する直接の救済に乗り出さなければならない．フーヴァ大統領がそれにいかに抵抗したかは，のちの行論で述べるであろう．

第4に，公共事業支出の反循環的利用といっても，そこで主として考慮に入れられていたのは，連邦政府ではなくて，州・地方政府であったことが特徴的である．

1921年から1928年までを通して，公共事業支出の90％以上は州・地方政府によるものであった[58]．「コンファランス」でも市と州の役割が強調されている．「長期計画の原則を市と州に適用する方が連邦政府に適用するよりはるかに重要である．前者の公共事業は後者より5倍以上も大きいからである」[59]．ここでは両者の比率を9倍と見るか，5倍以上とみるかが問題ではない．連邦政府の意義がその程度のものであったことが重要である．

「連邦主義」(federalism)という用語は，しばしば誤解されているところと違って，合衆国憲法制定以来，州と地方に比重の大部分を置いた国家形成原理を意味している．したがって，1920年代における公共事業支出の各級政府レベ

ルでの組合せは,文字通り,「アメリカン・フェデラリズムの理想と両立できる唯一のもの」[60]であったことになる.

実際にも,「失業コンファランス」のあと,1921年にフーヴァのイニシアティヴによって市やタウンによる公共事業支出の刺激を通じての景気回復策がとられたが,その場合でも,道路の建設を別にすれば,連邦政府の支援は全くなかったのが事実である[61].

第5に,公共事業支出のタイミングによる景気変動の平準化という構想が,結局は繁栄の20年代に夢想された机上のプランに終った最大の理由は,誰もが自明のものとしながら最後の詰めが行われていなかったことにある.それは,緊急公共事業支出の拡大のためにいかにして資金調達を行うかという問題であった.

この構想の基本は,年々の公共事業資金の一部——例えば10%——を使わずにとっておき,しかしプロジェクトの青写真だけは保持しておき,不況期にこの資金のバックログを使うことによって景気の底入れとひきつづく拡大に資するということにあった.このバックログは,「繁栄準備金」(prosperity reserve)[62]とか「雇用準備金」(employment reserve)[63]とか呼ばれた.このように,長期的には,つまり1周期のジュグラー・サイクルをとれば,好況局面での支出減と不況局面での支出増が相殺されるというのがこの構想の背後にある確信であった.

構想がこういう性格のものであったから,このアイディアの上では,資金調達上の諸問題はほとんど考慮されていない.「コンファランス」に対する「公共事業委員会長期計画報告」は次のように述べているにすぎない.「不況期に公共事業を拡大し活況期にその執行を縮少するうえでの連邦政府のリーダーシップには,現存する手続きからの大した変更を要するものではない.すでに行政機関は歳出をいつ支出するかについて多大の自由度を享受しているのである」[64].

この最後の詰めが行われていなかったことと軌を一にして,このアイディアは実行に移されないままに終った.1929年に至るまで,公共事業支出の計画

第2章 大恐慌とフーヴァ大統領の破産

的青写真もなかった．好況期における支出削減もなければ，「繁栄準備金」も蓄積されていなかった．連邦政府のリーダーシップもなければ，州・地方政府が従うべき全国的政策もなかった．1929年の上院「教育・労働委員会」のサブコミティーで，マレリーは次のように嘆いている．

「10年にも亘る努力のあとで，1927年に失業が1921年のときのほとんど半分の規模になったときに，ニューヨーク，シカゴ，フィラデルフィア，デトロイト，ボストン，サンフランシスコで何の特別の努力も報告されていないのはなぜなのか」[65]．

こうした状態のまま大恐慌を迎えたとき，いま現に緊急に公共事業の支出増を行うに際して，短期的な資金調達をいかにして実現するのか，税収でまかなうのか，国債を発行するのか——この難問の前に美しいアイディアはついえ去ったのである．

フーヴァは，大統領当選後で，かつ就任前の1928年に，折から開催された全国州知事会議にメイン州知事ブルースター(Ralph Brewster)を介して，この種の支出のための「30億ドル準備基金」計画なるものを公表した[66]．この構想がどの程度空想的であったかがよく分る．のちに，1931年に，「大統領雇用緊急委員会」のウッズ(Arthur Woods)委員長が公共事業促進のための8億4000万ドルの支出を勧告したとき，フーヴァはにべなくこれを拒否して，最大限1億5000万ドルの支出を許したにすぎなかったのである．

大統領になってからのフーヴァは，この構想を支持する言明を行ったことはないとされている[67]．

以上，これまであまり注目されてこなかった20年代の反循環的公共事業支出というアイディアを検討した．

1920年代において用意されてきたこうした政策思想ないし構想は，1929年に始まる未曾有の恐慌に十分太刀打ちできるだけの深みと広がりを具備していなかった．1920年代の経緯はどうあれ，1929年に始まる大恐慌は，従前の政府政策，とりわけ財政政策の構想がその中に放り込まれてその真価を問われることになったルツボであった．

4 フーヴァ大統領の恐慌対策

(1) 連邦農務局

　フーヴァが大統領に選出されたとき，彼は自己の政権の政策形成のために，あらためて「タスク・フォース」のようなものを組織する必要はなかった．フーヴァは，1920年代を通じてハーディング大統領とクーリッジ大統領の商務長官としての権限で1921年の「失業コンファランス」とそれから派生した各種の委員会を主宰してきた．フーヴァは当時のアメリカ合衆国が生み出していた知性が提供する経済情報に熟知していただけでなく，アメリカ経済の運営のための「協力・共同政府」という彼自身の政府構想をももっていた．フーヴァ大統領はただ政策それ自体とその政策日程のオプションを考えるだけでよかったのである．

　「失業コンファランス」から派生した「合衆国における最近の経済的変化」に関する委員会(委員長ハーバート・フーヴァ)は，1928年1月に調査を開始し，1929年2月に調査を終了した．5月に公刊された報告の冒頭部分で，なかんずく，次のようなことが述べられている．

　「近年の動的均衡を維持することは，実際，熟慮ある公衆の注意と制御をますます要求しつつあるリーダーシップの問題である．調査と研究，知識の秩序ある分類は，相合体してわれわれの技能・熟練を高め，経済システムの完全な制御を可能にするであろう．問題は多く，困難であるが，近年における進歩の度合が高い希望をもってわれわれを鼓舞している」[68]．

　こうして，知識と進歩と経済システムの完全な制御とへの確信にもとづいてフーヴァ政権は発足した．

　フーヴァのヴィジョンとしての「協力・共同国家」への途上における官制の整備については，他省庁の縄張り意識からくる妨害によって，フーヴァにはまだ心残りのものがあった．「官僚帝国を終らせるための官僚帝国」はまだ完成

していなかったのである．しかし，「アメリカン・システム」に固有な持続的経済成長の基礎はすでにしっかりと据えられているように思われたし，この基礎の上にやり残された仕事を次から次に付け加えてゆくことが確実な既定方針であるように思われた．

こうして，大統領としてのフーヴァが最初に取り上げたのは，1920年代の繁栄からとり残された農業に対する取組みであった．

農業が大きな問題をなしていることは，すでに『最近の経済的変化』が指摘していた．「……農業や炭鉱業のような主要な産業が依然として繁栄の一般的な水準以下にあり，若干の地域が遅れをとっていることからして，なすべきことはまだ沢山ある．これらの産業や地域を繁栄の経済諸力の流れにもっと完全に組み込むことは第一級の問題をなしている」[69]．

フーヴァ政権発足の時点，すなわち1929年3月4日の段階では，もちろん，大恐慌はまだ勃発していない．それはまだ半年余の先のことであった．しかし，フーヴァは，大不況をいわば先取りしていた農業問題をプロブレム No. 1 として取り上げ，4月12日に議会に特別教書を送付した．その意気込みには異例のものがあった．「それ以前の100年において，ウッドロウ・ウィルソンを除けば，自己の政権をこれほどすみやかに，これほど広範に，国内改革に向けて始動させた大統領はいなかった」[70]．

1920年代を通して，農業が大きな問題であり，農業・農民問題の解決，少くとも農家所得の上昇をはかる政策が必要であることは一般的に認められていたことであった．問題はこのような政策がどのような形態をとるべきかであった．就任直後に勇躍取り組まれたフーヴァの農業不況対策は，上でみてきたフーヴァ的政策の最初の実践であり，好箇の実例であり，そして最初の失敗であった．

農業の過剰生産と低価格の問題解決のプランとして，当時農業・農民組織とその議会における代弁者が主張していた1つの有力な政策があった．それは，「マクネアリ＝ハウゲン法案」(McNary=Haugen bills) に代表されるもので，アメリカの余剰農産物を連邦政府がひとまず買い上げて，それを諸外国にダンピ

ング輸出せよというプランであった．つまり，農民側は連邦政府のより直接的な介入を要求していたのである．

もちろん，連邦政府のそのような直接的介入はフーヴァのとるところではなかった．20年代を通して，フーヴァは農業・農民問題に視点の1つを据えてきたが，彼の方策は，言うまでもなく，農業における「産業の自治」の促進であった．フーヴァにしてみれば，大統領選挙戦での彼の勝利は，彼の政策構想の勝利を意味するものであり，彼の政策構想とは「自発的協力」と「産業の自治」による「協力・共同国家」の実現であった．したがって，彼にとっては，この彼の構想の実現のためにいまなお残された問題の1つに彼のこの路線を適用して，その成果によって介入主義的農業関係者を説得することが第1の課題であるように思われたのである．

政権をクーリッジから引き継いだフーヴァは懸案の農業問題が自己の信念である「自発的協力」の方式によって解決できないはずはないと考え，先の特別教書によって，就任3カ月後の6月に早くも「農業市場法」(Agricultural Marketing Act of 1929) の議会通過をかちとった．これは，農務長官をエクス・オフィシオで8人目に加える「連邦農務局」(Federal Farm Board) なる7人委員会を設置し，これに5億ドルの連邦政府資金を与えて，農業協同組合の組織化による農産物価格の安定化をはかろうとする計画であった．

これは，20年代を通してのフーヴァのトレイド・アソシエイションズの組織化の努力と軌を一にするものであるが，トレイド・アソシエイションズの場合には連邦政府が資金援助を行うことはなかった．苦境に立つ農民にはそのための資金が不足しているという理由でこの場合には連邦政府の資金の手当てが行われたのである．

農業・農民の組織化（「カルテル化」）に5億ドルの連邦政府資金を投入する決定を下したことは連邦政府の行動としては画期的なことであった．そこからして，フーヴァを「ニューディールの創設者」[71] とする論者がいるけれども，それはやはり性急な評価である．計画の目標は，あくまでも農業・農民組織の形成・拡大と「自発的協力」の運動を促進することにあり，農産物価格の決定や

第2章　大恐慌とフーヴァ大統領の破産　　　　　　　　　　37

出荷調整などはどこまでも農民とその自主的組織の手に委ねられていたのである．のみならず，連邦政府の資金援助は，補助金の形態ではなく，貸付金の形態をとっていたのである．

　「農業市場法」の規定で興味あるのは，「商品前貸」(commodity advances)，すなわち農産物担保貸付と，「安定公社」(stabilization corporations)であろう[72]．「農務局」は，さしあたりまず各地の農協に「商品前貸」の融資を行うが，この貸付金は農協を通して組合員である農民に融資され，その際，農民は農協のプールに農産物を引き渡す．この資金はあくまでも貸付金であるから，農協にプールされた商品が最終的に売られたときの額が貸付金より低かった場合には，農民はその差額を支払うことを法的に義務づけられていた．しかし，実際には，その返済は無理であった．農協が立往生するか，政府がさらに救済に乗り出すか，その両方が生ずるかというのが結末であった．「安定公社」は政府資金による市場の買支えを行う機関であり，次年度には市場が回復すると予想したうえでの取組みであった．確かに，例えば小麦価格は，1930年11月半ばから翌年春まで，買支えによって維持された．しかし，買支えがやむと市場は崩壊し，そうなると公社の蓄えたストックは，かえって価格下落を促進する要因となった．

　「農務局」の回転資金5億ドルは，こうして，公社と農協のストックの蓄積資金にすべて縛りつけられてしまった．つまり，公社と農協は，一方は買支えを，他方はプールの維持をできなくなってしまった．

　こうしたフーヴァの取組みを農民の眼で観察した記録がある．それはこう述べている．「穀物価格を現行水準の90％で下支えしようとする無駄な努力の中で，5億ドルの農務局安定化資金が西部のプレイリーに注ぎ込まれたが，その効果は夏のちょっとした夕立とほとんど同じものであった．……1年以内に連邦農務局は支援を止めた——安定化資金が涸渇したのである——そして余剰農産物は日照り対策と食糧救済の目的で赤十字に渡された．政府の援助の最後の望みが消え失せると，農産物価格はアメリカ史上未曾有の深さにまで低落した」[73]．ここで，この著者が連邦農務局に与えられた5億ドルを「安定化資

金」と呼んでいるのは特徴的である．フーヴァにとってはそれはいわば「農協組織化資金」であったのだが，農民の期待はあくまでも連邦政府の直接的介入による余剰生産物の解消と農産物価格の安定化にあったことがよく分る．

それにしても，フーヴァが直面しなければならなかった農業問題はきわめて大きな広がりと深みをもっていた．

1920年代の諸問題も，そして，ある程度まで，29年に始まる大恐慌も，第一次大戦の遺産であった．大戦中，アメリカの農民は農産物の増産を奨励された．増産を鼓舞した責任者の1人は食糧長官フーヴァその人であった．肥料の改善と機械化は農業生産力を著しく高めた．戦争が終了したとき，アメリカは限界地以下での大量の耕作をかかえこんでいることが判明した．戦時中に奨励された増産は平時の過剰生産の源泉となった．

しかも，農業問題はもはや農業だけの問題ではなかった．アメリカ農業はジェファスニアン的田園生活の舞台であることをとうにやめていた．農業は工業製品と現代産業のサービスの消費者となっていた．ところが，肥料についても，農業機械についても，鉄道運賃についても，農民は消費者主権を享受することはなかった．

農業生産が商品生産となったことの意味は，不況期に農民が痛いほど体験したことであった．不況期においては，工業都市における農産物需要の減少が農業不況をさらに悪化させた．農業不況の対策を完全なものにするためにはアメリカ経済全体の景気回復が必要であった．いや，農業問題はいまや国内にのみ局限されてはいなかった．世界的不況はアメリカ農産物の輸出を停滞させていただけでなく，農業それ自体が世界的不況に陥った．連邦農務局は，1930年夏以降，ソヴィエト・ロシア，アルゼンチンなどの諸国からの小麦の強制輸出に悩まなければならなくなった．

農業・農民問題をめぐるこれらの諸局面を考えれば，農民の「自発的協力」の組織化による市場条件への対応というフーヴァ大統領の方策は，もはや有効な対策ではありえなかった．農業における「自発的協力」の土台そのものがすでに崩壊していたのであった．

第2章　大恐慌とフーヴァ大統領の破産　　　　　　　39

　こうして，アメリカ農業は，それが農業・農民問題の「解決」となろうとなるまいと，連邦政府の強力な介入がいつ始まるかを待機する態勢となった．ニューディールがそれを実践した．

(2) 大恐慌の勃発——ホワイト・ハウス会議と「全国ビジネス・サーヴェイ会議」

　フーヴァ大統領の農業・農民問題への取組みは何といってもまだ大恐慌勃発以前のことであった．そこで以下，われわれの本来の課題であるフーヴァ大統領の恐慌対策を検討することにしよう．

　さて，ふたたび，『最近の経済的変化』に戻れば，フーヴァ委員長下のこの報告の楽観的な基調にもかかわらず，W. C. ミッチェルの書いた最終章の総括には，次のような重要な警戒的文章が見られる．「将来を予測することは，この作業課題の一部ではない．しかし，最近の発展を将来振り返って見れば，現在そう見えるほど満足には見えないかもしれないことを指摘せずに，記録を閉じるべきではない」．農業，繊維，石炭，皮革といった停滞産業や失業の存在を忘れることはできない．あるいはまた現在繁栄している産業も無限に安定を記録し続けるかどうかは保証の限りではない．「われわれが1920年以来深刻な恐慌を，あるいは1921年以来深刻な不況を経験して来なかったということは，われわれが来たるべき諸年においても同様に聡明であり，巧妙であり，幸運であるという保証にはならない」．「おそらく，誤りは耐えられる範囲内に抑えられているのであろう．おそらく，深刻な後退は来たるべき諸年には起らないであろう．しかし，われわれは1921年からかなりへだたっており，あの破局的な年が呼び起した警戒心がうすれつつあるという兆候がある」[74]．

　ミッチェルのこの文章は，1929年恐慌を予言したものではない．それはこの報告書を総括する責任をとった景気循環の指導的研究者としてのバランス感覚を表現する文章であろう．ここで注目に値するのは，20年代の繁栄と「新紀元」の謳歌が時代の風潮であったなかで，ミッチェルがジュグラー・サイクルの消滅という立場をとっていないことである．当時のアメリカで29年恐慌

そのものはもとより，その規模が未曾有のものになることを予想していた人はいなかったと言ってよいであろう．しかし，また，ジュグラー・サイクルの下降局面にどう対処するかの用意ができていたことはすでに見た通りである．

ここでは，大恐慌の様相と諸原因には立入らない．われわれは，直ちにフーヴァ大統領の恐慌対策を追跡することにしたい．本節では，便宜的に，フーヴァ大統領の3つの主要な取組みをクロノロジカルに検討するという手法をとる．第1は，大恐慌勃発直後の全国的指導者との一連の会談とそこからの産物としての「全国ビジネス・サーヴェイ会議」であり，第2は，1930年10月の「大統領雇用緊急委員会」の次第であり，第3は，1931年10月の「全国信用会社」構想である．その後の事態と政策の経過については，別の行論で述べることにする．

さて，1929年10月24日，ニューヨーク証券取引所で1300万近くの株が売られ，暗黒の木曜日と呼ばれた．続く10月29日が暗黒の火曜日で，一般にこの日付が大恐慌の始点と考えられている．

暗黒の木曜日の翌25日の記者会見で，フーヴァ大統領は記者団の質問に答えて全国的な経済情勢について次のような確信を述べた．「国の基本的ビジネス，すなわち商品の生産と分配は，健全かつ繁栄の基盤の上にある」[75]．同じく，11月5日の記者会見でも，問題は株式恐慌にのみ局限されているという見解をフーヴァは述べた．「われわれは株式市場の恐慌をすでに通り抜けて来た．しかし，歴史上初めて，恐慌は株式市場それ自体に局限化されて来た．それは，国の生産活動にも，国の金融構造にも拡大されることはなかった」[76]．

だが，11月13日にダウ・ジョーンズの工業株指数が9月初めの水準の半分にまで低下した．翌日，商務長官ラモント (Robert P. Lamont) は，「事態は危険をはらんでいる」旨の勧告をフーヴァに提出した．その内容は中西部には銀行取付けの恐れがあり，すでに多くの人々の購買力が低下して来たことに疑いはないというものであった[77]．こうして，フーヴァ大統領は，ついに沈黙を破って，全国的指導者との会談をもつ旨の声明を11月15日に発表した．

これがフーヴァのいわば最初の恐慌対策をなすもので，11月19日から27日

第2章 大恐慌とフーヴァ大統領の破産　　　41

にかけて，鉄道，連邦準備制度，財界，労働，建設，農業，および公益事業の全国的指導者と個別に会談し，フーヴァは彼らから，現行賃金率の維持，雇用の安定，建設活動の拡大について約束をとりつけることに成功した．同時に，11月23日には，公共事業の拡大に協力するよう全国の州知事に電報を打ち，州・市・カウンティの公共建設計画について折返し大統領に報告を提出するよう求めた[78]．こうして，ビジネス側の建設活動続行の約束に対応して連邦・州・地方政府の側面援助の裏書きを与えた．

　こうしたフーヴァ大統領による公共建設促進と賃金率維持のイニシアティヴは，1921年の「大統領失業コンファランス」が生み出した景気対策に沿うものであった．公共事業支出の反循環的利用とその裏書きによる民間の投資支出の鼓舞激励である．フーヴァ大統領は一旦決意したことは徹底的に実践した．大統領のイニシアティヴによるホワイト・ハウスでのこれらの一連の会談は，異例の積極的なものとして歓迎された．不況の進行に即して，大統領が民間産業や公益事業の指導者に直接相談するようなことはかつてなかったと言ってよいからである．この段階でのフーヴァの意図はおおむね実現したように思われる．1929年12月5日の「一般教書」において，フーヴァは次のように誇らかに指摘している．

　「私は，ビジネスおよび州・市当局とのあいだで系統的自発的な協力措置を実行に移し，国の基本的ビジネスが平常通り続けられ，賃金，それゆえ消費力が減少せず，雇用の不足を平準化するのを助けるべく建設活動を拡大する特別の努力が払われることを確保しようとした．過去数年間ビジネス世界で成長してきた協力と責任の意識のために，反応は顕著であり，かつ満足すべきものであった」[79]．

　実際，ビジネス側もまた大統領のこの攻勢に積極的に対応し，賃金率の維持という公約が2年間にわたって維持されたことはすでに述べた通りである．1930年5月，合衆国商業会議所に対する演説でフーヴァはこう述べた．「大きなスランプの歴史上で初めて，われわれは賃金の本格的な低下を全く経験していない」[80]．また，フーヴァの回想録は，AFL執行部の次のような比較を記録

している.すなわち,AFL によれば,1921 年の景気後退においては「労働統計局」(BLS)に報告を行う企業の 100 社について 92 社が賃金カットを断行しているのに対して,1930 年中に賃金カットを行ったのは 100 社についてわずか 7 社にすぎなかったというのである[81].

さて,この不況の初期における取組みの中から生まれたのが,「全国ビジネス・サーヴェイ会議」(National Business Survey Conference)であった.

この初期の段階で,フーヴァ大統領はビジネス側に「平常通りの業務」(business as usual)の続行により建設支出を 1930 年度には 29 年度より拡大するよう説得した.しかし,これまでの経験は株式市場のガラがそれに続く不況のきっかけとなりかねないことを教えていた.1920 年のときもそうであった.そして,景気下降のコースがその方向をとる際に有力な要因の 1 つとなったのは,ビジネスにおける「信頼の崩壊」であった.「平常通りの業務」と建設の続行を確保するためには,この信頼の崩壊の防止あるいは信頼の維持をはかる手立てをとることが必要である.この手立てこそ,「全国ビジネス・サーヴェイ会議」であった.

不況を悪化させるのはビジネスの信頼の崩壊であり,それを促進するのは無知による無責任な噂の伝播であるからして,これを「科学的」情報の伝播によって防止しようとする「偉大なるエンジニア」フーヴァ大統領にまことにふさわしい構想であった.したがって,これは,不況の初期局面に適用された「自発的協力」路線であった.

しかも,このときフーヴァはまたとない協力者をもっていた.それは合衆国商業会議所会頭ジュリアス・バーンズ(Julius Barnes)であった.バーンズは,その役職からして当時最も威信のあった組織の会頭であり,全国の商業会議所とトレイド・アソシエイションズを結びつける鎖の環であったばかりでなく,個人としてもそのイデオロギーにおいて「産業の自治」と「自発的協力」を説くフーヴァと全くといってよいほど同じ立場に立っていた.

すなわち,バーンズもまた,株式恐慌は不幸な必然だが,中心的な問題ではなく,アメリカ経済の基礎的構造はいまなお健全であるという確信をフーヴァ

と共有していた．だから，いまもしもビジネスの「自発的協力」によって信頼の崩壊を食い止めることができれば，現時点での真の問題を解決できると信じていた．さらにまた，このビジネスの「自発的協力」のための手段が，近年ますます発展してきたトレイド・アソシエイションズであることもバーンズはフーヴァと見解を同じくしていた．こうして，バーンズは「ビジネス・サーヴェイ会議」の議長を進んで引き受けた．

　フーヴァ大統領の恐慌対策に対するバーンズの協力がいかに積極的であったかを示すのは，「サーヴェイ会議」に結集するビジネスの「自発的協力」は景気循環を克服する全く新しい実験であるとバーンズが考えていたことである．ビジネスの「自発的協力」精神の強化は，トレイド・アソシエイションズの発展という組織上の構造的変化とあいまって，不況の防止のみならず，景気循環の克服をも可能にしているというのである．バーンズは宣言する．産業の安定化という試みをビジネスが快く引き受けたことは，「周期的変動が景気循環にとりこまれていると考える慣習にあった産業と商業の宿命論の終焉を画期づけるものである」[82]．

　「サーヴェイ会議」は，大企業や中小企業にプラントと設備の修理，改善および拡大を説得し，消費者にまで家屋の修理と改善を説得した．しかし，基本的には先行きの不安のひろがりとそれが信頼の崩壊につながることを防ぐことを目的としていたから，アメリカ経済の現状についての「正確な」経済情報を普及することにつとめた．こうした経済情報は，商業会議所とトレイド・アソシエイションズを通じて収集され，定期的報告として発表された．バーンズのオプティミズムからすれば，ただ事実と数字の収集が「サーヴェイ会議」の目的を十分に達成するものと思われたからである．

　しかし，1930年の経過の中で，収集された情報はますます不快なものになっていった．収集された数字に対する「サーヴェイ会議」の解釈と結論は次第に発表されなくなった．1930年の終り頃までには，バーンズは情報から結論を引き出すことを周到に差し控えるばかりか，全般的な趨勢についていかなる予測を行うことにも慎重になった．やがて，誰も「サーヴェイ会議」を相手

にしなくなった．こうして，「全国ビジネス・サーヴェイ会議」は，1931年5月6日,『ニューヨーク・タイムズ』紙の片隅にのった短い公報のうちに消失していった[83]．

(3) 「大統領雇用緊急委員会」と「大統領失業救済組織」

フーヴァ大統領による「自発的協力」のその次に大きな実践は，失業がますます深刻の度を加えつつあった1930年10月に打ち出された「大統領雇用緊急委員会」(President's Emergency Committee for Employment)であった．

冬とは，とくに不況局面での冬とは，何であったろうか．すでに不況は2度目の冬を迎えつつあった．失業者にとっての冬とは何であるかを理解するために，文学者の筆は不要であった．たとえフーヴァ政権がおそらくはトータルにアメリカ経済をすでにとらえつつあった大不況についての政権内部の危惧を隠しおおせていたとしても，あるいはもっと積極的に，フーヴァ大統領が彼の初発の恐慌対策の進行に満足の意を表明していたとしても，1930年の冬はもうそこまできていた．それは，副大統領カーティス(Charles Curtis)が「好況はそこまで来ている．いま角をまがったばかりだ」(1930年11月)[84]とフーヴァ流の宣言を行った内容以上に確実なことであった．

こうして，GEの会長，ジェラード・スウォープ(Gerard Swope)は1930年10月2日に大統領に失業救済をせきたてる声明を発表した．これはフーヴァ大統領にとって耳の痛い進言であったであろう．スウォープは断言した．大統領は議会の特別会期を召集し，「10億ドルの国債の発行を要請して，……失業の悲劇的状況を緩和するためにその政府収入を各コミュニティに提供すべきである」[85]．

これに対するフーヴァ大統領の回答は，キャビネット内部における失業委員会の指名と，短期の「大統領雇用緊急委員会」の指名であった．「緊急委員会」の委員長には，第一次大戦以来のフーヴァの旧友の1人，アーサー・ウッズが指名された．ウッズは有能な軍人であったらしい．彼は，指名された職務に忠実に活動した．しかし，大不況という事情の変化のもとで，職務に忠実な

人材ほど，結局はフーヴァ大統領と袂をわかつことになったのはウッズ大佐も例外ではなかった．

　ことここに至っても，フーヴァ大統領の救済についての信念は変らなかった．彼にとって，救済は余人の問題ではなく，あくまでも隣人と地域社会の問題であった．もしも連邦政府が直接に個々の市民の救済に乗り出せば，救済を受けるアメリカ市民個人の徳性を損い，救済を与えるべき個々の市民の責任感を損い，とどのつまりは「アメリカン・システム」の徳性を損うというのがフーヴァ大統領の変らぬ信念であった．

　フーヴァ大統領は宣言する．「わが制度のヒューマニズムは，苦しむ者，不運な者の保護を要求している．それは，隣人の福祉の主な責任を個人に置くが，同時にまた，必要とあれば，地域社会，州政府，そして最後の手段として，全国政府が彼らに保護を与えるべきことを要請している」[86]．

　しかし，全国政府＝連邦政府の救済活動への出動はフーヴァ政権のもとではありえないことであった．1930年晩秋のこの段階でもフーヴァの信念は「フェデラリズム」にあった．フーヴァ政権の治下における限り，「苦しむ者，不運な者」に対する「最後の手段」としての連邦政府の出動は結局行われないに等しいままに終った．こうして，「緊急委員会」は，既存の私的公的社会福祉組織と個人の活動の統合と鼓舞激励を主な任務として発足することになった．

　しかし，州・地方政府と民間の建設支出が1930年には1929年よりも11％の減少を示したとき，ウッズは，道路，公共事業，その他のプロジェクトのために8億4000万ドルの支出を行うよう大統領に勧告したが，フーヴァはこれを拒否した[87]．ウッズに対する打撃はそれだけにとどまらなかった．1931年3月に上院議員ロバート・ワグナー(Robert Wagner)の提出した「連邦雇用事業」(Federal Employment Service)法案が議会を通過したとき，ウッズはこの法案を承認するよう大統領に勧告した．しかし，フーヴァは，ウッズの進言をしりぞけ，この法案に大統領としての拒否権を発動した[88]．翌4月，ウッズは傷心のうちに委員長を辞任した．そのあと，フーヴァ大統領は，8月に同委員会を「大統領失業救済組織」(President's Organization on Unemployment Relief)

に改組する.

「失業救済組織」もコミュニティ段階での慈善の組織化の宣伝機関でしかなかったから,ウッズ委員会以上の成果をあげるはずはなかった.それよりむしろこの組織は,フーヴァ大統領の恐慌対策の破産の様子をまざまざと示した点に意義があった.

第1に,この組織がその名称にもかかわらず,アメリカにおける失業ならびに失業救済の現状について驚くべき無知をさらけ出したことである.

1931年12月から1932年初めにかけて,上院の1小委員会(Senate Subcommittee on Manufactures)でコスティガン(E. P. Costigan)とラフォレット(R. M. La Follette, Jr.)が提案した連邦救済法案についての公聴会が開催された.それに先立ちコスティガン上院議員は救済組織の議長であるギフォード(W. S. Gifford, ATT会長)に,救済の必要度,現存組織の救済能力,キャンペーンを組織しなかったとした場合のコミュニティの資金状態を質問する書簡を出した.ギフォードは,「少数の例外を除いて,組織的努力を必要とする失業問題をかかえる各コミュニティは,この冬の失業情勢の面倒をみる組織を設立し」,例外についても「近い将来」手当てがなされると回答した.これでは要領を得ないので,コスティガンは再度書簡を出したが,再度失望させられたにすぎなかった.こうして,ギフォードは1932年1月8日同小委員会に喚問された[89].

小委員会では,ギフォードより前に,全米各地から招かれた証人が失業者がいかに増大しているか,コミュニティが救済のためにいかに破産寸前の状態にあるか,いかに連邦政府資金の投入が必要とされているかをすでに証言していた.これに対して,ギフォードは州・地方政府のプログラムが救済の必要を十分に満たしており,連邦政府の行動は不必要でもあれば危険でもあると反対した.救済は隣人とコミュニティの責任であるというフーヴァ大統領の信念をギフォードは繰り返したのである.

これに対して議員側はいつもの容赦ないたたみかけるような質問をギフォードに浴びせた.この十字砲火の前にギフォードはひとたまりもなかった.ギ

フォードの証言，いやむしろ無証言は，「失業救済組織」が全国の失業者の数も，救済を要するとされる者の数も，現に救済を受けている者の数も，またその水準も，全く把握していないという恐るべき事実を暴露したのである[90]．ギフォード委員会はウッズ委員会の調査結果にさえ目を通していなかったようである．こうして，フーヴァ大統領の「失業救済」なるものがどの程度真剣なものであったかが白日のもとに曝されることになったのであった．

　第2に，フーヴァの好む州・地方政府，とりわけ地方政府には，もはや過大な役割を期待できないことが判明した．1930年から1931年初めにかけて，不況が深刻化したために，一方では救済の対象となる失業者その他の人々の数が増大し，他方では地方政府の税収が減少した．現在でもそうだが，地方政府は主として固定資産税を税収源としているので，不況のため固定資産の評価が下がると共に，収入源に悩まされることになった．だから，控えめな救済事業に取り組むだけですでにそれは地方政府の予算能力を超えてしまったのである．

　こうしたことは，ソーシャル・ワーカーの経験も教えていた．「不況期を通して社会保障のための主要な闘士はソーシャル・ワーカーであった」[91]と言われる．彼らも初めのうちはフーヴァのコミュニティ路線を支持して，地方レベルの公的私的機関に協力して社会事業を組織してきた．だが，この路線での懸命な活動は，それだけこの路線の破綻を彼らに痛感させた[92]．「社会事業全国会議」(National Conference of Social Work)の1931年6月のミネアポリス大会が地方レベルでの救済路線を支持する最後の大会となった．この大会では，私的慈善の事業は不況という災禍に直面して破産したこと，連邦政府の大規模な介入が必要であることといった発言が続いた．ソーシャル・ワーカーの経験は，連邦政府がいつ出動するかというのがこの分野でもすでに煮詰っていた問題であったことを教えた．もっとも，ミネアポリス大会では，こうした見解はまだ多数派を占めず，従来の路線での決定で終った．だが，それから1年の更なる活動は多数派見解を逆転させた．フィラデルフィア大会の1932年5月を画期として，アメリカのソーシャル・ワーカーは連邦政府による救済支出を強力に要求する立場に移行したのである．

第3に，こうした州・地方レベルでのいわば立往生は，フーヴァ大統領のグランド・デザインの最大の要素であった投資支出，とりわけ公共事業支出の反循環的利用の有効性の根底を問うものとなった．実際，1931年の経過の中で，連邦政府の鼓舞激励による州・地方政府の建設支出とそれに支えられた民間主要産業の投資支出の拡大という路線はもはや実効性をもたなくなっていた．ここでもまた事態の経過そのものが求めていたのは，連邦政府の本格的出動，すなわち連邦政府の公共事業支出の拡大であった．

　ところが，ここで奇妙なことが生じた．ウッズ救済委員会のあとを受けたこの「大統領失業救済組織」，すなわちギフォード委員会は，連邦政府の公共事業支出の拡大に真向うから反対する趣旨のリポートを発表したのである[93]．

　反対理由の一部はおなじみのものであった．すなわち，州・地方政府に対する連邦政府の補助金ないし貸付けは「原理的に不健全」であり，それぞれの地方の必要と福祉を満たすべき州・地方政府の責任感を必然的に弱め，各地方が賢明な長期建設計画を採用するのを，たとえ妨げないまでも，遅らせるであろうというものであった．

　ここで指摘すべきはそれだけではない．かつて商務長官としてのフーヴァは，アメリカのインテリジェンスの組織者であった．すでに述べたように，彼が組織したコンファランスのきら星のような参加者のリストにはひとを感動させるものがある．ところが，このリポートを提出した「失業救済組織」の小委員会のメンバーは圧倒的に銀行家であり，それ以外にはアカデミックな経済学者と労働を代表する AFL の指導者がそれぞれ1人ずつ指名されたにすぎなかった．銀行家に知性がないなどということを言おうとしているのではない．アメリカが生み育てた中立的な知の蓄積を動員しようとするのが，フーヴァの「協力・共同国家」形成のための基本的なメトーデの1つであったことを強調したいのである．

　案の定，銀行家集団としてのこの小委員会はまことに月並みであるだけでなく由々しい内容のリポートを提出した．同リポートは，連邦政府の公共事業支出拡大のための資金調達が国債の発行によってまかなわれるものとみなし，こ

第2章 大恐慌とフーヴァ大統領の破産

のような国債はプレミアム付きでしか発行されえないことを懸念した．つまり，連邦政府の公共事業支出の拡大は国債のプレミアム付き増発をもたらし，それが資金市場でビジネスをいわば「クラウド・アウト」するという論理をもって連邦政府の本格的出動に反対したのである．

建設国債に反対する理由はそれだけにはとどまらなかった．もしも政府がますます利回りの高くなる国債を本格的に発行することになれば，それは「現在未償還の低利回りの債券の市場価値の深刻な低下をひき起し，こうしてそのような証券の保有者にきびしい損失をもたらすであろう．その1つの結果は相当数の更なる銀行破綻であるとしてよいであろう」．

こうして，1931年時点での公共事業支出だけに反対しているのではなく，公共事業支出の反循環的利用という「失業コンファランス」の考え方そのものに反対する見解が出されたのである．

同リポートの理論的政策的後退はまさに次の点に表明されている．すなわち，同リポートは，連邦政府資金の支出が「産業と運輸の多くの業種を刺激することによって資金が取引きの水路を通して伝播し，ビジネスを回復の道につかせる」という考え方そのものを否定したのである．

翻って考えれば，投資支出の乗数効果という考え方が——そのものとしての乗数という用語はもちろん使われてはいなかったけれども——結局のところ，「大統領失業コンファランス」の作業の中心テーマであった．たとえ未曾有の深さと広がりをもっていたにせよ，大不況とてこのアイディアの実践を貫き通すことによって対処すべきもののはずであった．しかも，かつてはハーバート・フーヴァその人がこのアイディアの唱道者の1人であったではないか．ところがいまや1920年代初頭のアメリカ合衆国が生んだこの貴重なアイディアがあっさりと反古にされたのである．「失業コンファランス」のアイディア・マンであったフィラデルフィアのマレリーがこのときまで現役で活動していたかどうかについて筆者はつまびらかにしない．しかし，フーヴァ大統領はいまやマレリーのアイディアから遠く隔った狭隘なパースペクティヴしかもたないリポートを受け容れたのである．

なお、ことのついでに指摘しておけば、1931年9月末に、フーヴァ大統領の賃金戦線が破れた。USスチールが先頭を切り、鉄鋼業の大手を中心とした他の大企業も直ちにこれに追随して、賃金カットが始まったのである。

賃金率の維持というフーヴァ独特の需要管理戦略を産業側は2年間にわたって支持してきた。これは少くとも異例なことであった。産業界が不況の深化の中で2年間も賃金カットを差し控えたのである。あのホワイト・ハウス会談で産業界の代表者が賃金率の維持を公約した1年後に、銀行側は産業側に対して賃金カットを要求した。産業に資金を貸し付けている側からのいわば当然の要求であった。チェイス・ナショナルの頭取はこう言ったという。「高賃金が繁栄をつくり出すというのは真実ではない。そうではなくて、繁栄が高賃金をつくり出すのだ」[94]。

こうした攻撃にもかかわらず、産業界はフーヴァとの公約に忠実に賃金率を維持した。しかし、現場の実態ではこの戦略は事実上破綻していた。企業は賃金率を維持し続けたけれども、労働者の一部をパート・タイム職に転換するという慣行が行われるようになっていたからである[95]。統計上は賃金率が維持されていても、労働者の平均的稼得は減少していたのである。こうして、消費者物価が低下している以上、貨幣賃金率の削減は実質賃金率の削減を意味しないという理由を挙げて、産業界はフーヴァの賃金戦略と手を切った。

こうしておよそ1931年の夏前後にフーヴァ大統領のグランド・デザインとしての恐慌対策は破産と崩壊の過程に入ったように見える。

(4) 「全国信用会社」

1931年10月あたりから、フーヴァ大統領の恐慌対策は銀行制度の組織的強化に移るが、景気回復のためのフーヴァのグランド・デザインは変らなかったように見える。例えば、1932年5月23日付の「土木技師協会」会長への書簡においても、フーヴァは次のように強調している。「私は長年のあいだビジネスと失業への助けとして不況期における公共事業のスピード・アップを唱道してきた。それは巨大な規模で行われてきたし、財政の安定が許すかぎりのはや

い速度で進められつつある」[96]．景気回復の最終的な達成は，公共事業支出の支援による民間投資支出の回復と失業の解消によって初めてもたらされるというのがフーヴァ大統領の基本戦略であり，公共事業支出拡大のための資金調達の方策で――増税か国債増発か――不決断のままに時間は経過したけれども，あのグランド・デザインがフーヴァ大統領の恐慌対策の最後の拠り所であったことに変りはなかったようである．だから国債発行か増税かのオルターナティヴの選択に迷っているあいだにも，彼は彼がまかされた全体としての予算費目のうちから公共事業支出にまわせるべき資金がないかどうかを検討している．つまり，政府支出費目のあいだでの資金の再配分 (reallocation) によって問題に対処しようと彼は望んだのである[97]．ハーバート・フーヴァについてひとがたえず抱かされる印象は，彼が達成すべき目標の設定についてはきわめて鋭い勘を発揮するのに対して，この目標を実現するための手段の選択についてはこれまたきわめて臆病であったということである．

　いずれにせよ，1931年における不況の進展のなかで，20年代初頭の「失業コンファランス」以来あたためてきたこのグランド・デザインを実現するために，このデザインの一部をなしていなかった領域での恐慌対策がフーヴァ大統領の政策日程にのぼった．それはアメリカの銀行制度の組織的強化という課題であった．最終的には民間投資支出の回復がカギであるとしても，その前にアメリカの銀行制度に対する信頼が失われつつあるとすれば，後者に対する対策にひとまず第1のプライオリティを置かなければならないというわけであった．

　そして，実際，いまやいよいよ深化する不況の中でアメリカ銀行制度の弱点が暴露されつつあった．フリードマン＝シュウォーツによれば，1930年10月に第1次銀行恐慌が，1931年3月に第2次銀行恐慌が，そしてもちろん1933年春に最後の銀行パニックが起っている．フリードマン＝シュウォーツは，当時の連邦準備制度が折角享受していた割引率と公開市場操作の権限の行使に失敗し，そのために彼らの言うマネー・サプライの「大収縮」(the Great Contraction) がもたらされたことを大不況の最大の原因としている．そして，彼らはその窮極の原因を1928年10月におけるニューヨーク連銀のベンジャミン・ス

トロング (Benjamin Strong) の死に求め，ストロングの死によって連邦準備制度内部の意思統一の不一致と政策決定の混乱が生じたことを嘆いている[98]．

ここで，フリードマン＝シュウォーツのこの歴史解釈の当否を判断する余裕をいま筆者はもちあわせていない．いまは，現にこのような事態に直面したときのフーヴァ大統領の対応を追跡することにしよう．人々の銀行に対する信頼の喪失，具体的行動としての預金の引出しは，銀行制度それ自体の大問題だけであったばかりでなく，サスペンドされた銀行に凍結された資金はフーヴァのグランド・デザインの実現としての投資資金の調達をはばむものとフーヴァは考えた．この思考の回路を通って，フーヴァは1931年の後半に入るにつれて銀行対策にプライオリティを与える決定を下した．

1931年3月以来フリードマン＝シュウォーツの言う第2次銀行恐慌が生じていたとしても，決定的であったのは，1931年9月21日に大英帝国が金本位制から離脱したことであった．ポンド・スターリングの金との交換性がついにサスペンドされたのである．イギリスの金本位制離脱は全世界にリパーカッションをもたらした．さしあたり，アメリカに即してみれば，翌10月に入るとアメリカからの金準備の流出が毎月のように記録を更新した．フーヴァ大統領にとっても連邦準備制度の指導者たちにとっても確定された為替レートでのドルと金との交換性を維持することは最重要の課題であった．彼らの現状認識からすれば，アメリカがこの地位から滑り落ちることは，国際貿易・金融の秩序ある再建の望みを完全に絶つものであった．フーヴァはその時，「われわれはいまや世界安定のためのヴェルダン (the Verdun) であった」と述べている[99]．第一次大戦の帰趨を決したヴェルダン要塞の争奪戦になぞらえての言である．この国際的金融不安のなかで，アメリカはヴェルダンのようにもちこたえなければならないというわけであった．ここでつまずけば，合衆国におけるデフレ傾向を強化するというのがフーヴァ政権の現状認識であった．多くの債務が金での返済を法的に特定していたから，ドルの金価値の低下は本物の債務負担をもたらし，破産と整理の波を更に高めることになるであろうと思われたのである．

第2章 大恐慌とフーヴァ大統領の破産

　金準備を防衛するために，連邦準備制度は教科書通りに行動した．1931年10月初めから11月半ばまでのあいだに，ニューヨーク連銀の割引率は1.5%から3.5%まで2倍以上に引き上げられた．これは金流出に対処するオーソドクスな方法ではあったけれども，他方回復に拍車をかけるための借入れを妨げる作用をももった．しかし，それだけにとどまらなかった．利子率に対する上方圧力の直接的効果の1つは，銀行その他のポートフォリオの価値の低下であった．しかし，債券の価値を低下させていた要因は，もちろん，それだけではなかった．不況も2年を経過していたから，固定利率での支払いに応ずるために長期の社債を発行しても，どの程度それがものになるかどうかがすでに疑問であった．それに加えて，いまや銀行預金がどれほど安全なのかについての人々の不安が高まりつつあった．人々が預金の引出しに走れば，つまり預金の現金化を要求すれば，銀行はそのための資金をそろえなければならない．それが銀行が生き残るための道だ．しかし，多くの銀行にとって当面得られる唯一のオプションはポートフォリオの清算，すなわち現金化であった．だが，債券のこのような「投げ売り」が始まれば，それは債券の価値を更に低下させる結果となった．

　こうして，合衆国における金融恐慌は，イギリスの金本位制離脱によって，更に深刻化した．預金の引出しに応ずることのできない銀行の数がますます増えつつあった．こうして，これに対するフーヴァ大統領の対応が銀行業における「自発的協力」の新たな実践であった．

　フーヴァ大統領の世論対策の特徴は，不況が深刻化すればするほど，明るい展望を語ることによって国民を勇気づけようとするところにあった．フーヴァにとって，アメリカ経済はその基本的構造において健全であったのだから，人々が心理的に不況感の呪縛にとらえられることが少いほど，回復のために必要な時間はそれだけ少くてすむはずであったのである．しかも，このような形での鼓舞激励を行うのがファースト・シティズンとしての合衆国大統領の余人に代えられない任務であるというのがフーヴァの信念であった．

　だから，興味深い対照が見られる．ウォール街のガラの直後，つまり崩壊は

株式市場にのみ限定されているとフーヴァが確信していたときには，彼は不況対策についての全国的指導者との会談を公然とホワイト・ハウスで行い，それに続いて記者会見を行った．ところが，このたびは事情が変わっていた．フーヴァ大統領はすでに1931年4月27日に「不況」(the Depression)という言葉に言及していた[100]．いまわれわれがみている銀行恐慌に対応して1931年10月4日にフーヴァ大統領が，チェイス・ナショナル，ナショナル・シティ，ギャランティ・トラスト，J. P. モルガンといった巨大銀行の代表を集めて会談をもったとき，会見場所はホワイト・ハウスではなく，財務長官アンドルー・メロンのアパートメントが使われ，しかも平日の勤務時間ではなく日曜日の夜に会見時刻が設定されるという用心深いものであった．

　この会見でフーヴァ大統領は，現在の緊急事態からして，1913年の連邦準備制度成立以前の慣行に学んで，有力銀行が何らかの形態での全国的規模の協力活動を行うことが至上命令となっていることを説得しようとした．

　ことここに至って，大統領としてのフーヴァはなぜ連邦準備制度に信を置かず，民間有力銀行の支援を頼んだのであろうか．この疑問をトータルに明らかにするのは筆者の任ではない．ここでは，フーヴァ自身が与えているテクニカルな理由を記録しておこう[101]．フーヴァによれば，眼前の問題に連銀が対処できないと思われる理由は2つあった．第1に，最も深刻な困難に直面しているのは小規模な銀行であったし，これら小規模銀行は連邦準備制度に加盟していなかったことであり，第2に，連邦準備制度内部に眼を向けても，そこでの弱小銀行が保有する有格手形，主としてコマーシャル・ペイパーは連邦準備制度のチャネルを通しての流動性需要を満たすには不十分であったということであった．

　こうして，フーヴァ大統領は会談に参加した有力銀行家に対して，銀行が証券を売却して流動性を高めようとしているのはよく理解できるけれども，銀行のこのビヘイビアが意味するところは，債券を現金に換金するのに成功する銀行が増えるほど，それができない「弱小の兄弟たち」(weaker brethren)の流動性を低下させることであると指摘した．

第2章 大恐慌とフーヴァ大統領の破産

こうして,このたびもまた,銀行恐慌という新しい事態のもとで,フーヴァ大統領の「産業の自治」と「自発的協力」の路線が実現された.大統領の説得により民間銀行の代表者が自発的に相互協力による銀行恐慌克服の態勢づくりを決意したのである.こうして設立されたのが「全国信用会社」(National Credit Corporation) であった.

この時点でも,フーヴァの「産業の自治」路線は一応の実現を見た.「全国信用会社」は「全国ビジネス・サーヴェイ会議」のいわば銀行版であり,同じくビジネスの「自発的協力」にもとづく非政府組織であった.しかも,フーヴァ的路線に文字通り沿う形でそれは実現され,そこで必要とされる資金には連邦政府資金は全く投入されなかった.民間銀行同士の相互拠金が原資となったのである.すなわち,「全国信用会社」には,各銀行——もちろん,まだサスペンドしていない銀行——がその保有する定期性および要求払い預金総額の2%を拠出することによって加盟できるものとされ,この拠出金が5億ドルに達したときにこれを貸出しの運転資金にあて,これによって取付けに遭遇した「信用会社」加盟銀行を相互の協力で救済しようとしたものである.

しかし,このたびの「自発的協力」は銀行側からみればどちらかといえばしぶしぶながらのものであった.第1に,事態は1907年のときとは違っていた.いまや大手銀行そのものが難儀に遭遇しており,弱小銀行に対するレスキューを進んで提供するほどの余裕をもっていなかった.第2に,いまやアメリカの銀行制度——このアトミスティックな遺跡——そのものが問題となっており,こうした事態を大手銀行の目でみれば,弱い田舎の銀行の経営失敗の露呈としか思われなかったのである.だから,ここでも結論は他の分野と同じ方向を向いていた.アメリカ経済全体としての公共的利益が銀行業においても問われているのだとすれば,なぜそのレスキューに連邦政府資金が投入されないのか.なぜ民間銀行の相互拠金によって事態に対処しなければならないのか.問題の立て方が違うのではないかというわけであった.

こうして「全国信用会社」はたいした事業を行わないままに終った.実際には,1931年10月から約3カ月のあいだに575行が「信用会社」から貸付けを

受け,うち17行が結局サスペンドしたという[102]．ことの性質上,貸出しを要求する銀行が増えれば増えるほど,他の銀行は貸出しに応ずることにますます臆病になるという関係にあったから,「全国信用会社」の短命もまた初めから約束されていたようなものであった．こうして,「全国信用会社は,アスピリンが砕けた指の痛みをやわらげる程度まで,銀行恐慌を緩和した」[103]．

　「全国信用会社」が回復の決め手とならなかったとしても,銀行制度の支援は依然としてフーヴァ大統領のプライオリティをなしていた．こうして,フーヴァは最終的な決断の秋を迎えつつあった．この最終的な決断の産物が「復興金融公社」であった．しかし,本書のストーリーの筋道の都合上,「復興金融公社」をめぐる諸問題は,節をあらためて述べることにしたい．

　さて,以上が「自発的協力」路線に立つフーヴァ大統領の恐慌対策の実践とその失敗の足跡である．以上の叙述から分るように,フーヴァはまさに「何もやらない」大統領ではなかった．ウォール街のガラのあとのホワイト・ハウス会談に始まって「全国信用会社」への有力銀行の指導者の結集に至るまで,合衆国大統領がかつて試みたこともなかったイニシアティヴをフーヴァ大統領は発揮した．「自発的協力」とか「産業の自治」とかいうスローガンは,余人であれば「何もやらない」ことのエクスキューズであるかもしれない．しかし,フーヴァにあってはそうではなかった．彼は,驚くべき信念のもとに,「自発的協力」による大恐慌への対応の実践を繰り返した．この「不況」さえ切り抜ければ,アメリカは彼が描いた「協力・共同国家」に向って一路前進するであろうと彼は考えていたからだ．

　ビジネス側もまた,あるときはすすんで,あるときはしぶしぶながら,フーヴァ大統領のイニシアティヴを受け容れて,大統領の恐慌対策に協力していった．このような対応こそ「アメリカン・システム」を維持する唯一の道であるという大統領の信念を彼らもまた共有していたからである．しかしまた,ハーバート・フーヴァの独自の恐慌対応策がきわめて純粋・明快に追求される中で破産してゆくにつれて,それとは異る何かが必要とされていることが誰の眼にも明らかになった．求められるエトヴァスが何であるかは分らなかったけれど

も，それがフーヴァを否定することによって初めて得られるものであることに誰もが気づきつつあった．

5 フーヴァ大統領の破産
── 時代の産物 ──

(1) はじめに

われわれは，いよいよフーヴァ大統領の恐慌対策に総括を与える時点に到達した．

本章で見てきたように，結論から言えば，フーヴァ大統領の恐慌対策は破産に終った．しかし，同じく本章で見てきたように，フーヴァが大恐慌下のアメリカ合衆国の大統領として「何もやらない」大統領であったという評価はハーバート・フーヴァ個人にとっては最も不公正な，歴史の現実の把握としては最も不正確なものであろう．

1920年代に商務長官としてさまざまなコンファランスの開催のイニシアティヴをとるなかで，フーヴァはマクロの経済動向が投資支出と消費支出のアグリゲイトな量によって決定されることをよく理解していた．だからこそ，彼はウォール街のガラの直後に最初の恐慌対策として州・地方政府の建設支出の拡大と，その支援による公益事業と民間企業の「平常通りの」投資支出の継続を訴えた．同じく，大手企業の幹部をホワイト・ハウスに召換して賃金率のカットを行わないよう要請した．投資支出と消費支出の回復による景気回復というフーヴァ大統領のグランド・デザインは最後まで変更されることはなかった．

しかし，フーヴァ大統領の恐慌対策が惨憺たる失敗をもって終ったことも事実である．こうして浮びあがってくる仮説は，フーヴァ大統領が未曾有の大恐慌を前にして，受けつがれてきた時代精神から結局抜け出すことができなかったというものである．フーヴァの「活躍」もフーヴァの「破産」も2つながら

時代の産物であった.

そこで,本節では,まず第1に,月並みながら,フーヴァ政権が財政均衡主義のドグマから逃れられなかったことを明らかにし,第2に,前節から持ち越された「復興金融公社」をめぐる諸問題を明らかにし,最後にフーヴァ政権の性格を最終的に明らかにして次章でのニューディールについての叙述のための橋渡しとすることにしたい.

(2) 財政均衡主義の呪縛

ハーバート・フーヴァ個人が何であったにせよ,全体としての連邦政府の行動,すなわち予算政策と財政政策を規定していたのは,財政均衡主義であった.「保守派のあいだでは'バランス'の尊重はフェティシズムとなっていた」[104].

均衡予算は,いくつかの側面から伝統的に自明の前提とされていた.第1に,それは,ビジネスの信頼の回復にとって前提条件であるとされていた.連邦政府の借入れは民間の借入れと競合する.今日いうところの「クラウディング・アウト」がそこに生ずる.連邦政府の借入れが多額になればなるほど利子率をそれだけ高め,それによってビジネスの信頼の回復をそれだけ遅らせることになるであろう.不況と赤字財政とは,およそ両立しえないものと考えられていた.第2に,均衡予算の確保が何よりもまず重視されたのは,不均衡予算がインフレーションと同一視されていたからである.インフレーションが何であるにせよ,連邦政府の信用能力と合衆国通貨に対する人々の信頼の喪失こそインフレーションの第1の原因であると信じられていた.

そして,第3に,連邦政府が予算の均衡化を達成していることは,連邦政府が自己の行動を完全に制御していることの証左であるとみなされていた.租税その他の歳入と歳出とが均衡化されるか,歳入が歳出を上まわることを示すことによって,連邦政府は責任ある政府の実を示すことができるものとされていた.連邦政府が予算を均衡させられるかいなかは,「重大なモラルの問題」[105]でさえあったのである.

フーヴァ大統領とその政権も,この伝統的な財政均衡主義の呪縛にとらわれ

第2章 大恐慌とフーヴァ大統領の破産　　　　　　　59

ていた．こうした思想に立つフーヴァ大統領の財政政策の好例としてしばしば引合いに出されるのは，不況の最中の1931年12月にとられた増税政策である．

　もっとも，この31年の増税政策には異った解釈が行われている．キンメルは，それをすべて「均衡予算を求めてのたたかい」[106]の中に解消して説明しようとする論者の1人である．これに対してスタインは，当時の事実関係の中でのフーヴァ政権の行動としてバランスのとれた評価を行おうとする論者の1人である．

　スタインによれば，31年12月のフーヴァ政権の政策決定を説明するのは，同政権の保持した均衡予算原則そのものにあったのではなく，むしろ1931年9月のイギリスの金本位制からの離脱であった．そのとき，次の3つのことが直ちに生じた．第1は，金が合衆国から大量に流出したことであり，第2は，銀行の準備率の低下に伴い，合衆国における利子率が急上昇したことであり，第3は，銀行の倒産と預金の引出しとが急増したことであった．

　スタインによれば，このときフーヴァを把えた重大関心事は次の2点であった．1つは，ドルがポンドと同じ運命をたどるのをぜひとも防ぐことであり，いま1つは，フーヴァが回復の必要条件とみなしていた合衆国における企業金融の源泉を確保することであった．この2大関心事が，予算を均衡化させること，つまり予算は完全に連邦政府の制御下にあることを証明する方向にフーヴァを歩ませたというのが，スタインの解釈である[107]．

　スタインの説明は，フーヴァ政権の財政政策が「革命」によって打倒されるべき単純な均衡主義にもとづいていたかに考える常識を打破するうえで大きな貢献をなしている．アメリカ合衆国における財政革命にとって，フーヴァ政権は，「ロマノフ王朝」ではなく，少くとも「ケレンスキー政権」であったからである．

　しかし，他方，フーヴァ政権は，なるほどイギリスの金本位制離脱後の事態の推移によってきっかけを与えられたにせよ，何と言ってもやはり予算の均衡化という思考の回路を通過して増税政策に帰結したのであって，それ以外の政策がとられたのではないということも見失えないところであるように思われる．

さて，31年の増税案にこだわるまでもなく，フーヴァ大統領の4年にわたる治政を通観すれば，その特徴は明らかである．その特徴とは，連邦政府支出の面でのフーヴァ政権の行動が，財政均衡主義の考え方によって規定されて，きわめて臆病なものにとどまったということである．

フーヴァ大統領は，公共事業の拡大を訴える提案をしばしば拒否した．1930年初めのワグナー「連邦雇用事業法案」を彼は拒否した．また，「雇用緊急委員会」のウッズ委員長が失業救済のための公共事業の促進のために8億4000万ドルの支出を勧告したとき，フーヴァ大統領はそれを問題外として拒否し，最大限1億5000万ドルの支出を許したに過ぎなかった．その場合の理由は，このような支出増はまわりまわって増税に導き，増税はまた企業努力に水をさし，結局は失業をもたらすからであるというものであった[108]．その推論を支えていた基本は，支出増が財政赤字をもたらし，これを埋めるための収入源として増税に頼らなければならなくなるという抜き難い均衡主義であった．かくして，均衡予算の金科玉条が，フーヴァの「政治的武器庫の中にある最も強力な武器となった．この武器によって，彼は，自分の気にくわないどのような公共事業救済法案に対しても勇敢に拒否権を発動することができた」[109]．

以上のように，フーヴァ政権の政策行動を支えた思想の1つとしての財政均衡主義は，大恐慌に対する対応として求められていた連邦政府の支出を伴う直接行動をはばみつづけたのである．

(3) 「復興金融公社」について

フーヴァ大統領の恐慌対策とフーヴァ政権そのものの歴史的意義を説くに際しては，「復興金融公社」(Reconstruction Finance Corporation, RFC)について何ごとかを語っておかなければならない．RFCについて明確な評価を下さない限り，われわれはフーヴァ政権から「卒業」することができないのである．

RFCはフーヴァ政権の歴史的意義を確定するうえでいろいろな意味でやっかいな代物である．第1に，それはフーヴァ大統領が忌み嫌った連邦政府のビジネスへの介入の開始であり，ウォール街の崩壊から「全国信用会社」の結成

に至るまでのフーヴァ路線とはおよそ相容れない政策決定であったからである．第2に，同じことを別の表現で言うことになるけれども，フーヴァ大統領がそれまで数百万人の失業者に対しては断固として拒否してきた連邦政府資金による「救済」という方策をRFCはビジネスへの「救済融資」という形で実現したからである．フーヴァ大統領と「救済」とはおよそ相容れない組合せのはずであった．第3に，RFCはフーヴァ政権下の新設機関のうちローズヴェルト大統領のニューディール政権が継承・発展させた──唯一ではないとしても──きわめて重要な機関であったことである．こうして，RFCをもって，フーヴァ政権をニューディールの先取りと断定する研究者が出てきたりするのである．オルスン[II - 128]はそれについて一冊の書物をまとめあげた．以上の全体からして，われわれはRFCについて明確な評価を下さない限り，フーヴァ政権と「手を切る」ことはできないように思われる．

さて，前節での叙述の中断点に戻ろう．荒れ狂う銀行恐慌に対して「全国信用会社」が解決の決め手とならなかったとしても，銀行制度の支援は依然としてフーヴァ大統領のプライオリティの第1位をなしていた．この金融諸関係の困難を取り除けば，フーヴァのグランド・デザインとしての民間投資の回復がもたらされるはずであった．それなしに回復はありえないというのがフーヴァの確信であった．しかし，「全国信用会社」というフーヴァ方式は結局うまく機能しなかった．フーヴァの「自発的協力」路線は次から次へとその無力を暴露していった．こうして，フーヴァは「介入」への最終的決断の秋を迎えつつあった．

フーヴァにとって決して譲ることのできない原則の1つは，連邦政府はビジネスに介入してはならないということであった．「アメリカのビジネスはビジネスである」．連邦政府は「アメリカン・システム」のこの特性を発揮させるための後楯となればよいのである．1928年の大統領選の中で彼は次のような見解を披瀝している．「ビジネスへの政府のどのような拡張であれ，そのすべてが意味することは，政府がその犯した過誤の政治的帰結から自己を防衛するために，国民の新聞と政論の場に対する支配の拡大に，あらがいがたく追いや

られるということである．自由な産業と自由な商業が死んだあとでは，自由な言論は何時間も生きることはない」¹¹⁰⁾．このように，フーヴァにとってビジネスの自由はすべての自由のための根幹なのであった．

いまの問題にもどれば，資金を貸付けることは民間企業の活動であって，政府がそのような活動に乗り出すべきではない．政府は民間と競争すべきではない．市民の自助を助けるのが連邦政府の任務である．こうして，「全国信用会社」のような恐慌対策はフーヴァ政権下ならではの政策実施であった．

しかし，「全国信用会社」は結局その無力を暴露した．銀行家はこの全般的な銀行恐慌に歯止めをかけるべく相互に融資しあうことができないし，またその気もないことがはっきりした．しかもなお，銀行恐慌の対策はフーヴァ大統領のプライオリティの当面の筆頭にあった．こうして，フーヴァ大統領は「介入」への道についに一歩踏み出すことになったのである．1931年12月8日の一般教書で彼は「緊急の復興公社」の設立を提案した．議会通過のあと，32年1月22日に大統領の署名を経て，RFCは1932年2月2日に発足した[111]．

そこで，まず最初に，RFCとは何であったかというと，その目的は財務省からの連邦政府資金の直接的投入によって当面する金融恐慌に対処することにあった．つまり，フーヴァ大統領が忌み嫌った私的事業への連邦政府の介入（貸付け）であった．融資の対象は保険会社を含むあらゆる形態の金融機関と鉄道会社であった．大統領の当初の提案では，貸付けに値する産業企業で運転資金の欠如のために稼動を低下させている企業にも貸付けを与えるよう規定していた．それはフーヴァ大統領の雇用拡大戦略の一環であった．しかし，議会はこの部分を認めなかった．議会はその代りに2億ドルを農務長官の支払権限下に用途指定して，農業への貸付けにまわすことを規定した．この時点で金融制度の救済のためになぜRFCの救済融資の対象に鉄道が入ったかは理解できることである．アメリカ社会はすでに鉄道の使用から自動車依存へとその生活様式を変えつつあったが，金融機関のポートフォリオの非常に大きな部分はいまなお鉄道債からなっており，しかもその市場価値がひどく低下していたから，鉄道業，つまり鉄道債を支えることは金融制度を支えることと対をなしていた

のである．

　資金面では，RFC には財務省から5億ドルの連邦政府資金が投下され，この元資に加えて，財務省の保証を条件にして，15億ドルを起債する権限が与えられた．

　こうして，フーヴァ大統領はついにビジネスへの介入の道にともかくも入ったのである．

　フーヴァ大統領がこの方向に歩みを進めるうえでひとつのきっかけとなったのは，連銀ニューヨークのハリスン (George L. Harrison) の助言だったであろう．ハリスンは「全国信用会社」構想の欠陥を直ちに見抜いた．ハリスンの診断では，銀行制度が直面している困難は支払能力の問題であって，たんなる流動性の問題ではなかった．ハリスンの眼からみれば，「全国信用会社」はいまなお支払能力を保持している銀行の当面の現金需要にある程度まで対応することができるかもしれないが，真の問題であるポートフォリオの帳消し (write-off) から生ずる銀行の支払不能の危機に有効に対処することはできないように思われた．銀行制度をめぐる問題の広さと深さはすでにあまりにもはなはだしくなっており，銀行が保有する資金はあまりにも少なくなっていた．債券市場を上向きに転換させるためには，「全国信用会社」とは異る何か特別の措置が必要であるというのがハリスンの助言であった[112]．こうして，「最後の手段」としての連邦政府資金の出動がいまや時間の問題となりつつあった．

　いま1つ指摘すべきことがある．フーヴァ大統領は RFC を2年間の時限立法として提案した．この2年期限という条件を解釈して，フーヴァ大統領は2年の期限で景気回復をもたらすことができると信じていたという解釈が行われている．その通りであったかもしれないし，そうでなかったかもしれない．

　われわれがここで興味をもつのは，フーヴァ大統領が2年間の「短期決戦」という形で彼の忌み嫌った「介入」路線に入ったことである．つまり，フーヴァ大統領が「介入」への決意を最終的に行った拠りどころは，第一次世界大戦とのアナロジーで大不況を把えたことにあったようである．ここで重要なことは「短期決戦」というエクスキューズでフーヴァ大統領が彼のあたためてきた

原則から離脱したということである.

連邦政府が銀行制度の救済のためにビジネスに「介入」せざるを得なくなったとき，フーヴァ政権内部で見出された論理は，これは戦争であり，これが戦争であるとすれば，第一次世界大戦のときの対処に学ばなければならないということであった．こうして，第一次大戦中の1918年から大戦後の1925年まで機能した「戦時金融公社」(War Finance Corporation, WFC)の経験がフーヴァ政権内部のポリシー・メイカーズの記憶によみがえったのである．WFCは大戦遂行に不可欠な企業活動に資金調達を行い，大戦後も議会の決定で生き残り，ニューディール期に設立された「輸出入銀行」(Ex-Im Bank)に似たような貿易金融にたずさわりその後は農協への資金調達，地方銀行への貸付けなどを通して戦後不況の深刻化を食いとめる役割を果した[113]．

連銀ニューヨークのハリスンも，1931年10月7日付のフーヴァあて書簡で，「何か戦時金融公社に似たような機関を支持する全般的熱狂的な声がニューヨーク中に」満ちていると指摘した[114]．大戦中，ウィルスン政権に参加したフーヴァは，もちろん，「戦時金融公社」を熟知していた．フーヴァにしてみれば，連邦政府のビジネスへの直接的介入は決して好ましいことではなかったが，現在が戦時になぞらえるべき緊急時であるとすれば，「緊急の金融公社」の設立は暫定的便宜的な手段として許されるように思われたのであろう．

RFCの設立は大不況からの回復に向ってのフーヴァ大統領の最も大きな貢献であったと思われる[115]．フーヴァ大統領は，RFCによって，連邦政府資金を民間企業の救済に直接投入するという制度的枠組をつくりだしたのである．

しかし，そのような枠組の設定にもかかわらず，RFCにはフーヴァ大統領持ち前の臆病さがつきまとっていた．RFCは成功したとは言えないというのが本書の結論である．

RFCはその本来の任務である貸付けの面でまことに慎重な方針をとった．それは伝統的な金貸しの慣習をつき破る大胆さを持つことができなかった．RFCは法の規定を厳密に順守し，多額の担保の提示を要求し，貸付けの完全な返済保証を要求し，貸付け金の6カ月以内での返済を要求した．しかし，金

融機関と鉄道会社が必要としていたのは長期の貸付金であり，新規投資のための資金であった[116]．

こういう事情であったから，RFC の融資対象は結局大きな金融機関と鉄道会社に片寄ることになった．RFC の記録がそれを示している．もっとも，RFC の融資に不正行為が伴ったということはなかったことは強調されるべきである．しかし，RFC の貸付けの 90% が小さな地方銀行の類に向ったという主張——フーヴァ大統領もその主張者の 1 人である——は真実の一端を示しているにすぎない．貸付けの件数の 90% ということと実際に貸付けられた金額のパーセンテイジとは全く別物である．もちろん，RFC は小規模銀行への貸付けから事業を始めた．しかし，最初に 255 行に貸し付けられた 6100 万ドルの資金のうち，4100 万ドルが 3 行に，1500 万ドルがバンク・オヴ・アメリカにいった．また，最初に鉄道会社に貸し付けられた 2 億 6400 万ドルのうち，1 億 5600 万ドルは，ヴァン・スウェリンゲン，モルガン，ペンシルヴェニアのグループに集中していた．同じく，1933 年 3 月 31 日までに銀行とトラスト・カンパニーへの認可の 70.8% が人口 5000 人以下の地域に集中していたとか，92.6% が人口 10 万人以下の地域に集中していたという統計提示の仕方もミスリーディングである．融資件数の 92.6% というこの数字は，認可された融資総額の 46.5% を代表しているにすぎず，認可を受けた借り手の 7.4% が融資額の 53.5% を占めたのである[117]．

もちろん，銀行恐慌に対する対応においては，地方の弱小銀行よりもシカゴのような金融センターの大銀行の救済の方が重要であったかもしれない．しかし，RFC が RFC の頭取であると同時にシカゴのセントラル・リパブリック (Central Republic Bank and Trust Company) の頭取であったドーズ (Charles G. Dawes) に 9000 万ドルの融資を行ったことはフーヴァ大統領にとってやや手痛い問題となった[118]．

しかし，公正のために言っておけば，フーヴァ政権は RFC を通しての恐慌対策に最後の望みをかけて奮闘した．1932 年 5 月には，フーヴァ政権は民間投資支出を刺激するためのトゥールを連邦政府に与えようとする努力に乗り出

した．RFCに民間企業と州・地方政府による投資支出に資金調達を行う権限を与えようとしたのである．1931年12月の政府提案の中にあったRFCの民間企業への融資という条項が議会によって承認されなかったことはすでに述べた．

だが，フーヴァ政権のこの最後の努力に対する当然の反応は，連邦政府が民間投資の回復の刺激をそれほどまで重視するのなら，なぜみずから公共事業支出の拡大に踏み切らないのか，1929年と1930年における大統領の政策の重点はそこにあったではないかというものであった．もちろん，フーヴァ政権は，この時点でも，連邦政府の公共事業支出を重要視していた．しかし，その場合でも，あくまでもその制約条件を守ろうとした．連邦政府が，具体的には財務省が，赤字国債を発行することを避けねばならないという大原則があったのである．RFCを通して奮闘するフーヴァ政権が，公共事業支出の拡大，したがってまた緊急の国債の増発に，断固として抵抗した理由はそこにある．ここでもまた財政均衡主義の呪縛をフーヴァ政権はまぬかれることができなかった．では，なぜRFCであったかというと，RFCの起債を「予算外」(off-budget)の枠組に置いたのである．「'財務省の債務'を'財務省によって保証された債務'から分離したことが，明らかに，この思考のパターンの内的な首尾一貫性にとって基本的重要性をもつ事柄であった」[119]．RFCを国家予算の枠組の外に置いて，連邦政府の「家計」は収支相償っていることを保証しようとしたのがこの「思考のパターン」の特徴であった．

しかし，RFCをこのような枠組の中に閉じ込めることそれ自体がRFCの融資にきわめて厳格な制約を与えた．RFCの融資は，RFCの欠損を出さないために，「自己精算的な」(self-liquidating)プロジェクトに対してのみ行われることとされることになったのである．

以上のように，フーヴァ大統領は投資支出と消費支出の回復が不況の克服にとって決定的であると確信していたけれども，政府が「最後のスペンダー」になることはできず，「最後の貸し手」にとどまるべきであると考えていた[120]．

結論に入ろう．なるほど，RFCは新しい領域への連邦政府の進出であった

第2章　大恐慌とフーヴァ大統領の破産　　　　　　　　　　　67

かもしれない．連邦政府の1機関が投資銀行の役割を担うべきことがRFCの客観的な役割であった．しかし，カネの動きを管理する銀行家にとって「2年期限」という制約は政府の意図に大きな信頼を置きえない事実であるように思われた．厳密な担保の提示もプロジェクトの「生産性」の提示も企業秘密の侵害であるように思われた．このようないろいろな意味でのスクリーニングによって与えられる融資が未曾有の大恐慌に対するレスキューとなりえないことは明らかであった．

したがって，RFCをもって，ニューディールの先取りであったなどという主張を，われわれは到底受け容れることはできないのである．

フーヴァ大統領がその任期の最後に至るまで，彼の信じた伝来の連邦政府の役割にいかに固執していたかを明らかにしてこの節を終ろう．

フランクリン・ローズヴェルトが大統領に就任する直前に，つまり，フーヴァ大統領がホワイト・ハウスを去る直前に，銀行恐慌はその頂点に達しつつあった．連邦準備制度が大恐慌の深化につれてその無能を暴露したことはよく知られている．「中央銀行は，[1933年]7月に公開市場での買い操作を止めた」[121]ほどである．しかし，最後の段階で，連銀は大統領に率直な進言を続けた．

1933年3月3日，連邦準備局はフーヴァ大統領に対して全国の銀行のモラトリアムを大統領行政命令として発するよう勧告した．勧告は，連銀シカゴの金準備が3月4日の閉店時までに「危険なまでに枯渇」するであろうし，「その他の連銀地区においても似たような状況が急速に展開しつつある」と報告した[122]．

フーヴァ大統領はこの件についてローズヴェルトの協力を得ようとした．フーヴァは自己の責任で全国の「バンク・ホリデイ」を宣言することができなかったようである．ホワイト・ハウスから出されたフーヴァ大統領のおそらく最後のメモとされているものの中で，フーヴァはバンク・ホリデイの勧告に対してこう回答した．宛名は，連銀のユージン・マイアーであった．「今朝1時半に3月3日付のあなたの書簡を受け取った．……わが政権の最後の数時間に

あのような伝達がなぜ私のもとに届けられたのか理解できないままに私は途方にくれている．このような伝達は，私の信念では，準備局もいまや認めるに違いないが，正当化することもできなければ，必要でもないのである」[123].

第31代大統領ハーバート・フーヴァは，大恐慌の最後の段階に至っても大恐慌にふさわしい政策実施に踏み切ることができなかったのである．

(4) フーヴァ政権の歴史的意義

1932年11月までに2つのことが明らかとなっていた．第1に，大不況に対するフーヴァ大統領の攻勢のすべてがその目的を達成することに失敗していた．第2に，フーヴァ大統領は新しい攻勢をしかける政策上のヴァイタリティを持ちあわせていないことが明らかとなった．それ以後，フーヴァ大統領による野心的なイニシアティヴの発揮はもはやなかった[124].

歴史の波はフーヴァをすでに越えていたのである．1928年にアメリカの選挙民がハーバート・フーヴァを第31代合衆国大統領に選出したとき，彼は，アイオワ州出身者の，クウェイカー教徒の，成功したエンジニア兼ビジネスマンの，第一次大戦中の食糧長官の，1920年代の商務長官の，フーヴァではなかった．彼はアメリカの繁栄の，アメリカの理想と理念の，「丘の上の白い家」の，体現者であり象徴であった[125].

1933年3月にホワイト・ハウスを去るときのフーヴァもまた生身の，ありのままのフーヴァとして扱ってもらえなかった．彼は合衆国が生みだした最も無能な大統領であり，失業と貧困を見て見ぬふりをする冷血漢であり，第一次大戦の従軍者のボーナス要求デモにマッカーサー将軍を派遣して弾圧させた裏切者であった．マッカーサーが大統領の言うことを聞かなかったことをフーヴァが主張してももはや後の祭りであった．要するに，フーヴァ大統領は，大不況下で沈みきったアメリカの，いな大不況そのものの，いまや象徴であった．

わずか4年のあいだに生じたこの急転直下ともいうべきフーヴァ像の逆転の基礎には，もちろん，フーヴァ大統領の恐慌対策の破産があった．1928年におけるフーヴァ幻想は，当時のほとんど誰もが持っていた時代精神に対する確

信の表現であった．したがって，大恐慌の経過の中でのフーヴァ幻想の崩壊は，人々の時代精神に対する確信の崩壊を意味するものにほかならなかった．したがって，フーヴァ大統領の破産は時代の産物であるというのが本書でのわれわれの主張である．

歴史叙述に if-clauses をむやみに持ち込むことはもちろん禁物であるが，ここで２つの「もしも」を提起することを許されたい．

第１に，「もしも」29 年恐慌があのような惨禍をもたらす未曾有の広さと深まりを呈することなく，通常のジュグラー＝マルクス・サイクルの，例えば 1920-21 年型の景気後退のようなものであったとしたら，フーヴァ大統領は景気対策に習熟した名大統領として再選されていたばかりでなく，ウィルスンについでハーディングとクーリッジを飛び越えて歴史上ポジティヴな意味で名を残したであろう．文字通り，「偉大なるエンジニア」が合衆国のファースト・シティズンとして国を率いた時代として彼の任期は記憶されていたことであろう．だが，事実はそうはならなかった．フーヴァ個人も彼が集めたすぐれた下僚も思いもかけなかった大恐慌に翻弄されなければならず，あげくの果ては破産していったのである．

他方，「もしも」フーヴァ大統領が農業に対する連邦政府の補助金支出に先鞭をつけ，失業対策事業ないしは公共事業に，あるいは直接の救済支出に，巨額の連邦政府資金をあて，誰もが求めていた広範な社会保障プログラムに乗り出していたとしたら，フーヴァは再選されていたであろうし，未曾有の大恐慌に対応して英雄的に奮闘した大統領として記憶されていたことであろう．だが，事実はそうはならなかった．

この２つの異なった「もしも」の間からわれわれが定着させるべきフーヴァ像が出てくる．フーヴァ大統領は世紀末にスタンフォード大学の第１期生として教育され，世紀転換期から第一次世界大戦を経て 1920 年代の経過の中で鍛えられた最もすぐれたテクノクラートの１人であった．彼は，アメリカ経済の問題がどこにあるにせよ，景気の好況と不況に対処することがプライオリティの No. 1 であることを経験から学んだ．しかも，バックボーンとしてたたき込ま

れた 18-19 世紀の「アメリカ個人主義」が第一次大戦中のビジネスによる「産業の自治」と「自発的協力」路線の実践の中でいまなお脈々と生きていることを体験した．大統領としてのフーヴァのこの路線での実践にすすんで協力するビジネス界の有力者も存在していた．フーヴァは彼らにこよなく信を置いていた．

しかし，大恐慌は容赦ない事実としてフーヴァを攻め立てた．フーヴァの賃金戦略は 2 年間も維持されたが，結局企業家はこのフーヴァ独自の需要管理につきあいきれないことを表明した．鉄鋼から始まって，またたくまに各産業での賃金カットが始まった．銀行家もしぶしぶながら「自発的協力」につきあったけれども，結局長続きはしなかった．銀行家は大統領ではなかった．「アメリカン・システム」の理想を実現することが大統領の夢であったかもしれないが，その前に自行の倒産を防ぐことが銀行家の役目であった．

フーヴァ大統領の「自発的協力」路線が大恐慌の深化の前にその有効性を失うにつれて，それはむしろ「自発的協力」を強制する専制政治に転化した．失業と貧困の救済の例が恰好であろう．隣人愛にもとづくコミュニティの協力による慈善という伝統的なアメリカニズムの実践は，美しい理想の実現であったけれども，大恐慌はすでにアメリカ社会の底辺において個人のいかなる英雄的な私的慈善活動をも破綻させる次元に達していた．大統領のアピールがヴォランティアを買って出た市民をいかに鼓舞したにしても，彼らの 1 日の活動は失望と落胆のうちに終った．全米のコミュニティで自分と同じ努力が払われているはずであった．しかし，この努力がむくわれているコミュニティが一体まだ残っているのであろうか．誰もがそれを疑い始めていた．あしたもこの努力を続けるべきかどうか完全に自信を失くしていた人々の前に何か全く新しいアプローチを提起しているように見える大統領候補者が出現した．

確かに，人々はこの未曾有の災禍に対してフーヴァ大統領の呼びかけに「自発的に協力」した．それが「アメリカン・システム」に固有な恐慌対策であるという信念を多数の人々が大統領と共有していたからである．だから，あれが通常の景気後退にとどまっていたとすれば，アメリカ社会は「アメリカン・シ

第 2 章　大恐慌とフーヴァ大統領の破産　　　　　　　　71

ステム」固有の市民の行動によって問題を解決し，新しい次元でのまとまりを達成していたことであろう．

　しかし，フーヴァ政権が直面したのは未曾有の大恐慌であり，フーヴァ政権が準備していた政策構想はその前では「牧歌的」と思われるほどのものにすぎないことが判明し，しかも，フーヴァ政権はこの事態を切り拓くべきイノヴェイションを行うには，あまりにも旧時代の申し子であった．順守すべき財政均衡主義，自明の原理としてのビジネスの自由，隣人愛に立つコミュニティの義務としての失業と貧困の救済——これらはフーヴァ政権にとって犯すべからざる規範であった．結局，フーヴァ大統領はこの規範を乗り越えることができなかったのである．

　筆者はもちろんフーヴァ政権とローズヴェルト政権の関係を「断絶」において把えるものであるが，この断絶を誇大なイデオロギー的次元にまでもってゆくことはできない．

　政治の場では，フーヴァの支持者(Hooverites)もニューディーラーたちも共に，この分断を誇大に強調する傾きがあった．前者はニューディールを「社会主義」と「ファシズム」のある種の混合物とみなし，後者はフーヴァ政権に「無為無策」(do-nothingism)のレッテルを貼った．すでに述べたように，これらは党派的な悪口雑言の応酬であり，冷静な分析にもとづくものではない．この種のレッテルを清算すべく時間はすでに十分に経過した．フーヴァ大統領の行動性，活動性を認め，ニューディールの限界性，制限性を認めることのできる時点にわれわれは立っている[126]．

　フーヴァ政権からローズヴェルト政権への転換はレッセ・フェールから混合経済あるいは管理された経済への移行であったわけではない．この転換はある形態での連邦政府による経済管理の試みから別の形態へのそれへの移行であった．それは，連邦政府の経済への介入という意味では間接的な，大統領による「自発的協力」の鼓舞激励という形態での管理から，直接的な，カネすなわち連邦政府資金の支出を伴った形態での管理への移行であった．

　フーヴァ大統領にとって国民経済との関係では連邦政府は管理の「責任」を

とるべきものではあったとしても,「介入」などは思いもよらなかったことは以上の叙述から分るであろう.いまも述べたように,フーヴァ政権とローズヴェルト政権との相違は国民経済に対する政府の管理のうえでの形態上の相違であったが,この形態上の変化は決定的であった.この点を強調することによって,われわれはローズヴェルト政権の成立をアメリカにおける財政革命の途上での1つの分水嶺とみなす立場をとる.

　この形態上の変化がいかに決定的であったかは,フーヴァその人が身をもって示している.すなわち,1932年11月の大統領選に敗北したあとのいわゆる lame duck の時期に,フーヴァはローズヴェルト大統領に対して「ニューディール」のようなものを実施しないよう懸命になって説得しようとした.32年の大統領選挙後の恐慌の深化は,むしろローズヴェルトのニューディール・プログラムの提起によるものだというのがフーヴァの信念であった.フーヴァの施策のうちにニューディールの先取りがあるという見解をわれわれが支持できない理由はそこにある.

　不況の深化がローズヴェルト候補の当選とニューディールとかいうプログラムの提起によるビジネスの信頼の最終的崩壊の必然的帰結であったとすれば,アメリカ選挙民のこの愚行からアメリカン・システムを救い出すことはフーヴァ大統領にとって第1の義務でなければならなかった.「選挙での敗北につづく来る週も来る月も,オフィスを去る前日の深夜に至るまで,フーヴァは執拗に,繰り返し,ローズヴェルトに対してそのプログラムを修正し,その多くの誤りを放棄し,回復のためのフーヴァの定式を受け容れるよう説得しようと試みた」[127].「空白期」(interregnum)におけるフーヴァのこのドン・キホーテ的行動を見れば,フーヴァがニューディールを先取りしたなどという主張を支持することはとうていできないはずである.

　フーヴァ政権からローズヴェルト政権への移行のあいだの断絶が決定的であるとしても,ローズヴェルト政権もまたフーヴァ大統領がとらわれた時代精神からまぬかれていなかった.そのことは次章で明らかにするであろう.ローズヴェルト政権の内部においても伝統的観念の揚棄は行われていなかった.

第2章 大恐慌とフーヴァ大統領の破産

ニューディールは，結局のところ，伝統的観念にひざまずきながらの反抗を行いつつ，実験を繰り返したのである．

しかし，他方では，この「実験」ということが重要である．次章の内容にあまり深く入り込むことはやめるが，伝統との訣別が時代の新しい要請であったとき，つまりそれがポリシー・メイカーズのあいだの見解の対立として現象していたとき，ローズヴェルトは大統領になった．これに対する彼の対応はまことに主任行政官 (Chief Administrator) にふさわしいものであった．彼は，対立する見解の持ち主をそれぞれ別個のポストにつけることによって，実践の中での論争の帰結を待つという方針をとったのである．ローズヴェルト大統領の自己の政権に対するこの指導方針の重要性はいくら強調しても強調しすぎることはない．のちに次章でも述べるように，ローズヴェルト大統領は，アメリカ合衆国大統領におけるパーソナリティの発揮の重要性を最も鮮明に示した大統領の1人であった．

しかし，指導者が「時代」をつき抜けようとするとき，その障害をなすのは本人の「哲学」だけではない．本人の「哲学」が旧時代に属するものであったというだけでは，フーヴァ大統領の破産の十分な説明にはならない．ビジネスマンも銀行家も，あるときはすすんで，あるときはしぶしぶながら，フーヴァ大統領のイニシアティヴを受け容れたことを想起しよう．われわれは，ソーシャル・ワーカーたちの例も挙げたはずである．彼らもまたコミュニティ・レベルでの救済というフーヴァ大統領の呼びかけを支持して活動した．要するに，フーヴァ大統領は，時代精神の，すなわち時代の多数派の支持をほしいままにした大統領であった．フーヴァ大統領は自己の確信だけでなく，このアメリカの多数派の信念から離別することが結局できなかったのである．

しかし，このいわゆる多数派はフーヴァ大統領の指導に忠実に従うことによって，すなわち経験を通して，フーヴァ的「自発的協力」路線の無力さと誤りを痛いほど実感した．フーヴァ大統領は，その意味で，未曾有の恐慌という実験室で当時の時代精神の産物としての政策を徹底的に，純粋に実践した大統領であった．この実践は行われるべくして行われた実践であった．「フーヴァと

アメリカ人民にとっての真の不幸は，フーヴァが彼の信念にしたがって生き，大統領として全国政府の活動をこの信念に一致させておくに十分強大な力を持っていたことである」[128].

　フーヴァ大統領は破産した．そして，その破産は，大不況に対処するためにはフーヴァ的なものとは異る何かが必要であること，すなわち，連邦政府権力の直接的行使がぜひとも必要であることを人々に教えた．フーヴァ大統領は，このことによって，続くローズヴェルト政権の「ニューディール」の嵐のような立法措置と連邦政府政策の新たな模索への道を浄めたのである．

第3章 ニューディール——実験的進化

1 はじめに

　ニューディール(the "New Deal")というこの2つのモノシラブルからなることばは，ファシズムと共に，大戦間の歴史が残した最も重要な用語の1つであろう．

　フランクリン・ローズヴェルトがニューディールという言葉を最初に公けにしたのは，1932年6月，シカゴの民主党大会での大統領候補指名受諾演説においてであった．候補被指名者が大会に乗り込んで受諾演説をすること自体前例にないことであり，しかもニューヨーク州オールバニーからシカゴまで当時普通の交通手段であった鉄道を使うのではなくなんと飛行機をチャーターしてかけつけたのである[1]．それは，前例や伝統にかかわりなく大恐慌という非常事態に対処しようとするローズヴェルトの決意を劇的に示したものであった．受諾演説の終りの部分で，ローズヴェルトはこう述べた．「私はあなた方に誓う，私は私自身に誓う，アメリカ人民にニューディールをもたらすことを」．まだ大統領選挙ははるかに先のことであったが，ここにニューディールの幕が切って落とされたのである．

　ニューディールという場合の「ディール」という用語は，現在ではすでに例えばランダムハウスの辞典では，「ある政権の追求する経済・社会政策」として1項目として立てられており，用例として，ニューディールと共にトルーマン大統領の「フェアディール」(the Fair Deal)が挙げられている．しかし，ニューディールということばを感覚的に，あるいは本来的に，解すれば，それはトランプの「カードの配り直し」を意味する．カードを配り直して，もう1度初めからやり直そうではないかといった語感である．現に，ローズヴェルト

の受諾演説のこの部分の起草者であるサムエル・ローゼンマン(Samuel I. Rosenman)は，ニューディールということばの意図するところの1つとして次のようなパラフレイズを残している．すなわち，その意図の1つは，「国民のうち'忘れられた人々'，婦人および子供たちのために，カードが配り直される(redealt)べきである」[2] ことを示すことにあったのだというのである．

ホーフスタッターは，ニューディールを総括して「新しい出発」(the "New Departure")と呼んだ[3]．そこには，もちろん，フーヴァ的政策を拒否するホーフスタッターのイデオロギーが反映してはいるが，ニューディールという言葉のもつ語感を明確に陽表化している．だから，ニューディールという用語に「新規巻(蒔)き直し政策」という日本語訳をあてた人は，事の実態をかなり正確に把握していたに違いない．

本書はアメリカ合衆国における財政政策ないしは財政政策構想の展開を追跡することを課題としているから，全体としてのニューディール論を提供するものではない．しかし，それにしても，ニューディールとは何であったのかについて少くとも大枠での理解を提供しなければならないであろう．こうした大枠でのニューディール理解の土台の上でわれわれの課題を追求すれば，それは逆に全体としてのニューディール論に対する一定の貢献をなすことができるかもしれない．

本書は，アメリカ合衆国における財政革命の進展を追跡しており，「1946年雇用法」の成立を一応の終結点としている．いまわれわれは，フーヴァ政権の恐慌対策がいかにして破産したかを確認した時点にいる．ここから1946年までの時期は「雇用法」を準備した歴史過程として把えることができる．

そのうち，ニューディールと呼ばれる時期は1938年までである．その理由は，ニューディール期を特徴づける改革立法がほぼ1938年末までに終り，改革立法に対する議会の支持が急速に衰え，「ニューディールの創造的時期が終った」[4] からである．

われわれの課題からすれば，ニューディール期は，連邦政府が伝統的財政思想にひざまずきながらの反抗を行いつつ，しかし，大恐慌という「異常時」，

第3章 ニューディール——実験的進化　　　　　　　　　　77

「緊急時」の名のもとにスペンディングの実験を重ねた時期であった．ここでは「実験」ということが強調されなければならない．

　ニューディールは何らかの「政策体系」の実践であったわけではない．それは首尾一貫した理論の，例えばケインズ理論の，実践であったわけではない．もちろん，ローズヴェルト政権は多数の経済学者，政治学者，法学者等々を動員していわゆる「ブレイン・トラスト」(brain(s) trust)を形成したから，無理論の政権であったわけではない．しかし，その場合の理論とは個別理論の集合体であり，しかも，個々の理論はしばしば相互に対立する体のものであった．

　他方ではまたこういう事情もある．ローズヴェルト政権は，アメリカ合衆国の大統領制における大統領個人の性格の規定性をきわめて鮮明に示した政権の1つであった．

　ローズヴェルト大統領もまたフーヴァ大統領と同様に合衆国大統領が有するオルガナイザーとしての権威をよく知っていた．しかし，この権威の行使の点では2人には大きな相違があったように思われる．すなわち，フーヴァ大統領にとっては，この権威は，彼があらかじめ抱いている結論，例えば「平常通りの業務」を通じての景気の悪化の阻止にビジネス側が自発的に協力すること，あるいは隣人愛を通じての自発的拠金による相互救済を促進することといった結論を「説得」するための根拠とみなされていた．つまり，大統領職の権威は「宣教者」としての権威なのであった．これに対して，ローズヴェルト大統領にとって大統領職の権威とは，人々を政権の活動に参加させ，参加してきた人々に思い通りの行動をさせ，その行動の最終的な責任をみずから負うための根拠なのであった．それは，「保護者」としての権威であった．だから，ニューディーラーズ，とくに若いニューディーラーズ——そして若い有能な人々が突然大量にワシントンに結集させられたのがニューディールの1つの特徴であった——はいろいろなことを試みたが，その場合，ニューディールの「さまざまなプログラムは，フランクリン D. ローズヴェルトというパーソナリティによってのみ統一されていた」[5]のである．

　以上のように，ニューディールは何らかの首尾一貫した政策の実践ではな

かったと同時に，ローズヴェルト大統領個人の独特の指導性のもとに試行錯誤が繰り返された過程であり，体制(regime)であった．したがって，ニューディールを全体として把握するためのキー・ワードは「実験」である．すなわち，われわれは，「実験的進化こそ，ニューディールを理解するカギである」[6]というバジル・ロークの仮説を今なお注目に値するものであると考え，この仮説のもとに考察を進めることにする．スペンディング・ポリシーに結実してゆくニューディール期の財政政策(構想)の展開もまた実験的進化の過程と解するのが適切であるとわれわれは考える．

そして，ニューディールの実験と試行錯誤の過程がある1つの結果を生み出していたことは確かであった．それは，連邦政府の活動範囲と国民経済への介入の拡大であった．「政府は行動することを余儀なくされ，そうすることによってますます深く介入していった」[7]．財政規模が拡大し，連年財政赤字を生んだ．この過程は，連邦政府の役割についての認識を1920年代とは比較にならない深さにおいて変えた．すなわち，この過程は，「政府の通常の(そして最小限の)機能をまかなうための歳入を生み出すという財政政策の伝統的観念」から「国民所得，生産，および雇用をコントロールする」ことが連邦政府の役割であるという認識への移行をもたらした[8]．連邦政府が収支相償うべき「家計」視されていた段階から，国民経済のコントローラーとみなされる段階に立ち至ったのである．ニューディール期におけるこうした事実としての変化と経験なしに，合衆国における財政政策の革命を語ることはできない．財政革命は，レヴォルーションというよりむしろエヴォルーションであった[9]．

そこで，本章の課題は，まず第1に，ニューディール期に行われた財政政策を一通り洗い，それぞれの意義を確定することである．すでに述べたように，ニューディール政策は体系的なものではなかったから，これへの接近には工夫を要するが，ひとまず『財務長官年次報告』に与えられたかなり粗い分類による財政支出費目を手がかりにして，これを検討することにしたい．それはニューディール期の財政政策の実験的進化のいわばリアル・タイムでの追跡となるであろう．

第3章　ニューディール——実験的進化

次に，第2に，ニューディールの実験をひとまず総括するという課題がある．ニューディールの嵐のような実験は何を明らかにしたか，ニューディールはどの部分で成功し，どの部分で失敗したか，その成否を分けた理由は何であったかなどを検討することである．この課題の解明は，同時に，ローズヴェルト政権とそのニューディール政策の性格を確定することになるであろう．

以上，本章は，ニューディールを実験的進化の過程として追跡し，しかるのちその実験的経験の総括を行うという形でニューディール論に1つの貢献を与えることを期している．

2　「管理通貨制」成立の評価について

ローズヴェルト政権が発足したとき，合衆国における銀行恐慌は頂点に達していた．本書では金融政策には立入らないが，ここで1つだけ言及しておくことがある．

1932年大統領選挙直前の10月31日にネヴァダ州が同州内の銀行の12日間にわたる全面的支払停止を発表した．それは西部の小さな州でのバンク・ホリデイであったから，全国的な影響はほとんどなかったが，1つの州全体がバンク・ホリデイを宣言したのは，これが初めてのことであった[10]．だが，翌1933年2月14日に，デトロイトをかかえるミシガン州が8日間の銀行閉鎖を発表したことは一大事件であった．ビアド夫妻が指摘しているように，「ミシガンからのニュースは中心から周辺部に至るまでアメリカン・システムを騒がせた」[11]．ミシガン州のモラトリアムは「3週間後の全国的銀行破綻の序曲」[12]となった．「それ以後，崩壊のドラマは急速にクライマックスに登りつめ，州から州へと巻き込んでいった．グランド・フィナーレはすぐそこまで来ていた」[13]．

そして，ローズヴェルト大統領の就任式の日の早朝に，ついにニューヨーク州が2日間にわたる全般的なバンク・ホリデイを宣言するに至った．いまや，全国のほとんどすべての銀行が，自発的にか，預金者の取付けによってか，あ

るいは州知事の宣言によってか，いずれにせよ閉鎖されていた．閉鎖されていなかったほとんど唯一の例外は，「偉大かつ強力なメロン銀行によって支配されていたピッツバーグの銀行」[14]だけであった．

　大統領就任の時点でこれに匹敵する全国的危機に遭遇した前例は，リンカン大統領であろう．あのとき，リンカン大統領は，合衆国のユニオンの分解と内乱の危機に直面していた．リンカン大統領はあえて「南北戦争」を決意し，アメリカ合衆国を新しい次元で統一することに成功した．リンカンの威光は，合衆国大統領職の威厳を再確認するためにしばしば利用されており，フーヴァの『ステイト・ペイパー』集[I-17]には，フーヴァが1931年と1932年のリンカン・デイ，すなわち2月12日のリンカン誕生日に行った記念演説が収録されている．

　こうして，ローズヴェルト大統領にとっての最初の問題は，アメリカ史上未曾有の規模におそらく達していた金融恐慌への対処であった．大統領就任前後の1週間ほどのあいだのローズヴェルトと，とりわけ，新財務長官ウィリアム・ウッディン(William Woodin)の活躍は特筆に値するものがある．危機への対処の成功という点でも，ローズヴェルトはリンカンに匹敵する大統領であったと言えるかもしれない．まことに，「銀行恐慌の処理は，ニューディールの歴史の上で最も輝かしいページの1つであった」[15]．

　ローズヴェルトの述懐によれば，彼は就任の約2カ月前から全国的バンク・ホリデイを宣言するための大統領の法的権限を捜していたという．そのとき，彼の友人の1人が1917年の戦時緊急立法で，まだ廃止されておらず，ちょうどうまくこの点での大統領の権限を規定している法令を見つけてきた[16]．戦時緊急立法であるにもかかわらず，それが廃止されていなかったのは，立法上のミスから来ていた[17]．こうして，ローズヴェルト大統領の全国的バンク・ホリデイ宣言は，1917年「対敵通商法」(Trading-with-the-Enemy Act)という「いささか疑わしい法的根拠に依拠」[18]することになった．同法の当該規定は以下の通りである．「大統領は，大統領が規定する規則と規制のもとに，ライセンスその他の手段によって，外国為替のいかなる取引をも，金または銀のコ

インまたは地金または通貨の輸出,退蔵,融解またはイヤマークをも,調査し,規制し,または禁止することができる」[19].

ところで,ローズヴェルトが大統領の権限にもとづいて全国的な銀行のモラトリアムを宣言できるとしても,問題は,そのあと,いかなる条件のもとで銀行業を再開するかであった.それを詰めておかなければ,大統領のバンク・ホリデイ宣言は1個の政策とはなりえない.この再開方針を短時日の不眠不休の奮闘で作成したのがウッディン財務長官であった.もっとも,このとき,ウッディン新長官にとって大きな助力となったのは,フーヴァ政権の財務長官オグデン・ミルズ(Ogden Mills)と同次官のアーサー・バランタイン(Arthur A. Ballantine)であった.2人とも危機克服まで財務省にとどまって新政権を援助することに同意していたのである.2人は,フーヴァ大統領に進言して結局受け容れられなかった全国的バンク・ホリデイのプログラムを喜んで新政権に提供して新政権を援助した.

3月9日,フーヴァの親密なアシスタントであったリチー(Larry Richey)は疲労困憊のオグデン・ミルズに電話をかけ,ミルズのニューディール政権との付合いとそこからの帰結としての銀行プログラムに不満を洩らした.ミルズはそれをじっと聴いたうえで,憤慨してこう回答した.「この仕事は行われなければならなかったし,私とバランタインが……ここにとどまらなければ,それは行われなかったであろう.われわれにはこの国があるのだ」.翌日,フーヴァも銀行法について重大な疑問をミルズに対して表明した.連邦政府が全国の銀行を一斉に閉鎖し,しかるのちどの銀行を再開させるべきかを決定するというようなことはフェデラリズムについてのフーヴァの観念に全く反するものであったからである[20].しかし,もはやフーヴァの時代は終っていた.

ローズヴェルト大統領も前任者の下僚である高官たちのこの援助を高く評価している.「ウッディン長官は財務省の退陣する高官と3日間にわたってほとんどひっきりなしの会議をもった.彼らはウッディンに対して可能なあらゆる援助を私心なく与えた」[21].驚くべきことに,ローズヴェルト大統領がラジオを通じて銀行恐慌をめぐる事態を全国民に説明した3月12日の彼の最初の

「炉辺談話」(fireside chat)は，バランタインによって起草されたものであるという[22]．このことは，オルスンがそうみなそうとしている[23]のとは違って，フーヴァ政権とローズヴェルト政権との連続性を意味するものではない．むしろ，それは，フーヴァ大統領が最後の段階になっていかに偏狭になっていたか，いかに人の使い方を知らなかったか，逆に，ローズヴェルト大統領がいかに器量雄大に政権を発足させたかを物語るものに外ならない．

こうして，ローズヴェルト大統領は，就任2日後の1933年3月6日に，2つの大統領行政令を下した．1つは，3月9日に議会の特別会期の開催を求めたもので，いま1つは件の「対敵通商法」を根拠にして，3月9日まで全国の銀行のバンク・ホリデイを宣言し，その間における銀行による金の取引きの停止を命ずるものであった．

大統領の要請を受けて3月9日に開かれた議会は，ウッディンの作成にかかる「緊急銀行法」(Emergency Banking Act of 1933)をその日のうちに通過させた．ローズヴェルト大統領は同法に署名したあと，バンク・ホリデイを期間を定めず延期することを宣言した．

「緊急銀行法」のタイトルⅠは，3月6日の大統領の行動を承認すると同時に，「対敵通商法」を修正して，とくに正金の取引きに関して大統領の権限を強化した．タイトルⅡは，支払停止の恐れのあるすべての国法銀行に対して管財人の権限をもつ管理官(conservator)を指名する権限を通貨監査長官(the Comptroller of the Currency)に与え，この管理官に国法銀行の再編のために預金者と株主の一定の利益を抑制できる権限を与えた．タイトルⅢは，国法銀行がその資本構造を再建できるように公衆または「復興金融公社」(RFC)に売るための優先株を発行する権限を与えた．タイトルⅣは，連銀のバンク・ノートの緊急発行を認めた．タイトルⅤは，同法実施のため200万ドルの支出を認めた[24]．

翌3月10日，ローズヴェルトは再び大統領令を発し，バンク・ホリデイ以降においても，財務長官の認可がない限り銀行・非銀行機関が金の支払いを行うことを禁止した．さらに，4月5日，20日，および28日の大統領令は財務

第 3 章　ニューディール——実験的進化　　　　83

長官の認可がない限りすべての国際的金取引を禁止し，いかなる個人または機関に対しても——コレクションを目的とした 100 ドルまでを除いて——金の保有を禁止した25).

　こうして，アメリカ合衆国は金本位制から離脱した．ローズヴェルト政権は，銀行恐慌への緊急の対処の中から結局は金本位制の停止にまでゆきついたのである．

　同時に，フーヴァ政権末期以来 2 度にわたって廃案になってきた「インフレ派」の立法が「農業調整法」(Agricultural Adjustment Act) に対する「トマス修正法」26) によって可決され，5 月 12 日，大統領はこれに署名した．「トマス修正法」によって，大統領は，その気になれば，次のような権限を行使できることになった．第 1 に，大統領は，連銀に対して，その信用を 30 億ドルまで拡大するよう要求することができる．第 2 に，もっぱら合衆国の信用によってのみ保証される合衆国紙幣を 30 億ドルまで発行できる．これらの紙幣は現存の連邦債務を償還する目的のためにのみ使用されるべきものであるが，しかし，官民を問わず，あらゆる債務に対する法貨となるべきものとされた．第 3 に，ドルの金価値を 50% まで切り下げる．第 4 に，外国政府からの戦時債務の返済に際しては，1 オンスあたり 50 セントを超えない価格で，6 カ月間，2 億ドルまで，銀を受け容れることができる．第 5 に，大統領が決定するいかなる金対価においても，無制限に銀貨を鋳造することができるというものであった．

　ここにまとめたうちの第 2 の権限によって，合衆国大統領は，30 億ドルを上限とする保証なきグリーンバック紙幣の発行を財務長官に命令することができるようになった．ローズヴェルト大統領がこの条項を含めて「トマス修正法案」を容認する決定を下したとき，時の予算局長官ルイス・ダグラス (Louis Douglas) は，「やれやれ，これで西洋文明もおしまいだ」と述べたという27).

　また，6 月 16 日には，「銀行法」(Banking Act of 1933) が成立した．いわゆる 1933 年「グラス = スティーゴール法」(Glass=Steagall Act) である．この 33 年銀行法は，自然発生的に発展してきたアメリカ銀行業に対する 1 つの規制の試みとして画期的なものであった．もっとも，アメリカ銀行業の発展とそれに

対する是正と規制の歴史にここで立入ることはしない.

　33年銀行法の基本的な狙いは，連銀と商業銀行の強化と，銀行業からの投機的要素の除去であった．同法の制定によって，まず第1に注目すべきは，「連邦預金保険公社」(Federal Deposit Insurance Corporation, FDIC)の設立であった．この預金保険は，すべての商業銀行に開かれているものであって，銀行制度全体は，これによって預金者の取付けを回避することができるようになった．FDICの設立以来今日に至るまで金融恐慌らしいものは発生していない．最近の規制緩和まで銀行の倒産率も低かった．同法は，第2に，要求払い預金への利子払いを禁止した．利払いの過当競争が準備率を引き下げる弊害を除去しようとしたものである．第3に，国法銀行の最小必要資本量を5万ドルに引き上げた．第4に，州法銀行が州法によって許可されている限度まで，国法銀行が州全体にわたる支店展開を行うことを認めた.

　第5に，商業銀行から証券業務を分離することを規定した．この規定は1933年春までウォール・ストリートの厳しい抵抗にあったが，ペコラ(Ferdinand Pecora)の公聴会が雰囲気を変えた．証券業務の分離は，すでに時代の趨勢であって，金融崩壊の最中に，チェイス・ナショナルの新しい頭取，オールドリッチ(Winthrop W. Aldrich)は，ロックフェラー支配下の彼の銀行は，商業銀行が「投機の精神」に汚されないように，投資関連会社を完全に分離すると表明していた[28]．第6に，連銀加盟銀行が投機目的のために信用の不正使用を行った場合には，当該銀行の連銀信用の使用を差し止める権限を連邦準備局(Federal Reserve Board)に与えた.

　第7に，加盟銀行が行う証券貸付の量を制限する権限を準備局に与えた．第8に，連銀が加盟銀行に対して90日間の直接貸付を行う権限を与えた．ただし，この直接貸付は，貸付を受けた加盟銀行が——証券貸付が多すぎるから自粛せよという——連銀の警告を受けたあとも引き続き証券貸付の現在高を増やした場合には，連銀の要求あり次第，直ちに連銀に返却すべきものとされた.

　第9に，相互貯蓄銀行とモリス・プラン銀行[29]に連銀加盟の資格を与えた．第10として，連邦準備局のメンバーの役職期限を10年から12年に延長した.

第3章　ニューディール——実験的進化　　　　　　　　　　85

第11として，各準備銀行からの各1人をもって，公開市場委員会を設置することとした．そして，第12に，連銀加盟銀行の収益に対する「免許税」(franchise tax)を廃止した[30]．

　以上見てきたローズヴェルト政権発足時の矢継ぎばやの金融政策の展開をどのような方向でまとめるかは，分析者の立場による．33年の「グラス＝スティーゴール法」は，アメリカ金融史が残した自然発生的な銀行制度を中央集権化と投機的要素の排除という方向で安定化させようとした努力の一環であったと解することもできる．アメリカ合衆国は，「中央銀行なき資本主義」という興味ある経験を少くとも20世紀初めまでの世界経済史に提供してきた珍しい国であり，また現在における金融の「規制緩和」(deregulation)は30年代の立法に人々の注意を喚起しつつあるからである．

　他方ではまた，以上の過程を，アメリカ合衆国が金本位制から離脱したこととそれに付随した諸措置に視点をしぼれば，この過程は連邦政府がインフレ政策ないしは——当時の用語を使えば——拡大政策を持続的に遂行できる制度的枠組をつくりだしたものとしてまとめることも可能である．すなわち，いわゆる「管理通貨制」の成立をここに認めることもできる．以上見た緊急の諸措置の実施により，金の国内流出の恐れはなくなり，国外流出の恐れもなくなり，FDICの設立によって銀行取付けを引き起す有力な要因も取り除かれた．連銀と財務省の権限が強化され，連銀は連邦政府政策に資金面でより大きな責任を果すことができるようになった．これらの事実を連邦政府の財政政策にとってのインプリケーションズという観点からまとめれば，ここに連邦政府の財政政策は対外的対内的な貨幣面での制約から解放されたと解することもできるであろう．

　しかし，われわれはこのいわゆる「管理通貨制」の成立をアメリカ合衆国の財政政策(構想)の進展の中で正確に位置づけなくてはならないと考える．すなわち，アメリカ合衆国における財政政策の進化＝革命の途上においては，このいわゆる「管理通貨制」の成立に，過大な評価を与えることはできない．連邦政府の拡大的財政政策が貨幣的制約から解放される制度的枠組が与えられたこ

とは確かであるが，これによって財政革命が完遂されたとは到底言うわけにはゆかない．「管理通貨制」という器は与えられたけれども，中身の財政政策(構想)は器にふさわしい成熟度に達していなかったのである．中身の財政政策(構想)そのものがなお多くの制約を乗り越えて進化してゆかなければならなかったというのが実情である．本章のニューディール財政政策論は，それを説明することを1つの課題としていると言ってよい．

3 ニューディール財政政策の概要

(1) はじめに

そこでまず，ローズヴェルト政権がニューディール期に行った政府支出について検討しよう．すでに述べてきたように，ニューディールは体系的政策を実施したわけではないから，ニューディールの財政政策への接近には独自の工夫が要求される．われわれは，ニューディール財政政策に対して「実験的進化」という視点でのアプローチを試みるものである．そこで，ここでは，ニューディールが「実際に行ったこと」を手がかりにしてこの課題の解明にあたることにしよう．

こうして，選ばれた手がかりは，『財務長官年次報告』に与えられたかなり粗い分類による財政支出を個別に意味づけることとなった．付表が検討の対象である．

原表には，「緊急支出」という用語が明示されているわけではなく，したがってまた「公共事業」,「失業救済」，および「貸付・出資」が1つの大項目のもとにくくられて作成されているわけでもないが，この『財務長官報告』の基礎にある考え方，すなわちニューディール期に行われていた「二重予算」(double or dual budget)方式を忠実に反映させれば，この方が実状にあっているし，理解もし易い．なお，「二重予算」方式についてはのちに別の行論で検討する．

付表　連邦政府支出内訳(1931-1939 会計年度)　(単位：100万ドル)

	1931	1932	1933	1934	1935	1936	1937	1938	1939
通　常　支　出									
一　般　行　政	647	756	584	458	562	661	672	701	770
国　　　　　防	667	664	633	494	663	880	895	980	1,056
軍　人　恩　給	943	973	849	554	604	2,348	1,128	572	545
公　債　利　子	612	599	689	757	821	749	866	926	940
農業調整計画	－	－	－	289	712	533	527	362	782
社　会　保　障	－	－	－	－	－	42	465	689	850
そ　の　他	118	171	96	99	96	96	110	416	248
緊　急　支　出									
公　共　事　業	421	499	472	625	766	914	1,102	880	1,111
失　業　救　済	－	－	360	1,853	2,363	2,372	2,527	1,996	2,677
貸付・出資	263	873	181	882	424	71	150	104	231
公　債　償　還	440	413	461	360	573	403	104	65	58
総　　支　　出	4,111	4,948	4,325	6,371	7,583	9,069	8,546	7,691	9,268

[出典] *Annual Report of the Secretary of the Treasury*, 1939, p. 367.

　さて，あらかじめ指摘しておけば，付表から看取されるニューディール財政支出の大きな特徴は，「国防」費の支出が相対的に安定していることであろう．ニューディール期における恐慌対策はもっぱら平和的民生支出の増大として行われ，軍備増強の方向をとったのではないことがここに改めて確認される．

　アメリカ合衆国が第二次世界大戦に参加してゆく過程は，第一次大戦の場合と同様，興味ある研究対象をなしている．いま，ローズヴェルト大統領自身が積極的な欧州戦介入の意思表示を行った行動を挙げれば，有名な「隔離演説」("Quarantine Speech")であろう．ローズヴェルト大統領は，中国に対する日本の，スペインに対するナチスの，宣戦布告なき戦闘行為を前にして，一国民による他国民の国事に対する干渉，爆撃による非戦闘市民の容赦なき殺戮，大義なき船舶の撃沈を事実として挙げ，もしも疫病が蔓延すれば，「社会は，病の蔓延から社会の健康を防御するために患者を隔離することを容認し，一致行動するものである」として，侵略者(ファシスト)という病人を隔離せよと訴えた[31]．ローズヴェルトが中西部の「孤立主義」(isolationism, 欧州戦不介入論)の中心地，シカゴに乗り込んでこの観測気球を打ち上げたのは，やっと1937年10月5日のことであった．この年7月に，日本が蘆(盧)溝橋事件をきっか

けに中国侵略に乗り出したとき，アメリカの中立政策がいかに時代の趨勢にそぐわないかが暴露されていたのである．

1938年の年頭教書で，ローズヴェルト大統領は6隻の戦艦建造と，そのあとなお12隻の建艦の予備承認を議会に要請した．「両洋艦隊」の建設が彼の目標であった．もっとも，それ以前の1934年3月に，「ヴィンスン海軍対等法」(Vinson Naval Parity Act)が議会を通過しており，同法は，ワシントン条約とロンドン条約の制限一杯までの海軍増強を唱っていたけれども，議会がそれにふさわしい予算をつけようとしなかったので，1938年に至るまで主として更新ベースでの建艦が行われていたにすぎなかった．1938年のローズヴェルト大統領の年頭教書を受けて，「ヴィンスン海軍拡張法」(Vinson Naval Expansion Act)が議会を通過したのは，同年5月のことであった．

第二次大戦直前の世界では，軍備増強の意味するところは何よりもまず大艦巨砲主義の実現であった．実際に，その後合衆国が戦時経済体制に突入したとき，まず着手されたのは主力艦の増強であって，航空機の増産ではなかった．

つまり，「ヴィンスン海軍拡張法」の議会通過が1938年5月だという事実は，ニューディール期における財政支出に軍需的性格がきわめて少なかったことを傍証していると言ってよいであろう．

なお，「軍人恩給」の動き，とくに1936, 1937会計年度におけるその著増に注目される読者がいるかもしれない．今日，わが国で，軍事費がGNPの1％を超えたかどうかという議論が行われる場合，そこには軍人恩給は勘定に入っていない．しかし，軍人恩給が一国の軍事費の一部をなしているという認識は，少くとも西ヨーロッパでは常識となっている．では，アメリカの1930年代半ばにおける軍人恩給の著増は，何かミリタリズムのようなものの兆候として挙げることができるであろうか．

答えは否である．事態の性格はより多く世俗的なものであって，第一次大戦の退役軍人の圧力がニューディール3年目になってやっと効を奏し，他の支出費目への圧迫のために抵抗するローズヴェルト大統領の拒否権を乗り越えて，軍人恩給の増額を1936年1月に議会で承認させたものなのである．ここに成

立した法は，退役軍人への支給金(veterans' bonus)を，即時現金化するか，あるいは年利 3% で 1945 年の満期を待つかする小額債券(baby bonds)で支払うことを規定した．

「アメリカ在郷軍人会」の推計によれば，このときのボーナス・マネーの約 34.5% が小売商からの掛買いの返済に，19% が証券の購入と預金に，15.5% が消費財の購入にあてられたとされている[32]．

(2) 農業調整計画

さて，その次に登場する「農業調整計画」と「社会保障」が，もちろんニューディール・プロパーの支出費目である．それぞれ，1934(年 6 月に終る)会計年度と 1936 会計年度から登場していることがそれを示している．しかも，ここで興味深いことは，この 2 つの費目が「緊急支出」の分類ではなく，「一般行政」費，「国防」費などと並ぶ「通常支出」の分類に位置づけられていることである．そして，実際，これらの支出費目はニューディールの産物として生まれたものが，その後「制度化」されて今日に至っている．

1933 年までに，農業はアメリカ経済において最も深刻な困難に陥った部門の 1 つとなっていた．

もちろん，すでに前章で述べたように，1920 年代を通して農業は繁栄にあずかることがなかった．第一次大戦中の繁栄が裏目に出たのである．第一次大戦を通して，アメリカ農業は繁栄を享受した．政府は増産を奨励した．農民は耕作面積と農業生産を拡大し，生活水準を向上させ，債務をかかえることに思いわずらうこともなかった．しかし，1920 年に農産物価格の崩落が生じ，その結果，農家所得は，1919 年の約 170 億ドルから 1921 年の 90 億ドル以下に落ち込んだ．1920 年代を通して，農家所得が 120 億ドルに達したことはたえてなかった．1929 年の農産物の購買力は戦前水準の 91% に過ぎなくなっていた．価格問題は，言うまでもなく，増産の帰結であり，増産は肥料使用の増大と機械化の進展を主な理由にしていた．他方では，農産物需要が国の内外で減少していた．大不況が襲来したとき，それは農産物需要を 1920 年代のただで

さえ不十分な水準以下に低下させ，農家所得は50億ドルにまで減少させられた．綿花の価格は，1909年から1914年までポンドあたり平均12.4セントを維持していたが，1933年2月にはわずか5.5セントにまで低落した．小麦価格は，ブッシェルあたり88.4セントから32.3セントにまで低落した．他方，1914年以来，農民の租税負担は倍増していたし，かかえ込んだ債務も依然として多額なままであった[33]．

大戦間アメリカの農業・農民運動のスローガンとして誰もが想起するのは，「パリティ」(parity)という観念であろう．農工間の格差(disparity)を解消し，それを平準化せよという要求である．パリティ価格，パリティ所得を実現せよというのが農民の切実な要求であった．先行する農業危機のうえに，全体としての大不況が重なったとき，パリティの実現というスローガンはアメリカ農民のあいだにますます強固なものとして定着した．

農民運動が何よりもまず問題にしたのは関税であった．商品生産者としての農民は，インプットとして工業製品を買い，アウトプットとして自己の農産物を売り，何がしかの収益を得るという経済生活をしている．ところが，この農民が工業製品に対する関税障壁によって保護された経済で農業生産にたずさわっているとすれば，そこに農民に対する不利益ないし不公正が生ずる．農民はインプットとしては世界平均価格より関税分だけかさ上げされた工業製品を買うのに対して，自己が売る商品は世界市場で決定される価格で売らなければならないのである．小麦も綿花も文字通りの世界商品であった．外国工業製品からの競争圧力から政府が国内の工業を保護するためのコストが，消費者一般に不利益をもたらすだけでなく，世界市場の変動に直接さらされている農民に被害をもたらしているというのが農民運動の認識であった．そして，それは当然の認識であった．

「ケネディ・ラウンド」というような第二次大戦後のアメリカの自由貿易要求からすれば信じられないと思われるかも知れないが，アメリカは伝統的に高関税国であった．第一次大戦後，アメリカはイギリスから世界政治・経済のヘゲモニーを奪取すべき実質的な指導国になっていた．しかし，ヴェルサイユ講

第3章 ニューディール──実験的進化　　　　91

和会議のアメリカにとって惨めな帰結はアメリカをふたたび孤立主義の国に引き戻した．ウィルスン大統領の 12 カ条の提案に対してフランスのクレマンソーは，「神でさえ十誡で満足したのに」などと軽くいなしたものであった．それはともあれ，結局アメリカは依然として高関税の国にとどまったのである．

それと関連して寡占体制の問題があった．関税障壁が寡占形成の唯一の原因であるとするのは誤りであるけれども，少くとも外国からの競争を除去ないし緩和することによって，関税障壁はアメリカにおける寡占化を促進する作用を果した．その結果は，農業にとってさらに不利な構造を生んだ．

農産物価格は低下したが，工業製品はそれほど低下しなかった．農民が必要とする商品は農産物ほど値崩れしなかった．もちろん，いまやアメリカ農業は，ジェファスニアン的牧歌的個人営農からなっていたわけではなかった．けれども，農業がアトミスティックな構造のままでいたことに変りはなかった．他方，工業は支配の集中，それゆえ生産調整と価格管理を特徴としつつあった．農業と工業は明らかに異なる 2 つのタイプの市場を形成していた．それは 1929 年から 1933 年春までのあいだにおける価格と生産のビヘイヴィアに正確に反映されていた．生産ないしは供給の制限によって価格水準に決定的な影響力を行使できるかどうかがそこでの問題であった．一方の極には農産物の価格と生産の動向があった．この期間に，農産物の価格は 63% 低落したのに，その生産は 6% 減少したに過ぎなかった．他方，工業製品である農業機械についてこれを見ると，その価格は 6% しか低落しなかったのに対して，その生産は 80% も減少していた．ここから，ミーンズは「管理価格」仮説を提出した[34]．ここに，現代資本主義経済論の構成要因の 1 つとしての「管理価格」論が登場した．ミーンズのこの研究は，1935 年，合衆国第 74 議会第 1 会期，上院文書第 13 号として記録されたもので，もともとは農務長官に対する報告として提出されたものである．ミーンズは，工業製品価格の不況期における下方硬直性を明らかにし，「市場価格」と区別されるものとしての「管理価格」(administered price) という概念を提起して現代価格論のチャンピオンの 1 人となった．

当該時期のアメリカの農業・農民組織はほぼ 3 つによって代表されていた．

すなわち，ファーム・ビュアロー(American Farm Bureau Federation)，グレインジ(National Grange)，およびユニオン(Farmers' Educational and Cooperative Union)である．このうち，ビュアローは，いわば農業ビジネスマンの組織であり，組織力も最大で，ロビイングの力量も大きかった．

　1920年代のビュアローの公式の方針は，すでに述べた「マクネアリ=ハウゲン」法案であった．それは文字通り「パリティ」概念の整備された法制化を要求したものであって，1927年と1928年に議会を通ったが，クーリッジ大統領の拒否権発動によって葬られた．しかし，少くとも農業法案に関する限り，葬られたかどうかが歴史における問題ではない．それが提起されて，それが農民運動の結集の1つの焦点になったことに意義があった．

　馬場宏二は読ませる書物『アメリカ農業問題の発生』において，「ニューディール農政の基点」を次のようなものとして把握している．そして，そこにはフーヴァ政権とローズヴェルト政権との関係についてのわれわれの認識と相呼応するものがある．馬場いわく，「さらにわれわれは，マクネアリ=ハウゲン運動が主軸となった農政要求の歴史が，われわれのいわゆる固有の意味の農政を，単に個々の具体的な方策においてのみならず，その理念や構想の面においても，全社会になじみのものとしていた点に注目しなければならない．すなわち，それこそが従来のアメリカに伝統的であった思考，農業も他部門と同じく苦境に際して自己救済によってすませうるしまたそうしなければならないという思考を変革し，固有の農政の必要を認識させ，それに対する政治的抵抗を除去していたのである．そうした土壌培養のくりかえしがあり，なかんずくひとたびは農務委員会［われわれの言う連邦農務局――引用者］政策の活着があったゆえにこそ，ニューディールおよび以後の農政は敏速広汎に展開しうることともなったのである．……1920年以来の農業恐慌に対応した農政立法運動史と，大恐慌が激発せしめた農業危機との交差点が，ニューディール農政の基点なのであった」[35]．

　「マクネアリ=ハウゲン」プランの構想を打ち出したのは，イリノイ州のビジネスマンで，「モウリーン農機具会社」(Moline Plow Company)の会長，ジョ

ージ・ピーク (George Peek) であった．彼は，農機具製造業のビジネスマンとして，農民の困窮に事の外当惑させられていた．農民が難儀に陥れば，彼の会社の製品はそれだけ売れなくなるからであった．

ピークによれば，農民にとって不当なことは，彼らが保護された市場で購買し，きわめて競争的な市場で販売しなければならないということであった．ここに保護とは，言うまでもなく，アメリカの関税障壁をさし，競争的市場とは主としてアメリカ農産物の輸出市場をさす．ピークの主張は，関税障壁の恩恵を産業資本家のみにとどめるのではなく，農民にも浴させるべきだという要求を基本としていた．

こうして，その要求は実践的にはこうなる．農民は，戦前に享受していた購買力を与えられるような価格で売れるだけの生産高を国内市場で売り，余剰を合衆国政府公社——その資金調達には参加農民が応ずる——がアメリカ国内価格で買い上げ，それを世界価格で外国に「ダンピング輸出」するというものであった．国内価格と輸出価格に差をつけるのは工業での常套手段であった．なぜ農民がこの慣行に従うべきではないのかというのがピークの主張の趣旨であった[36]．

ピークのアイディアにもとづく「マクネアリ＝ハウゲン」法案は，実践に移されることはなかった．しかし，「マクネアリ＝ハウゲン」法案について重要なことは，それが立法化されなかったということにあるのではない．アメリカ大陸のセクションの相違を越えて農民を結集したそれは一個の運動の表現であったのである．この一大運動での経験が農民において，馬場の言う「固有の農政の必要を認識させ，それに対する政治的抵抗を除去」する基盤をつくり出していたのである．すなわち，農民のこの認識の最終的完成をもたらしたのは，フーヴァ大統領の「自発的協力」路線への同調の破産であった．失望が新しい期待をもたらした．

フーヴァが大統領になったとき，「マクネアリ＝ハウゲン」プランが立往生することは明白であった．大統領選の過程でフーヴァはそれに反対することを明言していたのである．これに対して，ファーム・ビュアローからもユニオン

からも,フーヴァ大統領の「自発的協力」路線,すなわち「連邦農務局」構想を支持し,それに参加するひとも出てきた.もう1ラウンドのこうした経験と失敗を彼らが味わったあとに,ニューディール農業政策が登場したのであるというのが,上掲の馬場の含意であろう.鋭い指摘である.

さて,こうした農政運動とは離れたところで,農業の生産統制,すなわち作付制限を通しての農産物価格問題への接近というドラスティックな提案が行われつつあった.その発案者は,のちに本書にも出てくるビアズリー・ラムル (Beardsley Ruml) であるとされている[37].しかし,この理念を広めたハーヴァード大学教授ブラック (John D. Black) が依拠したのは農務省のスピルマン (William J. Spillman) の小冊子『農業産出の均衡化』(*Balancing the Farm Output*) であった.スピルマンはそこで,特定の作物について作付面積の割当て (allotment) を示唆していた.ブラックはこのスピルマンの考え方を1929年の春に上下両院の農業委員会での証言で詳述し,自己の著書『合衆国における農業改革』(*Agricultural Reform in the United States*, 1929) でも展開した.このブラックの考え方を小麦の耕作の立場からまとめて,「自発的国内割当プラン」(voluntary domestic allotment plan) なる方策を提出したのがモンタナ州立農科大学のウィルスン (M. L. Wilson) であった.

ウィルスンはブラックの考え方を徹底化させた.そこでまずブラックの考え方を見ておく.ブラック案の基本的特徴は,例えば小麦に引きつけて見れば,最近数年間の平均収量を基礎にして,国内で食糧として消費された量の比例配分をブッシェルで表示した証書を各生産者に与える.この証書は加工業者(製粉業者)に対して売ることができるものとされ,後者にはそれをブッシェルあたりおおむね関税率で買い取ることが期待された.彼らは,国内消費用の小麦粉の最初の販売の時点で製粉化された小麦に対応する量の証書を連邦政府に引き渡すことを要請される.こうして,複雑な機構も要することなく,小麦の生産ないし出荷の攪乱もなしに,輸出ダンピングもなしに,連邦財務省への負担もなしに,増産への刺激もほとんどあるいは全くなしに,「国内割当」の「譲渡可能な権利」の販売が「公正収益」の観念を十分に満足させる補足所得を小

麦生産者に対してもたらすものと期待された．このブラック原案をもとにしてM. L. ウィルスンが徹底化させたのは，生産の統制，政府と農民のあいだの作付契約，割当て証書ではなく現金による「報償」(benefit) という方向でのプランの改変であった[38]．つまり，連邦政府は加工税を徴収し，この税収から国内消費に向けられた部分に対する比例配分資金を「生産統制契約」(production control contract)を行った農民に支払う．「契約」の内容は増産の停止，必要な場合は減産をも含むものとされた[39]．

　レクスフォード・タグウェルがウィルスンをローズヴェルトに紹介し，「国内割当てプラン」はローズヴェルトの支持するところとなった[40]．

　もっとも，ローズヴェルト大統領独特の実験精神からして，1933 年に成立した「農業調整法」(Agricultural Adjustment Act) は，ウィルスンの生産統制論と同時にマクネアリ゠ハウゲン・プランの要素をもとり入れている．すなわち，法は，生産統制および報償金支払いをテコとしたそれへの農業者の自発的参加，加工税の徴収による自足的資金調達といったウィルスン案を法制化すると同時に，余剰農産物の外国市場への販売と農産物の加工業者および流通業者の価格協定というピーク案の重要な要求をも唱っている．しかも，同法にもとづいて設立された新設機関「農業調整局」(Agricultural Adjustment Administration, AAA)の長官には，ピークを指名したのである．農務長官ウォーレス(Henry A. Wallace)は生産統制派であり，ピークの「農業調整法」の恣意的解釈を放置しておくわけにはゆかず，ウォーレスの抗議により，ピークは結局更迭された[41]．

　以上の全体を踏まえて，ニューディールの農業政策が開始された．

　ニューディールの農業政策は，農産物価格維持政策と農業金融政策にまとめられる．

　価格維持政策の法的根拠は，1933 年の「農業調整法」，1936 年 1 月の，連邦政府の州権介入と課税権の乱用を論拠とする最高裁の違憲判決に対応しつつ路線を維持するための「土壌保全国内割当法」(Soil Conservation and Domestic Allotment Act)，そして 1938 年の「農業調整法」へと引き継がれる．農産物

価格維持とは，農業が比較的に好況を享受していたとされる1909年8月から1914年7月の5年間を基準年として，この間における農産物価格と他の商品価格のパリティ価格を設定し，これを維持すべく作付制限をしようというものであった．「パリティ」は当時の農業運動者にとって，一個の哲学となっており，たんに価格問題にとどまらず，資本，労働，農業のバランスという要求にまでなっていたが，ともあれ，それがとり入れられたのである．

　価格支持の対象となる「基本農産物」は，33年法では，小麦，綿花，とうもろこし，豚など7品目，その後追加され，最終的に35年法改正でじゃがいもが加えられて16品目となった．農務長官と基本農産物生産者が，後者の任意によって減反ないしは減産協定を結び，その見返りとして報償金が農民側に支払われるという仕組みであった．報償金の財源は，基本農産物の第1次加工に課せられる加工税であった．また1933年10月には大統領令によりRFC資金に基づき「商品信用公社」(Commodity Credit Corporation, CCC)が設立された．これは減反・減産政策の補助機関であるが，事実上，余剰農産物の買支えの役割を担うようになった．CCCは，封印された非腐敗農産物を担保として農民に融資を行うのであるが，それが，「償還請求権なき融資」(nonrecourse loan)の形式をとったのである．つまり，生産者は農産物を担保として融資を受けたあと，借入金を返済して農産物を自分の手許に戻してもよいが，そのまま農産物の所有権をCCCに引き渡せば返済を免かれることができた．市況に応じて，農産物の所有権を放棄するか，市場で売りさばいて借入金の返済にあてるか，いずれかを選択できる方式であった．

　農業金融政策では，まず1933年3月末に大統領令により農業関係政府金融機関を整理・統合して「農業信用局」(Farm Credit Administration, FCA)を設置し，政府の農業金融を一本化した．5月には「緊急農地抵当法」(Emergency Farm Mortgage Act)を制定し，連邦土地銀行に上限20億ドルの公債発行の権限を与えて，土地銀行の再融資によって農地の抵当流れを救済しようとはかった．6月には「農業信用法」(Farm Credit Act)を制定して，生産信用公社と協同組合銀行を設立した．前者は農業生産のための短期融資を行い，後者は農業

第3章 ニューディール——実験的進化　　　　97

協同組合への融資を行うことを任務とした.

　以上が,ニューディールの農業政策のおおよそである.いずれの国においても農業政策,農政は途方もなく困難な領域をなしているように見える.ニューディールの農業政策の功罪にここで立入ることはできないが,以上に見られるように,未曾有の大恐慌下での農業・農民の難儀に対する緊急の救済という形を通して連邦政府はアメリカ農業への側面援助から強力な介入の方向に大きく一歩を進めたのである.

(3) 社 会 保 障

　次に,「社会保障」費に移る.1935年「社会保障法」(Social Security Act)によってアメリカに社会保障制度が導入された.これによって,老齢者,扶養児童(をもつ母親),および盲人に連邦政府の扶助が与えられるようになり,またきわめて重要なことであるが,短期の失業者と老齢者のための保険制度が発足することになった.

　社会保障制度の包括性を示す言葉として「揺籠から墓場まで」という表現がある.これについて,この言葉を造語したのはローズヴェルト大統領であったとして,労働長官フランシス・パーキンズ(Frances Perkins)は興味あるエピソードを伝えている.彼女によれば,「揺籠から墓場まで」の保険がローズヴェルト大統領の好んだ言葉で,このスローガンが大統領の目標をなしていた.ところが,1942年12月にイギリスで「ベヴァリッジ・プラン」(the Beveridge Plan)が発表されたとき,「法外な高音のファンファーレと共に,それはベヴァリッジと新聞によって'揺籠から墓場まで'の保険という商標を与えられた」.その報道を読んだとき,ローズヴェルトはパーキンズに冗談めかしてこう述べたという.「フランシス,これはどういう意味か.なぜベヴァリッジは彼の名前をこれに付けているのか.なぜこれが彼の手柄になるのか.われわれが最初にそれについて考えたときから,私は揺籠から墓場までの保険について語って来ただろう.それは私のアイディアだ.これはベヴァリッジ・プランではない.ローズヴェルト・プランだ」.パーキンズは続けて述べる.「ベヴァリッジ・プ

ランが作成される前の20年にわたる社会保険の経験についてイギリス人が行ってきた議論の一片も彼［ローズヴェルト］に何らの影響も与えなかった」．ローズヴェルトは，「1934年にここ［合衆国］でサー・ウィリアム・ベヴァリッジと会見した．疑いもなく，大統領は彼に'揺籠から墓場まで'の保険……について語ったであろう．サー・ウィリアムがローズヴェルトの用語とアイディアにどの程度インスピレイションを覚え，動かされたかは私の語りえないことである」[42]．

　社会保障制度の導入は，ローズヴェルト政権の失業救済対策の流れの中で把えられるべきものである．節分けの都合上，話題が前後するが，それはこのすぐあとで見る1933年の「連邦緊急救済法」の3年間にわたる実験の経験の中から出てきた連邦政府の救済政策の変化に対応するものである．すなわち，時限立法としての「救済法」の期限が切れる頃までに救済の実施方法と対象を見直すことがローズヴェルト政権内部のほぼ一致した見解となった．救済の対象を，「働く能力のある者」(employables)と「働く能力を欠くか，またはそれが弱くて自立できない者」(unemployables)とに分け，前者については「直接救済」(direct relief)ではなくて「授産救済」(work relief)をもっぱら与える――つまり失業対策事業で雇用する――ものとし，後者の救済については，別途の救済方式を考えることとしたのである．したがって，1935年における社会保障法の制定と「雇用促進局」(Works Progress Administration, WPA)の設立とは対をなしている．つまり，「緊急の」失業救済の実験の中から，その種の方策を継続しつつも，「永続的な」制度改革ないしは新制度導入という形で社会保障制度への道がとられることになったのである．

　失業救済一般と社会保障制度導入は以上の文脈で把えられるであろうが，それをめぐって思いあたるいくつかの事情を指摘しておく必要があるであろう．

　第1に，失業救済として救済の対象になる人々がきわめて多様であることが明らかとなったことである．上では，「雇用されうる者」と「雇用されえない者」との区別についてのローズヴェルト政権の認識の深化を述べたが，これは，要するに，救済の対象はたんなる失業者一般ではないという認識を意味するも

第3章 ニューディール――実験的進化

のであった．救済はたんに失業救済なのではなく，カテゴリーを異にする人々，すなわち多様な救済対象者に対処すべきものであることが明らかになったのである．言い換えれば，「雇用されえない者」の中には永続的に職を得られない者，すなわち永続的失業者がおり，具体的には，老齢者，2度と働くことのできそうもない慢性的疾病者，扶養すべき児童をかかえる寡婦等々であった．これらの人々に対してはそれぞれに特有な対処が行われる必要があったのである．

　第2に，時代の趨勢があった．大恐慌の中で最も苦しめられた集団の1つが老齢者であったことに誰もが疑いを持たなかった．しかも，老齢者人口の絶対数も全人口に占めるその比率も増加しつつあった．エイブラハム・エプスタイン (Abraham Epstein) を事務局長とするいわば老齢保障の法制化期成同盟である「アメリカ老齢保障協会」(American Association for Old Age Security) は大恐慌に至るまではさしたる成果をあげていなかったが，1929年を境にしてカリフォーニア州とワイオミング州に始まる強制立法の制定に成功した[43]．1933年には，老齢年金支出額の3分の1を連邦が州に補助金として与えるとするエプスタインの提案を趣旨とする「ディル＝コナリー法案」(Dill=Connery Bill) が上程された．

　なお，この問題では，タウンゼンド運動の重要性を指摘すべきであろう．1933年9月30日に医師タウンゼンド (Francis Townsend) のカリフォーニア州ロング・ビーチ『プレス・テレグラム』紙への今になって思えば歴史的な投書が始まり，連邦政府が60歳を超えるすべてのアメリカ人に月額200ドルを与えよというタウンゼンド運動に乗り出した．タウンゼンド運動は西部から始まったが，1934年から35年にかけて全米であなどり難い勢力となり，実際に，議会での「社会保障法」審議の過程でタウンゼンドは証言の席に着いた．タウンゼンド・プランは経済政策としての堅実性を具備しているものとは到底言えない代物であったが，そのアイディアが動員した老若男女のエネルギーは「社会保障法」を成立させる一助となる政治的圧力となった．タウンゼンド運動をデマゴーグに踊らされた運動と見ようと，擬似宗教運動と呼ぼうと，それは大不況下のアメリカ民衆の少くとも一部の気分を反映した客観的な政治力であっ

た．似たような運動の指導者としてのヒューイ・ロング(Huey Long)や神父カフリン(Father Coughlin)に言及することは本書の枠組の外に出ることになるので，ここでは差し控えることにする．

失業保険については，1916年のマサチューセッツ州での立法の上程を初めてとして州レベルでの立法の試みがいくつかの州で進められたが，結局，1932年にウィスコンシン州が失業補償法の制定でパイオニアとなった．

連邦議会でも1934年2月には「ワグナー＝ルイス失業保険法案」(Wagner=Lewis Unemployment Insurance Bill)が提出されていた．それらは，そのまま実現することはなかったけれども，議会に対する教育効果を与えた点では1つの重要な貢献であったと言うことができるであろう[44]．

第3に，ローズヴェルト大統領のこの問題での思い入れを指摘すべきであろう．社会保障がアメリカ合衆国において限界をもちつつも制度として確立された事情を検討する以上，それ以前の時期における個別的問題における州レベルでの進化の帰結とは区別されたローズヴェルト大統領のイニシアティヴを1つの重要な要因として認めなければなるまい．

救済の対象がたんに一時的失業者にとどまらず，多種多様な永続的特性をもつ人々からなり，したがって，それぞれにふさわしい救済対策が必要であったとしても，ローズヴェルトが構想──ないしは夢想──したことは，それら全体を一括したもの(パッケイジ)としての社会保障制度──ローズヴェルトの言葉では，社会保険──の制定であった．

ここで，フランシス・パーキンズの当惑を紹介しておく必要があるかもしれない．ローズヴェルトはあくまでも包括的な制度の必要性を主張した．「なぜ駄目なのか分らん．揺籠から墓場──揺籠から墓場まで彼らは社会保険制度の中にいるべきなのだ」．パーキンズは感嘆しつつも当惑している．「私は普遍的カバレッジという彼の大胆な考え方に感嘆しなかったと言っているのではない．そうではなくて，若干の経験と予備的かつ最も焦眉な措置を実施するための機構とをわれわれが持つ以前に，そのように広範な制度を発展させ，管理しようとすることは，非現実的であると私は考えたのである」．「のみならず，私は政

治的風潮がそのような普遍的接近を受け容れる状態ではないと確信していた.私は間違っていたかもしれない.行政上の責任を持っている私はいかにしてこの風向きを変えるかについては彼よりも不安を持っていた.資金調達の問題が私の頭に浮んだ第1のことであった.ローズヴェルトは問題を広い視野で見ていたから,この難問には無頓着であった」[45].

ローズヴェルトと「社会保障法」についてその思い入れのいまひとつのことを指摘しておくべきであろう.ローズヴェルトにとって,アメリカにおける社会保障制度は,まさに「彼の」プログラムとして導入されなければならなかったのである.

パーキンズは,ローズヴェルトの意識を次のように紹介している.「彼は,1936年[大統領選挙]があまり遠くないこと,政権の交替がありうること,そして,このプログラム,つまり彼自身の考えでは'彼の'プログラムは,もしもいま直ちに実現されなければ,決して達成されないか,少くとも多年にわたって達成されないということを知っていた」[46].

こうして,ローズヴェルト大統領は,それまで議会に提案されていた散発的な失業補償法案などとは別に,包括的な「パッケイジ」法案を議会に勧告する道をとった.1934年6月8日,ローズヴェルトは「社会保険を通して市民とその家族の保障を促進する偉大な課題」[47]に乗り出すべきことを訴えた特別教書を議会に送り,中間選挙後の新しい議会に立法の勧告を提案するとした.新しい議会,すなわち,第74議会は1935年1月に会期が始まることになっていた.こうして,ローズヴェルト政権は6カ月後のデッドラインに向けて法案提出の準備に入った.

社会保障——当初は「経済保障」という言葉が使われた——というアメリカ的伝統には全くといってよいほどなじみのない問題が検討対象であり,したがってそれを構成する個別問題の1つ1つが,もしも政治の現場にさらされれば,それだけでセンセイショナルな波紋を引き起すことが明らかであった.だから,検討のための機関がキャビネット・メンバーによる委員会となったのは無理もなかった.

こうして「経済保障委員会」(Committee on Economic Security)が1934年6月29日に結成され、委員長にはパーキンズ、他のメンバーには財務長官モーゲンソー(Henry Morgenthau)、農務長官ヘンリー・ウォーレス、司法長官ホーマー・カミングズ(Homer Cummings)、そして「連邦緊急救済局」(Federal Emergency Relief Administration, FERA)長官のホプキンズ(Harry Hopkins)が指名された.

パーキンズが委員長に指名されたのは一方では当然であったし、他方ではこのプロジェクトにとって意義のあることであった. パーキンズは労働長官の指名を受けたとき、ローズヴェルトに対して「直接の失業救済のための州に対する即時の連邦援助、公共事業の広範なプログラム、最低賃金制、労働時間の上限、真の失業・老齢保険、児童労働の廃止、および連邦雇用サービスの創出についての連邦レベルでの立法の研究と取組み」[48]を提案し、それが受け容れられたことをもって、指名を受諾したからである. 他方、この複雑な問題の検討に際して、彼女は積極的に委員会を率いたし、最後の段階で頭のかたいモーゲンソーに最終報告に署名するよう懸命に説得したのも彼女であった.

さて、上で、ウィスコンシン州が失業保障で全米のパイオニアとなったことを指摘した.「経済保障委員会」の検討課題は、ローズヴェルト大統領が要請した包括的パッケイジであったけれども、中心的役割を果したのはウィスコンシン学派と呼ばれる失業補償の専門家であった. 今日、ウィスコンシン学派というと、ウィリアム・アプルマン・ウィリアムズ(William Appleman Williams)に率いられるアメリカ帝国主義研究のニュー・レフトの新潮流をさすが、ここでいうウィスコンシン学派はジョン・コモンズ(John R. Commons)を中心とする世紀転換期以来のいわゆる制度学派の伝統に立つ労働経済学の学派をさす.

コモンズは、ヴェブレン(Thorstein Veblen)およびミッチェル(Wesley C. Mitchell)と並び称される制度学派のトリオの1人であり、後半生は研究者というよりもむしろ教師として、労働災害や失業に対する労働者の補償の立法化を実現する働き手を育てることに専念した. 失業補償を初めとする労働立法を促進するための組織「アメリカ労働立法協会」(American Association for Labor

Legislation, AALL)を創設したのはコモンズであった.

　パーキンズが 1934 年に労働次官として指名したオルトマイアー(Arthur J. Altmeyer)はコモンズのかつての学生かつ研究助手であった．オルトマイアーは，ここで見ている「経済保障委員会」の専門委員会の委員長に指名された．他方，「経済保障委員会」の事務局長に指名されたウィスコンシン大学経済学部のチェアマン，ウィット(Edwin Witte)もコモンズのかつての学生であった．ウィットとオルトマイアーの著書，とりわけウィットのそれ[II - 182]は，1935 年「社会保障法」の制定過程をめぐるさまざまな疑問を解明するうえで不可欠の資料となっている．それはウィットがこの前例のない法案について上下両院それぞれにおいてねばり強く説明する証言者となったからである.

　さきにも述べたように，ローズヴェルトの意図は包括的な社会保障立法にあった．ウィットによれば，ローズヴェルトは社会保障プログラムについての自己の意向を次のようなものとして述べている．まず，失業保険と老齢保障の規定が必要であり，「経済保障委員会」が，貧困と他者依存をもたらすすべての主要な個人的不運に対する保護を与えるような統一的な(パッケイジとしての)社会保険制度の可能性をくまなく検討するよう望むと同時に，失業保険は州営が望ましいが，リザーヴ・ファンド(積立金)は連邦政府が管理しなければならないこと，また失業保険制定の目的は雇用の規則的調整にあることを明言した．さらに，あらゆる形態の社会保険は国庫からの補助金なしの独立採算であるべきなのだが，すでに老齢者で資力のない人々には国庫からの扶助が行われなければならず，ともあれ，老齢保障問題の唯一の長期的解決は強制加入の老齢保険制度にあることを繰り返した[49]．つまり，提出されるべきプログラムは，失業保険と老齢年金保険が中核をなし，それに「雇用されえない」多様なカテゴリーの人々に対応した社会保障の手立てを含むパッケイジであるとされた.

　パッケイジの中には，もちろん，包括的な健康保険が含まれるべきであるというのがローズヴェルトの意図であったが，結局それは実現しなかった．「アメリカ医師会」(American Medical Association)の反対があまりにも強かったのである．一時は，健康保険制度を支持する「外科医師会」(American College of

Surgeons)のアメリカ医師会に対する反乱があったが, 結局この反乱も抑えられた[50]. ローズヴェルト政権は, 健康保険をごり押しすれば,「社会保障法」全体が葬り去られることを恐れて, それを除いて提案した. あとになってから健康保険法案を公表するというのがその方針であった. しかし, それが公表されたのは, ウィットのメモが書物の形式で公刊された 1963 年のことであった[51]. ウィットの「メモランダム」を書物の形式で公刊した編集者たちが, 健康保険に関するこの報告書を公表したのである.

「経済保障委員会」で議論になったことは, まず第 1 に, 言うまでもなく, フェデラリズムをめぐる問題であった. 失業保険制度は州と連邦の合同経営とすべきなのか, それとも連邦経営とすべきなのか, それはたんなる議会対策にとどまらないアメリカ的伝統に挑戦する大問題であった. それから, 失業保険の掛金を 100% 使用者に払わせるべきなのか, それとも労働者にも失業保険のコストの一部を負担させるべきなのかも問題であった. もう 1 つの問題は査定ないしは報償制度 (merit rating) の評価であった. それは, 言い換えれば, ウィスコンシン方式の評価の問題であった. ウィスコンシン方式では, それぞれの企業における失業率によって使用者側の拠金率を決定することになっており, 解雇者を出せば出すほど, 使用者側の拠金が増え, 失業率を低くしたり維持したりする使用者は「報償」として拠金を切り下げられたのである. この方式は, 労働者に対する失業補償を目的とするというよりむしろ労働者の解雇をできるかぎり避けることを使用者に強いる方式であったと言うことができる. 特定の産業にかかわりなく, すべての使用者から一率の拠金をとるべきか, あるいは低い失業率の実績を示している企業からは低く, 高い失業率の実績を示している企業からは高く, 拠金をとるべきなのか, それが問題であった.

失業保険と老齢年金保険をめぐるローズヴェルト政権の最大の懸念はその違憲性であった. 合衆国の公的保険制度においては保険料は「税金」と呼ばれ, したがって, 保険料は「課税される」という言い方が行われていて, 不思議に思われるひとがいるかもしれない. その秘密は, この違憲性の回避にあった. パーキンズによれば, 社会保険が違憲性をまぬかれるためには, 連邦政府の課

税権に依拠すればよいと最高裁判事ストーン(Harlan F. Stone)が耳打ちしてくれたのであるという[52]．老齢年金保険は，労働者の州間移動の激しい国柄を反映して，州毎の制度ではとても無理であり，結局連邦政府直営とならざるを得なかった．その場合でも，税金としての保険料と保険金支払いとを全く別建てにしたのも，この違憲批判に対処しようとしたところから来ている．

　法案は，下院の「歳入委員会」(the House Ways and Means Committee)で徹底的な審議にさらされた．しかし，それは法案の合憲性を高めるための法の構成と用語の改善を事としたものであった．それを主導したのは下院の法律顧問，ミドルトン・ブレーマン(Middleton Breaman)であった．ブレーマンは，法案の一言一言，一パラグラフ一パラグラフの意味を正した．法案を起草した当時27歳であったトマス・エリオット(Thomas Eliot)は，自己の起草にかかる法案がものの見事に改善されてゆくのを体験して感動した[53]．

　なお，下院のこの「歳入委員会」で，当初「経済保障法」という名称で提案されていた法案は，「社会保障法」と変えられた．それは，AFLのグリーン(William Green)とエプスタインが「社会保障」という用語を証言の席上で用い，それにもとづいて『ワシントン・ポスト』紙が，同法案を「社会保障法案」と呼んだことから来ている[54]．すでに1933年に，エプスタインは「アメリカ老齢保障協会」の名称を「アメリカ社会保障協会」に変えていた．

　「社会保障法」は，上下両院を通ったあと，1935年8月14日にローズヴェルト大統領の署名を経て法となった．アメリカ合衆国においてはエポック・メイキングな立法であったから，もちろん，若干のセレモニーが行われた．

　さて，失業保険制度は，初期の立法の狙い通り，州営を建前としていたから，各州の失業補償法制定を促進するために，次の方法が採られた．すなわち，年に少くとも20週間にわたって8人以上の労働者を雇用する企業には，1人あたり年間賃金・俸給額の最高3000ドルまでについて，1936年は1％，37年は2％，38年以降は3％の連邦失業保険税を課税する．だが，使用者は，この連邦税の上限90％までを，彼が州の失業補償計画に支払う寄金で振り替えることができる．つまり，連邦政府の要件にかなう失業補償制度を設置している州

にいる使用者は連邦税の90%までを免除される．だから，1938年以降で言えば，0.3%だけ払えばよいということになる．各州が集めた寄金は合衆国財務省にトラスト・ファンドとして預託され，各州が失業給付支払いを要するときに引き出されるというものであった．2年以内に，48州のすべてにおいて，連邦相殺税原則に対応した失業補償法が制定された．

老齢者については，老齢者扶助制度と老齢年金保険制度とが区別される．老齢年金保険制度は，のちに1939年の改正で，遺族にも支給範囲を拡大して，老齢遺族年金保険と名称が変えられるが，年間3000ドルまでの俸給・賃金に対して労使それぞれに発足当初は1%の保険料を「課税」され，65歳になったら，権利として老齢年金を支払われるという制度である．この制度は積立制に立っていたから，眼前の老齢者の生活保障は老齢者扶助制度に頼らざるをえなかったが，年金保険制度の導入という点では画期的なものであった．こうして，ローズヴェルト政権は，現在のアメリカ人の「老後の夢」として定着した国民年金保険の礎石を据えたのである．

老齢者扶助は，1935年社会保障法では，月額上限15ドルまで連邦が州に対して1対1ベースで補助金を与えることになっていたので，各州はおしなべて月額30ドルの扶助制度を施行した．盲人に対する扶助は月額上限40ドルまで連邦政府が半分を補助するというものであり，それ以上の扶助を行うかどうかは州にまかされた．扶養児童扶助は，第1子について月額上限18ドルまで，第2子以降は同じく12ドルまで，連邦政府と州政府の折半とするものであった．

以上が社会保障制度の概略である．失業保険制度も基本は州営の失業補償制度の創設を促進することにあり，連邦政府はそれを保証するために財政援助を行うものであり，老齢遺族年金保険制度もあくまでも当人の積立てに基づくものであり，さらに「雇用されえない」人々への各種扶助も連邦と州の折半という方式をとっていたから，全体としては連邦政府の全面的な介入を意味するものではなかった．しかし，それにもかかわらず，連邦政府のイニシアティヴと財政援助がこうした社会保障法に基づく諸措置の実施を促したことは確かであ

る．

　1939年3月の段階で，扶養児童に対する扶助プログラムは，コロンビア特別区と40州で実施されていた．盲人扶助プログラムも，連邦政府との協力によって，やはり，コロンビア特別区と40州において実施されていた．コロンビア特別区と48州すべては老齢年金プランを発足させていた．

　1939年5月の段階で，約68万8000人の児童が貧困の最悪の帰結から救済されていた．同じく，4万4000人の盲人が飢えから解放されていた．同じく1939年5月の段階で，183万8000人の老齢者が公的援助を受けていた．

　失業補償について見れば，1939年4月の時点で，コロンビア特別区と46州で，約76万5000人の失業労働者がその恩恵に浴していた．

　こうして1936会計年度に登場した「社会保障」経費は，1938年度には「一般行政」費に匹敵するまで伸び，39年度はそれを超えるまでに至っている．

(4) 失業救済

　さて，次に，大項目「緊急支出」に移ろう．ニューディール期を特徴づける財政支出は，何と言っても，「公共事業」と「失業救済」である．ここでは，まず，「失業救済」から見てゆくことにしよう．

　大不況下のアメリカ合衆国において最もスキャンダラスな事実の1つは，誰も一体何人失業しているかを知らなかったことである．それを告げる適当な統計が与えられていなかったのである[55]．

　大不況下でアメリカ国民が直面している最も深刻な問題が失業問題であることを否定するひとは少なかった．しかし，失業問題の理解には依然として混乱があった．当時までのアメリカ的常識からすれば，失業とは個人の何らかの欠陥の帰結であり，怠惰と融通性のなさがしからしめるものであるとされていた．本当に職が欲しいのなら，一生懸命捜せばそれを得られるはずではないかというのがアメリカ的通念であった．こうした考え方を理解するのは困難なことではない．少くとも，1929年までのアメリカはそのような「機会の国」であった．ほとんどのアメリカ人は，「ジョブ」(job)を捜し出し，「ジョブ」に習熟し

ていたから,なぜ「ジョブ」をつかめない人々がいるのか理解できなかった.懸命に努力して「ジョブ」を確保していたひとほど,他人の失業を理解できなかったのではないであろうか.というよりも,失業を個人的欠陥に結びつける考え方に容易に傾いたに違いない.

ホプキンズが全国に派遣した調査員の中で最初に指名され,最も有能であったとされるロリーナ・ヒコック[II-108]は,1933年8月7日から12日のペンシルヴェニアからのホプキンズあて報告で次のように述べている.

「もう1つの困難は,納税者である平均的市民のあいだに失業救済に対する関心が明らかに欠如していることです.彼らにそれをめぐるすべてのことを語らせるのはむずかしい.彼らがそれについて意見を述べたとしても,おしなべて不賛成のようです.'あの連中は働きたくないのだ'と彼らは言い,救済に登録されている人が職の提供に一両日応じても,またそれを断るという例を挙げます」.もちろん,この場合に,失業者が短期的失業対策事業に従事することを忌避したのは,それによって失業救済(直接救済)の名簿からはずされることを恐れたからである.不安定なベースでの失業対策事業よりも救済登録の地位を維持したいというのもまた悲しい事実であった.意味のある労働に従事したいという願いとそれは両立しうることであった.安定したベースでの職が必ずしも与えられていなかったからである.ともあれ,失業というものに対する考え方は,このように,いわば個人的レベルで把えられがちであった.

しかし,1930年代のアメリカが直面したのは,たんなる失業ではなく,「大量失業」であった.ほとんど4人に1人が失業しているらしいことが明らかになりつつあった.アメリカの勤労者の4人に1人が失業という体罰を受けるべき怠け者であるなどということが信じられるであろうか.われわれは,多かれ少なかれ怠け者である.しかし,この大量失業は同胞市民の怠惰によって本当に説明できるのであろうか.こうして,大量失業は失業問題の見方を決定的に変えた.大量失業は「アメリカン・システム」そのものと,それに対するアメリカ市民の確信に対する重大な挑戦をなすことになった.

失業を個人のレベルで集約した帰結は飢えと貧困であった.売るべきものは

第3章　ニューディール——実験的進化　　　　　　　　　109

労働力でしかなく，それを買う相手がいない限り，あすの食はおろか，今日の食をまかなうカネもおぼつかなかった．ヨーロッパ旧世界とは異る「機会の国」を建設しつつあったはずの「アメリカン・システム」がついに自己の胎内に貧困を発見したのである．

　キャロライン・バードは，フーヴァ大統領の貧困問題をめぐる後日談を伝えている．彼女によれば，フーヴァ大統領はローズヴェルト大統領に選挙戦で敗北した1年後，漫画家の「ディング」・ダーリン("Ding" Darling)とロッキー山脈に魚釣りの旅行にいったという．彼女が強調しているように，フーヴァ大統領はアメリカには飢餓は存在しないといくたびも繰り返していた．ある朝，地元のひとが彼らのキャンプにやって来て，フーヴァがもう起きているのを見て，彼をある掘っ建て小屋に連れていった．そこでは，1人の子供が死んでおり，他の7人の子供が飢餓の最終的段階であえいでいた．フーヴァは子供たちを病院に運び，いくつかの電話をかけ，3030ドルのカネをかき集めたという[56]．フーヴァ大統領がホワイト・ハウスからどのように大不況の現状を見ていたにせよ，大不況下の「アメリカン・システム」の底辺にはこのような事態が展開されつつあったのである．

　大量失業，それゆえ貧困と飢餓，これが1930年代における「アメリカン・システム」に対する挑戦の1つとなった．

　ローズヴェルトもフーヴァもウィルスン大統領の下僚であり，したがって同僚であった．ローズヴェルトは海軍次官としてウィルスニアンになり，すでに述べたように，フーヴァは食糧長官として抜擢されてウィルスニアンとなった．

　第一次大戦が終了して，次期大統領候補が求められていたとき，ハーバート・フーヴァこそその人であると主張した1人は，フランクリン・ローズヴェルトであった．ローズヴェルトは，世紀転換期から第一次世界大戦を通してアメリカ合衆国が生み出した最も有能なテクノクラートの1人がフーヴァであることを見抜いていた．フーヴァは，2大政党のいずれに自己のアイデンティティを求めるかはいまなお表明していなかったが，誰もが認める次期大統領のプロスペクトであった．しかし，これはエピソードに終り，結局，ハーディング

が大統領になった.

　しかし，ローズヴェルトはニューヨーク州知事をつとめるなかで，フーヴァ大統領の惨憺たる破産を目撃した．もはやフーヴァはローズヴェルトの経験とそこからくる成長の前では去りゆくべき破産したテクノクラートに過ぎなかった．大不況の経過が証明したフーヴァ的恐慌対策の破産は，ローズヴェルトにとって感傷の対象ではなかった．ローズヴェルトにとって，いまや自分の出番が来ていることが明らかであった．

　ローズヴェルト州知事治下のニューヨーク州は，大不況に対処するための救済機関をつくり出した全米で最初の州であった．1931年に設立された「臨時緊急救済局」(Temporary Emergency Relief Administration, TERA)がそれである．TERAは知事の指名による3人委員会として設立されたが，指名された人々はそれぞれ多忙であり，こうして事務局長の人選が決定的であった．当初，事務局長には，ローズヴェルト知事にTERAの立法を強く勧告していた「ニューヨーク福祉協議会」のウィリアム・ホドスン(William Hodson)が推挙されたが，同協議会がホドスンを手放そうとせず，こうしてホドスンの示唆でハリー・ホプキンズ(Harry Hopkins)が事務局長に就任することになった．ホプキンズは有能なソーシャル・ワーカーとして知られており，当時「ニューヨーク結核・衛生協会」の事務局長をつとめていた．

　ホプキンズは，彼特有の行動様式だが，就任の翌日から仕事を始めた．TERAには当初2000万ドルが与えられ，1931年11月から1932年5月までの「緊急期間」すなわち冬期における救済を行うものとされたが，資金はすぐに底をつき，続く6カ月間のために500万ドルが追加されると同時に，1933年末までTERA計画実施のための3000万ドルの起債が承認された[57]．こうして，ホプキンズの指導のもとに，「TERAはたちまちのうちに全国でとび抜けた救済機関となり，他の州と連邦政府のためのモデルとなった」[58]．

　14カ月間のTERAの経験はホプキンズを十分に鍛えたようである．ローズヴェルトの大統領当選後，その就任式の2カ月前，1933年1月に，ホプキンズは連邦政府の介入の必要性について次のような証言を上院で行っている．す

なわち，当時提案されていた救済法案について重要なことは，制定されるべき連邦救済長官には十分な自由裁量権を与えるべきであり，それが TERA の経験から自分が得た教訓であることを強調したうえで，次の5点を指摘している．第1に，法案中に見られる「貸付金」という用語はすべて取り除くべきであり，連邦政府資金は州に対する「補助金」として支出されるべきであること，第2に，連邦政府が直接州と関係をもつべきであること，第3に，連邦政府資金を二分して，半分は州に与え，半分は連邦救済長官の裁量にまかされるべき「フリーな資金」とすべきこと，第4に，設立されるべき連邦救済機関は独立の機関とされるべきであって，「復興金融公社」(RFC)の枠組の中に置かれるべきではないこと，そして，第5に，6億ドルから10億ドルの政府資金が割り当てられるべきことというものであった[59]．このホプキンズの指摘は，ローズヴェルト政権下で成立した「連邦緊急救済法」(Federal Emergency Relief Act)の内容のほとんど完全な先取りをなしていたと言ってよい．

　付表(p. 87)の「失業救済」の経費を見れば，それは 1933 会計年度に登場したあと，翌年から飛躍的に伸び，以後ニューディール支出の中でたえず最大の費目をなしている．

　「連邦緊急救済法」は，ローズヴェルト就任の2カ月後，1933年5月12日に大統領の署名をもって成立した．これによって，連邦政府による失業救済プログラムが始まった．同法は，施行後2年で期限が切れる時限立法として制定されたので，同法にもとづく「連邦緊急救済局」(FERA)は，1933年から1935年までの足掛け3年間活動した．

　ローズヴェルトは救済局長官にもちろんホプキンズを指名した．ニューヨーク州知事ハーバート・レーマン(Herbert Lehman)はホプキンズを手放すことに頑強に抵抗したが，ホプキンズは，合衆国大統領に「ノー」とは言えないと明言して，指名を受諾した．5月22日，ホプキンズはホワイト・ハウスで宣誓し，ここに FERA が発足した．ホプキンズはそのままタクシーをとばして，救済局長官に与えられたボロ事務所におもむき，全国48州の知事に州レベルの救済機関をつくるよう指示を与え，その日のうちに7州に対して500万ドル

以上を振り当てた[60].

救済局には,当初5億ドルの政府資金が与えられ,半分は救済局の裁量により各州に補助金として適宜交付され,残りの半分は各州が実施する失業救済のコストの3ドルにつき1ドルの連邦補助金として交付されるものとされた.

FERAの計画は,連邦政府が直接,全面的に救済に介入するのではなく,あくまでも州・地方政府の救済事業を連邦政府が補助金によって支援するという建前をとった.それはなぜかといえば,第1に,連邦政府レベルで救済事業の官僚組織をつくっている暇がなかったからである.失業と貧困の危機は眼前にあり,連邦レベルでの組織整備の余裕はなかった.他方,ほとんどの州にそれぞれ独自の救済プログラムがそれなりに存在していたのだから,この既存の枠組に依拠するのが当然の措置のように思われたのである.第2に,もちろん,議会に対する配慮があった.救済事業を直接,全面的な連邦プログラムとして発足させようとすれば,州権の侵害,連邦政府の権限の逸脱,要するにアメリカ的伝統からの逸脱として議会は強力な反対にまわったことであろう.第3に,多くの人々が,救済機関を「一時的」短期的存在とみなしていた.不況がどの位続くのかは大部分の人々には分らなかった.だから,連邦政府に巨大な新しい構造を付け加えることを彼らは嫌がったのである.最後に,連邦政府の州に対する補助金という制度はとりたてて新しい方式ではなかった.それは議会があらためて議論すべき新しい方式ではなかったのである[61].

FERA事業は2つの時期に区分される.第1は,1933-34年であり,それはFERA発足から「民間事業局」(Civil Works Administration, CWA)の活動期間のあいだであり,第2は,1934-35年であり,それは1934年春にCWAが終了してから「雇用促進局」(WPA)が発足するまでの期間である.第1の時期の特徴は直接救済に重点が置かれていることであり,第2の時期の特徴は,授産救済への力点の移行が行われたことである.「FERAのあとの方の段階では施し物(the dole)から授産救済への移行が非常に進んだので,1935年,その存在の最後の数カ月のあいだ,救済局は受給者のほぼ半分を労働者と数えていた.」[62]

1933年10月にFERAは300万の家庭と単身者を対象とする特別の救済センサスを施行した．この初の本格的な救済センサスによってこの時点で失業救済に依存している個人は1250万人以上いることが明らかになった．これは，国の人口の1割がかつかつの生存水準にあり，緊急救済によってやっと暮しを立てていることを意味していた．言い換えれば，100年前の合衆国全体の人口に匹敵する数の人々がいまや救済を受けていることを意味した．こうして，10月の救済センサスは救済が合衆国全体におけるきわめて深刻な問題であることを確証した[63]．

ホプキンズは，ミシシッピ州とテキサス州においてRFC融資による救済資金の配分を組織する仕事で全国的に名前の知られていたオーブリ・ウィリアムズ(Aubrey Williams)を抜擢して，FERAと各州との連絡部門の責任者に就けた．ホプキンズがウィリアムズのもとに集めた州との連絡の衝にあたる人々は，ソーシャル・ワーカーではなく，法律家や行政のエキスパートであり，大部分は共和党員ないしは中立派であり，フーヴァ政権下の「大統領雇用緊急委員会」や「大統領失業救済組織」に参加した経験をもつ人々であった．これらの人々は，初めは監査と報告を任務として指名されたが，すぐに州・地方政府の救済に対する彼らの権限は拡大し，そのことを通じてアメリカの公的福祉制度のあり方を大きく変えた．彼らは，最初はワシントンにデスクを置いて，書簡を通して各州からの質問や照会に回答していたが，この形式では間に合わないことがすぐに分り，それぞれが担当地域を決めて，一定数の州を受け持つことにした．これらの担当地域をたえず視察することによって，彼らは地域毎の偏見やつまらないいさかいなどに習熟すると同時に州レベルの無能な福祉担当官の更迭を州知事に要請するまでになった．彼らの活躍によって州・地方レベルの救済は全国的なパターンに統一されるようになった[64]．

FERAの各年度のピーク月の救済件数(家族または個人)を見ると，1933年4月で507万件が受給しており，うち直接救済が303万件，授産救済が204万件となっており，1934年12月で508万件(278万件，230万件)，1935年1月で実に528万件(283万件，245万件)にのぼっている[65]．これら一般救済計画と

は別に，特別計画として大学生にパートタイムの仕事を与える「大学生援助」，失業した知識人に各種の教育活動を行わせる「緊急教育救済」，窮迫農民のリハビリ(事業援助)計画が導入されたが，これらは全体で月に10万人から30万人程度が対象とされたにすぎない．

　FERAによる失業救済計画は，そのわずか3年間の活動によって結局総額42億ドルを支出し，そのうち連邦政府の負担は71％にのぼり，州・地方政府はそれぞれ13％，16％を負担した[66]．こうして，FERAによるホプキンズの活躍は，失業救済の分野での連邦政府のイニシアティヴがいかに有効であるかを証明した．FERA事業のピーク時には，全国の事実上すべてのカウンティに緊急救済機関が存在していたと言われている．こうした組織的基盤も含めて，連邦政府の失業救済政策をフーヴァ政権下とは比べものにならない水準に引き上げ，以後のこの分野での政府活動のノウハウをつくり出したところに，ホプキンズ指揮下のFERA事業の歴史的意義があった．

　失業救済は，すでに見たように，直接の「施し物」的救済と授産事業救済とからなっており，授産救済はのちに見る公共事業と似たような経済的性格をもっているが，公共事業とは区別された失業救済事業として授産救済を実施したのが，「民間事業局」(CWA)と「雇用促進局」(WPA)の活動であった．一方でのちに見る「公共事業局」(Public Works Administration, PWA)を「全国産業復興法」(National Industrial Recovery Act, NIRA)という合衆国においては画期的な立法を法的根拠において発足させておきながら，他方でそれとの整合性を顧慮しないままに場当り的に公共事業的色彩の濃い授産救済事業を平気で展開したところに——なるほど，のちに見るように，PWAのエンジンがなかなか掛からなかったという事情はあるにせよ——ニューディールなるものの一貫性の欠如ないしはその実験的試行錯誤的性格がまざまざと現われており，本来の公共事業支出にそれにふさわしい断固とした方針を与えていなかったニューディールの実態が反映されている．

　CWAを発足させた事情として一般に挙げられているのは，次の2つである．第1に，1933年初夏にやっと持ち直したかに見えた景況が秋に入るや再び悪

化し，工業生産が急落し失業率が再び増勢に転じたこと，第2に，その頃までには雇用の大幅な吸収をもたらすだろうと期待されていたPWAの事業活動が遅延したままに終ることが明らかになったことである．このあとの方の問題は，PWAが前例のない行政機関として暗中模索のうちに発足したこと，確かに地方公共団体に法的な受け皿が存在していなかったことなどからくる客観的性格のものであったけれども，PWA長官イッキーズ持ち前の慎重さの「発揮」にもよっていたことは，のちに見る通りである．

しかし，CWA事業への前進は，このような外的事情によってのみ説明できるものではない．失業して困苦にあえいでいるとはいえ，労働者にはプライドがあった．カネ(小切手)であれ，現物(グローサリーへの注文書など)であれ，「施し物」を受けている状態に彼らは我慢ができなかった．彼らにとって，救済給付は自己の労働給付に対する対価として，正当なる権利として，与えられるべきものであった．

オーブリ・ウィリアムズももともとそれを信条としていた．「救済のようなものは廃止されるべきだ」と彼は1933年10月にホプキンズあてに書いている．人間は「自己の達成したことを通して自己を表現したいという深いあこがれを持っているのである」というのがオーブリ・ウィリアムズの信念であった．したがって，「救済の地位を雇用の水準にまで高め」なければならないというのが彼の信念であった[67]．

このように，CWAの設立を促進した外的事情は不況の5度目の冬にどう対処するかという緊急対策にあった——だから，それは，明らかにパンプ・プライミングの実践であった——けれども，FERA事業の遂行の中から出てきた教訓としての直接救済から授産救済への移行という内的な発展もあずかっていたことを見のがすことはできない．

CWAは授産救済に重点を移したことだけを特徴としているのではない．CWAはFERAの場合と違って，連邦政府直轄のプロジェクトとして打ち出されたのである．もはや州・地方レベルでのもたつきは誰の目にも明らかであり，フーヴァ的なフェデラリズムの理想を追求するより前に，迫り来る冬期をどう

乗り切るかの方が実践的に大問題であった．こうして，連邦政府雇用の CWA 職員を州・地方政府に配置するというのが，ホプキンズの方針となった．連邦政府の直接的介入というこの趨勢は，救済事業の進展と共にますますはずみをつけることになる．

ローズヴェルトは，上で見た第1の事情，失業の重ねての増大という事情に対する緊急対策として，NIRA を権限の法的根拠とした大統領令によって，1933年11月9日に CWA を設立し，やはりハリー・ホプキンズをその長官に任命し，この冬を乗り切る失業救済事業にあたらせることにした．CWA 雇用は短期間のうちにめざましく拡大し，2週間後，つまり11月23日に終る1週間で80万人強に達し，3カ月後，1934年1月18日に終るピーク週には，目標の400万人をはるかに超える426万人に達していた．それ以後，当初計画通り，春の到来と共に支出を抑え，事実上終了し，最終的には7月14日に公式に停止された[68]．

CWA の活動は，直接救済と授産救済との代替関係を鮮明に示しており，CWA 雇用によって失業救済受給者が大規模に授産救済に移行した1934年1月には，直接救済の受給件数は299万件であったのに，CWA 計画が事実上終了した同年4月には，直接救済は446万件に増えている[69]．

さて，前述のように，FERA の期限が切れる頃までに，失業救済は，少くとも「雇用されうる者」については直接救済よりも授産救済を優先させるべきであるとする考え方が行政府の主流となった．1934年夏に，FERA 長官ホプキンズがヨーロッパを訪問し，その折，とくにスカンジナヴィア諸国の公共建設に強い印象を受けたこともこの方向への一層の前進にあずかっているとされている[70]．

1935年の年頭教書で，ローズヴェルト大統領は，「連邦政府はこの救済というビジネスから撤退しなければならないし，撤退するであろう」と明言した．その論調は厳しいもので，1986年の年頭教書でレーガン大統領がその一部を引用しているほどである．

ローズヴェルトは次のように指摘した．「私の直接眼前にある証拠が確証し

第3章 ニューディール——実験的進化 117

ている歴史の教訓が結論として示しているように,救済に引き続き依存することは,国民の資質にとって根本的に破壊的な精神と道徳の分解を引き起す.このような方法で救済の施し物を与えることは,麻薬を施すことであり,人間精神の巧妙な破壊物を与えることである.それは健全な政策の命ずるところに反する.それはアメリカの伝統の侵害である.健康な身体を持っているが,貧窮に陥っている労働者には仕事を見つけなければならないのである」[71].

ローズヴェルトの要請にもとづき,1935年4月に,「緊急救済支出法」(Emergency Relief Appropriation Act)が成立し,48億8000万ドルの支出が認められた.大統領はこの法律を根拠にした大統領令によって「雇用促進局」(WPA)を設置し,ふたたびホプキンズをその長官に任命した.

WPAが設置されたと言っても,「緊急救済支出法」は連邦政府の広範な緊急授産事業プログラムをめざしていたから,狭義のWPAプログラムだけを想起すべきではない.この法のもとに実施されたプログラムは,「連邦救済事業計画」(Federal Works Program)と総称され,40以上の連邦政府機関が参加した[72].ただし,このプログラム全体のコーディネイターにWPAが位置づけられたのである.この位置にFERAの長官がつくべきか,PWAの長官がつくべきかについては,のちに見る両者のいさかいがあり,決定にはかなりの時間がかかった[73].

「支出法」による実際の支出割当ては当初48億ドルの多きにのぼったが,それは多数の連邦政府機関による公共事業計画に振り当てられると同時に,約10億ドルがFERAの清算に当てられた.こうしてWPAは約14億ドルをもって出発した[74].

WPAは,連邦政府の指導性をさらに強めている.FERAの場合のように,補助金の形で州政府に資金を渡してしまうと,それ以降の連邦政府のコントロールが効かないことが明らかだったので,ホプキンズは,WPAのすべての職員を,ワシントンから州レベル,そして地方レベルに至るまで連邦政府の職員とし,全国のWPAプロジェクトのすべてに連邦政府の目がゆき届くようにした.もちろん,州・地方レベルの職員は「地元」から採用されたが,一旦

WPA事業にたずさわると,連邦政府職員とされたのである.また,地方レベルのプロジェクトの場合には,州を通さないで,連邦政府と地方政府が直接に接触するようにした.実際にも,WPA計画下のプロジェクトの圧倒的多数は,この連邦=地方ベースのプロジェクトとして実施された.

この時点以降,失業救済は授産救済が主力となった.付表(p. 87)の原表によれば,1935会計年度では,直接救済支出19億ドルに対して授産救済はわずかに1100万ドルにすぎなかったが,1936年度には前者の5億9000万ドルに対して後者が13億ドルと逆転し,37年度も1億8000万ドル対20億ドルであり,以後直接救済支出は減少し続けた.

1935-36年の冬期のあいだ,「連邦救済事業計画」全体として,約350万人を雇用することが意図されていた.雇用のピークは,1936年の2月後半と3月に達成され,WPA,「資源保全青年団」(Civilian Conservation Corps, CCC)その他の連邦政府機関に登録された人々は,約384万人にのぼった.うちWPAは全体の約78%,すなわち300万人以上を雇用した.緊急連邦建設事業に雇用される人々の数はその後しばらくのあいだ減少するが,1936年7月には旱魃のためふたたび増大した.1937年9月までにはプログラム全体の雇用者数は195万1000人にまで減少し,そのうち約7割がWPAの雇用者であった.1937年後半と38年初めの景気後退はWPA雇用をふたたび急増させ,1938年11月のピークには,327万1000人に達した.1939年6月には,WPA雇用は250万人に減少した[75].

WPA事業をささえた理論は,できる限り多くの困窮失業者に仕事を与えるべく連邦政府資金が支出されなければならないというものであったから,その支出の内訳は独特の構成をとっている.すなわち,WPA支出の圧倒的な部分,86%は賃金に振り当てられ,10.5%が資材および設備,そして3.5%が行政管理費であった[76].こうして,WPA雇用は「つるはしとシャベル」型のものとならざるをえなかった.それは,のちに,エクルズのニューディール支出評価の中で見るであろう.

WPAの賃金政策は,2週間毎に支払われる月間「保障賃金」(security wage)

方式であった．それは，FERA の「家計赤字」(budgetary deficiency)補塡方式の欠陥を克服しようとして考案されたものである．「家計赤字」方式とは，救済申請者の家庭の資力調査を行い，そこから規定される個人の必要に応じて賃金率を決定するもので，資力と家計費の調査は定期的に繰り返されるので行政的にも面倒であったし，場合によっては申請者個人にとって屈辱的なものとなった．

WPA の月間「保障賃金」水準は，南部か北東部かといった国のセクション，コミュニティの大きさ，生計費，民間賃金率の水準，職種，本人の熟練度などを考慮して決定された．「保障賃金」と言う以上，最低限生活水準を救済対象者に保障することにあったが，稼得額が近隣の民間企業の雇用者よりも大きくならないように調整された．民間への再雇用のインセンティヴを失業者から奪うことを避けたもので，例えば，「保障賃金」額を民間で支配的な賃金率で除して，救済雇用の労働時間を算出するという方式がとられた．救済雇用は，1日8時間，1週40時間，1カ月140時間を上限とするものとされた．もっとも，例えば土木建設現場の監督労働に従事する熟練労働者にこの方式を厳密に適用すると，労働の交替がたえず行われて，プロジェクトの遂行と一貫性に支障を生じるので，この方式の適用除外も認められた[77]．

1938年12月に，ホプキンズが商務長官に転出したので，WPA 長官の後任には陸軍工兵隊大佐ハリントン(Francis C. Harrington)が就任した．

1935年7月から1941年6月までに，WPA プロジェクトのもとで，総額113億6500万ドルが支出された．建設土木事業がそのうち78%，非建設が22%であった．さらに細かく内訳を見ると，前者では，ハイウェイ・道路が38.9%，公共建造物が10.4%，リクリエイション施設が8.3%，公営・公益事業(上下水道，航空路・空港その他)が12.4%，自然保護が3.8%およびその他であった．非建設では，ニューディール期の写真で老婆がミシンを踏んでいる姿をよく見かけるが，その縫製による救済が6.4%，教育が2%，リクリエイションが2%，図書館業務が1%，芸術家・音楽家・作家のプロジェクトが1.1%，博物館活動が0.3%およびその他であった[78]．

これによって，60万マイル——地球の24周分——の道路が新設または修復され，11万6000以上の橋と陸橋が新設または再建され，11万の公立図書館，学校，公会堂，その他の公共建造物が新設または修復された．その新設件数を全国3000のカウンティで割れば，1つのカウンティあたり約10の公共建造物が建設されたことになる[79]．

WPA事業の特徴として，建設土木プロジェクトが突出していることは上の支出額の内訳からも分る．これを雇用された人数で見れば，1940年2月28日の時点で，75.2%が建設土木，非建設が24.8%であった．土木建設のうちで，最も大きかったものは，道路の建設で，それが雇用全体の44%を占めた．これに対して公共建設の従事者は全体の7%に過ぎなかった[80]．

WPA事業のこうした「つるはしとシャベル」に片寄った雇用は，のちにも見るようにやむをえないことであったとしても，ニューディール政策の中では最も悲劇的な様相の1つであった．現場の労働者がそれにいかに不満であったかを，ロリーナ・ヒコックはワイオミングから伝えている．失業労働者は，より多くCWA事業のような公共事業を望んでいた．

ロリーナ・ヒコックは，バールで橋板をはずしている労働者からこう言われた．「こんなのは俺の仕事ではない．こんな仕事についてはよく弁えていない．俺の職業は左官屋だ．ところが，左官職では物になる仕事はもう長い長いあいだとれないのだ」．ヒコックは，ワイオミングと多分ユタは，被救済者の気分に，これは「もう1つのCWAではない」という認識が支配的な州であろうと論評している．公園プロジェクトで働いている労働者は尋ねてきた．「一体いつCWAは戻って来るのか」[81]．

失業救済事業での限界は大きかったけれども，WPA事業を全体として否定し去ることはできない．1941年に，マクマホン＝ミレー＝オグデンは，WPA事業を次のように評価している．「5年間にわたる救済事業計画は，わが国を，文明に向って進む諸属性がより多く装備され，より豊富に賦与された国に変え，浪費されるマンパワーと錆びつく熟練とを利用する努力が全く行われなかった場合に比較して，強力かつ繁栄する国を建設する要件に対応する用意をよりよ

く整えた国に変えた」[82].

WPA はとにかく支出した.そして,そのスペンディングの内容は必ずしも建設支出ではなかった.画家に絵を描かせ,地理学者に地図をつくらせることもスペンディングの内容であった.しかし,WPA が,連邦芸術プロジェクトや連邦著作家プロジェクトを結成して,大恐慌に打ちひしがれていた芸術家の創作活動を鼓舞したことは,それに呼応した芸術家たちの情熱と共に,ニューディールを語るに際して忘れることのできない歴史の一齣をなしている.

以上のように,失業救済に関する限り,ハリー・ホプキンズの活躍もあって,ニューディール期の支出はきわめて大胆であった.授産救済という名の公共事業もまた活発であった.「つるはしとシャベル」という性格をまぬかれなかったとは言え,本来の公共事業よりも歴史的には意義があったと言ってよいかもしれない.

(5) 公共事業

次に,「公共事業」経費に移る.その中身を見ると,ハイウェイ建設,TVA,土地開拓,河川・港湾の改善,治水,公共建造物の建設,地方公共団体への補助金などとなっている.

「公共事業局」(Public Works Administration, PWA) は 1933 年 NIRA のタイトル II を法的根拠として設立され,長官には,内務長官ハロルド・イッキーズ (Harold Ickes)[83] が指名された.当初 PWA には 33 億ドルの資金が振り当てられ,全額を 1935 年 6 月までに配分すべきものとされていた.2 年間で 33 億ドルを使い切れというのだから,もともと慎重なイッキーズが驚いたのも無理はない.彼は,「多分,出発時の PWA 組織のメンバーの誰も,PWA に委託された資産の大きさをのみ込むことができなかった」と述べて,自分自身で次のような比喩を挙げている.「それを全部通貨にしてトラックに載せ,ワシントンから太平洋岸に向けて出発し,1 マイルの里程標ごとに 100 万ドルずつシャベルですくって放り投げて行っても,われわれの手許にはまだ 1 艦隊を建設するに足る通貨が残っているだろう.それが 33 億ドルというカネの大きさ

なのだ」[84]．

1933年法では，PWAが州または地方プロジェクトに供給できる補助金の最大限は，州が支出する労働および資材コストの30％であるとされた．1935年以後は，連邦政府の負担は「総コスト」の45％にまで拡大された．残りの費用は，利率4％の債券をPWAに購入してもらうか，民間からの借入れに頼るかした．

PWAのスタートの遅れとCWAの緊急設置を初めとして，公共事業の衝をとったイッキーズと失業救済事業で大胆に指揮を振ったホプキンズとはきわめて鮮やかな対照をなしており，あたかも「スペンダーズ」の中心人物マリナー・エクルズを連銀総裁に就け，他方「バジェット・バランサーズ」の中心人物ヘンリー・モーゲンソーを財務長官に就け，農務長官にウォーレスを，AAA長官にピークを就けたのと同じように，ローズヴェルト大統領の独特な人選がそこには反映されている．

PWA長官イッキーズが，連邦政府のイニシアティヴによる公共事業の拡大が景気を回復し雇用を創出することを目標としていることそれ自体を知らなかったわけでは無論ないけれども，公共事業の所管長官としての彼が何よりもまず心を砕いたのは公共事業支出に伴う「汚職と浪費」を防止しなければならないということであった．PWA事業になかなかエンジンが掛からないという非難も彼にとっては「若干の汚職を伴ったスピードか汚職を伴わないゆっくりした計画かという問題」[85]でしかなかった．PWAの実際的事業活動のスタートが遅いというこうした非難に対して，イッキーズは，地方の市町村レベルでの法制が「古典古代的」なまでに遅れている事実などを挙げると共に，次のような例を指摘している．「債券は，適法的には，建設のために発行されるべきものであって，破壊のために発行されるべきものではない．にもかかわらず，プロジェクトは破壊を必要とすることがあるかも知れない．このような場合には，破壊に必要な資金は連邦政府以外の源泉から調達されたという保証を申請者から取らなければならないのである」[86]．州・地方レベルでこの準備が整うまでPWAの実際の支出はそれだけ遅れるのだというわけである．イッキーズとい

第3章 ニューディール——実験的進化　　　123

う人がいかに厳格な人士であったかが分る.

　ホプキンズがルースであったというわけではなかろう. むしろホプキンズを特徴づけるものは, 失業救済事業という連邦政府に課された時代の要請を実施してゆく上でのいわば才気煥発である. だが, イッキーズはホプキンズに対して明らかに批判的であった. CWA を指揮して活躍するホプキンズはイッキーズの『日記』では次のように描かれている.「私は［大統領に］指摘した, ホプキンズが頼りにしている人々の多くはカネを配ること (handing out) に慣れっこになった純粋のレリーフ・ワーカーズで, 節約とか厳密な管理ということは考えもしないと. ……［以下は, 『日記』での独白］……彼と彼の組織は惜し気もなくカネをばらまくこと (spreading) に慣れっこになっている. ……CWA の調査が行われれば,［自分が長官となっている］PWA を繰返し破滅させかねない多くの事情が暴露されるだろうということに私は何の疑いも抱いていない」(1934 年 11 月 19 日, 月曜日)[87].「救済計画, とりわけその CWA の段階に関連して生じた特定の事情のために私はホプキンズを非難しない. なぜなら彼は, そのためのプランを組織する時間も与えられずに不可能な仕事をするよう要請されたのだから. この状況のもとでは誰だって防ぐことができなかったであろう浪費と汚職と不正とが必然的に生じた. 他方では, ホプキンズと彼の仲間, とくに後者から期待できる行政の型は雑な性格のものであると言っておくのも全く公正である」(1935 年 1 月 20 日, 月曜日)[88].「ホプキンズがこの［授産救済］計画を支配しつつあり, この支配が国の至る所での, つじつまの合わない見せかけだけの数千のプロジェクトを意味することは今やますます明らかになりつつある. また, 栄光に満ちた CWA 計画に対する莫大な金額の支出への反対が, とりわけ下院と上院の議員のあいだで, 日増しに大きくなっていることもますます明らかである. これは非常に恐るべきものになるかもしれないし, 政府はそれに悩むことになりそうだ, とりわけ政府がホプキンズの計画と共に進むならば」(1935 年 6 月 18 日, 火曜日)[89]. ここでイッキーズが言及している「ホプキンズの計画」は明らかに CWA のあとを受けた WPA を指している. イッキーズの筆致は, ローズヴェルトによって重用されるホプキンズに

対するねたみのような色彩さえ帯びている．「栄光に満ちた CWA 計画」！

　翌日，イッキーズは，公共事業と授産救済との，PWA と WPA とのけじめを付けてくれるようローズヴェルトに訴えている．「私は彼に述べた，ハリー・ホプキンズを正当に見れば，成果を挙げるのに熱心なあまり，彼が，地方市町村当局と連邦政府とが共同で資金調達できる事業にも連邦プロジェクトとして資金をあてるだろう．……市町村当局によって一部資金調達されうるすべてのプロジェクトは PWA の方にまわされるべきであることをホプキンズに対してはっきり述べるよう私は彼をせきたてた」(1935 年 6 月 19 日，水曜日)[90]．こうしたイッキーズの行動の背後に一種の縄張り意識が全くなかったと言うことはできないかもしれないが，公共事業的性格をもつ WPA と本来の PWA とのあいだの整合性が確定されていなかったのだから，PWA 長官としては当然の行動であったと言ってよい．ここで興味あるのは，普通にはニューディール＝TVA＝公共事業という形で理解されているほどの公共事業の所管長官が，PWA にかかわる諸問題の決定に際してしばしばつんぼ桟敷に置かれていたらしいことである．イッキーズは書いている．「大統領のオフィスを去る少し前に，私は大統領に対して提起したいもう 1 つのことがあると述べた．いくたびかにわたって，なかんずく私の局(my administration)の仕事に触れる大統領令が出されてきたが，こうした命令について私が最初に情報を得るのは新聞を通してであると私は言った．彼はそれに驚きの表情を示したが，私はそれが事実であること，そして私の省(my Dapartment)にかかわりをもつ諸件については私は相談されてしかるべきであると考えている旨を述べた」(1935 年 6 月 27 日，木曜日)[91]．

　ホプキンズもイッキーズもローズヴェルト大統領と大義を共にするニューディーラーであった．ホプキンズは「救済長官」として，イッキーズは内務長官かつ「公共事業局」長官として，共に失業救済と景気回復をはかるローズヴェルト大統領の下僚であった．しかし，パーソナリティにおいては，とりわけ仕事のやり方に反映される資質においては，ホプキンズとイッキーズは全く異っていた．ホプキンズにあっては，才気煥発は性急な行動とほとんど傲慢の

域に達した確信に結びついていた．イッキーズにあっては，激しい気性と警戒心と他人に委せることをたまらなく嫌がる気分とが同居していた[92]．

　もちろん，この軋轢はたんなる個人的な性格のものではなく，省庁間の対立に根ざしていた．FERA 事業にたずさわる人々は PWA が即時かつ大規模に直接の雇用を生み出すことができるとは考えていなかった．他方，PWA の職員は，仕事が遅いという非難を受けて憤慨してはいたが，PWA 組織の専門的有能さと高潔さの名声にほとんど戦士のような誇りを抱いていた[93]．

　そして，ローズヴェルト大統領の行政手腕は，共通の大義に誠実な行動をとる限りにおいて，下僚にせりあわせることを許す器量によって発揮された．ローズヴェルトの平静でありながらひとを勇気づける資質は下僚の対立を喜んで受け容れる境地を彼に与えた．のみならず，意識的に実験を鼓舞する彼のリーダーシップはたえず可能な限り多数の異る対案を政権内部に保持させ，たとえ体系性を犠牲にしてもたえず複数の政策手段をとることを選択させた．1935 年「緊急救済支出法」制定前後における来たるべき「連邦救済事業計画」をめぐる FERA と PWA のヘゲモニー争いの結着を遅らせ，最終的に行動に乗り出したときのローズヴェルトの決定もまことに特徴的であった．彼は，「多くの省庁が太陽の位置につくような太陽系」[94]をつくり出したのである．

　ここで，PWA にどれだけの連邦政府資金が割り当てられたかを記録しておこう．ちなみに，比較のために連邦政府の総支出を挙げておけば，1956 年の『財務長官年次報告』によれば，1933 会計年度の政府支出が 46 億 2300 万ドル，1936 会計年度がやや突出して 84 億 9400 万ドル，1937 会計年度が 77 億 5600 万ドルであった．戦時中の最高数字を挙げれば，それは，1945 年の 984 億 1600 万ドルであった．

　さて，1933 年に当初割り当てられた 33 億ドルから留置分などを控除して PWA にネットで残った資金は次のように支出された．すなわち，PWA 非連邦プロジェクトに 4 億 398 万 59 ドル，鉄道プロジェクトに 1 億 8274 万 500 ドル，行政管理費に 7561 万 1889 ドル，そして PWA 連邦プロジェクトに 13 億 1788 万 2529 ドルが振り当てられた．もっとも，この最後の振り当て分

から，連邦援助のハイウェイ建設に4億ドル，森林や国立公園の公道建設に5000万ドル，自営農場あてに1500万ドル，また建艦のため2億3800万ドルが海軍に，それぞれ割り当てられた．

1934年6月には，「緊急支出法」によって，3億9400万ドルが追加され，そこから2646万9701ドルが控除され，PWA非連邦プロジェクトに1億1839万8383ドル，PWA連邦プロジェクトに2億4913万1916ドルがまわされた．

1935年4月には，「緊急救済支出法」によって，4億9538万9125ドルが供給され，このうち3億1333万9438ドルがPWAの非連邦プロジェクトとして支出され，1億787万289ドルが住宅供給プロジェクトに割り当てられ，「住宅庁」と「プエルトリコ再建局」にまわされた．

同じく，1935年の「緊急支出法」によってRFC当ての回転資金が与えられ，RFCはこれによってPWAが発行する債券を購入する権限が与えられ，PWAはそれによって得た資金を非連邦公共事業プロジェクトへの貸付金とした．RFCの証券購入は2億5000万ドルを超えることはなかった．

1935年の「緊急救済支出法」は，PWAが購入するすべての債券をRFC当てだけでなく公開市場で販売し，そこから得られる資金を貸付けにまわす権限を大統領に与え，大統領はこの権限をPWA長官に移管した．これによって得られた資金は総額5億9169万8354ドルに達した．このうち，2億7419万1993ドルはPWA非連邦プロジェクトに，1823万4000ドルは鉄道プロジェクトに，9000万ドルは1939会計年度の行政管理費にまわされ，2億9027万2361ドルは一旦振り替えられたあと，2億7527万2361ドルがPWA非連邦プロジェクトに，1500万ドルが1938会計年度の管理費にまわされた．1937年の「公共事業拡大法」によってRFCは一時に4億ドルを超えないという条件のもとに証券購入の権限を与えられ，PWAは回転資金から補助金として支払いできる額を3億ドルから3億5900万ドルに増額する権限を与えられた．

1938年の「PWA支出法」は公共事業に9億6500万ドルを振り当てた．うち，7億2400万ドルがPWA非連邦プロジェクトに，2億ドルがPWA連邦プロジェクトにまわされ，600万ドルが連邦政府官庁のビル新設のための土地購

第3章　ニューディール——実験的進化　　　127

入に当てられ，残りは1939, 40会計年度の管理費にまわされた[95]．

　以上が，PWAに対する支出額の歩みである．

　付表(p. 87)に見られるニューディール期の公共支出の推移は，フーヴァ政権下のそれと比べれば決して少なくはないけれども，失業救済支出と比較すればそれほど英雄的ではない．ニューディール期の公共事業支出の意義はすでに評価が定まっている．結局のところ，民間の建設支出と州・地方レベルの建設支出との低下を連邦政府の公共事業支出の増大が相殺したにすぎないというものである[96]．無論，公共事業支出と失業救済の授産救済とを合せて，それなりの波及効果があったことは想像されるが，今日の観点からみて，公共事業支出はそれにふさわしい役割を課されていなかったことは確かである．本項で，PWA長官ハロルド・イッキーズをめぐるエピソードに集中的に紙数をさいたのは，公共事業の所管長官がどのような人物であり，キャビネット・メンバーとしてどのような位置づけにあったかを明らかにすることによって，ニューディール期における公共事業支出の意義を側面から明らかにしようとしたものである．

　なお，最後に，イッキーズに対する公正のために，パーキンズの評価を書き加えておくべきであろう．パーキンズはイッキーズの厳格な性格を高く評価している．イッキーズによって，「誰にも信頼を与え，汚職から完全にまぬかれた公共事業のシステム」がつくり出された．このシステムには，「醜聞のようなものは全くなかった」[97]．

　以上が，ニューディール期の財政(支出)政策の概要である．

4　「財政革命」にとっての歴史的制約条件

(1)　制約された認識

　ローズヴェルト政権のニューディールは，ともかくも上に見たような財政政策を実施したのであるが，その実態は得手に帆をあげた快進撃という性格のも

のではなかった．ニューディールを通してのアメリカの財政革命にはさまざまな制約条件があったのである．次にこの点に入る．本節は，この歴史的制約条件を明らかにすると共に，合せてニューディールなるものの性格規定を与えることを課題としている．

さて，一般に，1930年代の財政政策の発展の前にどのような障害があったかについて，アラン・スウィージーは次の5点を指摘している．

1. ほとんどの経済学者は，恐慌に対する治療法や解決策を提起するよりもむしろ欠陥の指摘や批判にふける傾きがあった．

2.「スペンディング」という言葉は悪い意味あいをもっていた——通例，「だらしのない」(loose)とか「無茶な」(reckless)とか「無謀な」(wild)とかいう形容詞付きで使われた——ばかりでなく，その経済的効果について大きな混乱が見られた．タイプを異にするスペンディングは，それぞれ，その技術的，政治的，あるいは道徳的含意にしたがって評価され，すべてのスペンディングに共通な要素があるということがほとんど認識されていなかった．赤字スペンディングは，公債の増大をもたらすという理由で，とりわけ悪いものと考えられていた．

3. 経済学者とビジネスマンの双方の考え方を支配していたのは景気循環の概念で，それに密接に結びついていたのが不況の治療作用に対する確信であった．この考え方によれば，不況はブーム期の「行き過ぎ」と「マルアジャストメント」に根源をもつ．価値の清算，物価のデフレ，所得の減少は，この「マルアジャストメント」を矯正するのに必要なものと考えられていた．30年代の不況の未曾有の長さと厳しさは，20年代の「特別の行き過ぎ」に帰せられていた．

4. インフレーションの過程の適切な理解がなかった．通貨量の増大はインフレを生むと考えられていただけでなく，ある種類の通貨は別の種類の通貨よりもインフレを引き起しやすいと考えられていた．1932-33年のように経済が停滞しているもとで，インフレを引き起すことがそもそも可能なのかどうかという疑問をもつ人はめったにいなかった．インフレ過程の理解の欠如は，政府

が悪い政策をとれば容易にインフレが引き起されるという恐れを生んでいた．この恐れが，財政金融政策の分野における実験に対する強力な障害物であった．

5. 最後に，政府の財政金融活動を体系的定量的に評価するための包括的理論もデータも存在していなかった．

こうした一般的状況でニューディールの実験が始まったのである．ローズヴェルト政権発足時に金融恐慌が未曾有の規模に達したのと同じように，フーヴァ政権下ですでに3年以上にわたって苦しめられ，救済の希望と期待に水を掛けられてきた厖大な失業者と貧窮した農民が存在していた．連邦政府のより英雄的な行動を求める大衆的な要求と伝統的観念に固執した連邦政府の結局無策に等しいものとみなされるに至った政策とのギャップはいずれにせよ埋められなければならなかった．ローズヴェルト政権の発足は，この文脈の中で捉えられなければならない．「1932年11月の選挙戦におけるローズヴェルトの勝利は，明確に定式化された経済計画の勝利というよりも，むしろフーヴァ政権の政策の人民による放棄を表現していた」[98]．

(2) 二重予算制度

以上のような大衆的要求に対応することを通して，ローズヴェルト政権は発足直後から連邦政府の伝統的財政政策の路線から離脱しなければならなくなる．それは，「二重予算制度」(double or dual budget system)の採用に最も象徴的に反映されている．

さて，1932年の大統領選挙戦で，ローズヴェルトが争点の1つとしてあえて財政赤字をとりあげ，財政赤字を出したことをもって対立候補ハーバート・フーヴァを強く非難し，自分が大統領になったならば予算を均衡化させると公約したことはよく知られている．そこには，相手の不利な点をたたくことによって自己を有利にするという選挙戦特有の作戦も看取されるけれども，健全財政の確立によってビジネスの信頼を回復するのが，民間投資回復の前提条件であると一般に容認されていたことも確認されなければならない．のみならず，ローズヴェルト自身も財政均衡主義の信奉者であった．シュレジンジャーによ

れば,「ローズヴェルトが明確な形で保持していた数少ない経済学説の1つは,不均衡予算は悪いということであった」[99].のちに見るように,ローズヴェルト大統領が赤字支出の方向に公式に歩みを進めたのは1938年のことであった.1936年の選挙戦でも均衡財政の達成を公約した.バーンズは,38年以前のローズヴェルトをこう描いている.「1つの経済問題では,ローズヴェルトは頑固さと一貫性を示していた.それは予算を均衡化させるということであった.もちろん,彼が実際に予算を均衡化させたというわけではなく,それが彼の財政政策の中心的な目標であり続けたということである.第1期のあいだ彼は繰り返しこの点に立ち返り,ついにはそれがリフレインになった.1936年選挙戦では予算の均衡化を公約し,1937年初めには,1, 2年のうちに予算を均衡化できるという期待を述べている」[100].

　こうした路線に立って,ローズヴェルトは就任後6日目の3月10日に議会に教書を送り,連邦政府職員の俸給カットと退役軍人の年金・恩給の減額を訴えた.3月20日に,「節約法」(Economy Act of 1933)が議会を通り,これにもとづく大統領令によって4月1日付で連邦政府職員の俸給の15%削減が行われた.そのほか,連邦政府職員の解雇,昇進昇給の禁止,定員不補充などによる節約がはかられた.

　政府経費の節約をはかると同時に,歳入の強化も試みられた.アルコール含有量3.2%のビールを「禁酒法」から解除してこれに課税,ガソリン税の引上げ,法人税の追加,加工税の導入などがその試みであった.

　だが,すでに見たFERAの制定が1933年5月であったことから分るように,1933年の時間の経過の中で,こうしたドラスティックな節約努力にもかかわらず,またそれ自体は効を奏しつつあったにもかかわらず,政府経費の節約をはるかに乗り越えて回復と救済のための支出が増大することが明らかになった.1500万の失業と農業所得の大幅な低下は,それに即応した連邦政府の支出拡大を余儀なくさせたのである.こうして登場したのが,「二重予算制度」であった.

　「二重予算」とは,連邦政府の「通常支出」を「緊急支出」から分けるとい

第3章　ニューディール——実験的進化　　　　　　　　　　131

う考え方である．付表(p. 87)は，それぞれにどのような費目が含まれていたかを示している．

　「二重予算制度」はいろいろな含意をもっている．第1に，通常支出から緊急支出を分けることによって，増大する緊急支出は現下の大恐慌に対応するために余儀なく取られているそれこそ「緊急の」支出であると示そうとしていること，したがって，第2に，緊急支出は恒久的なものではなく一時的暫定的な支出であるというエクスキューズをそこに明示していること，第3に，そこからして逆に連邦政府は通常支出に関しては収支相償う努力を怠ってはいないことを示そうとしたことなどである．

　この「二重予算」は別の面から言えば，「節約と……放蕩の奇妙な混合物」[101]をなしている．政府の通常経費の面では厳格な節約を行う一方で，緊急支出の面では大盤振舞いが行われていることを，その矛盾のままに表現したのが「二重予算制度」であった．「これらの異なる傾向——一方における節約と増税，他方における惜しみないスペンディング——は，初期ニューディールの経験を通して首位争いを演じ，そこには，基本的目的の不確定，財政哲学と節約哲学の根底での対立，およびローズヴェルト政権内部での分派間の闘争が反映されていた」[102]．

　こうして，「二重予算制度」は，伝統的財政均衡主義へのひざまずきながらの反抗が開始されたことを意味した．もちろん，予算を均衡化させることは，1938年に至るまでローズヴェルト政権の変わることのない公約をなしていた．しかし，「通常支出」と区別された「緊急支出」としてスペンディングを解放したことは，均衡財政を年々のベースで達成することが，事実上放棄されたことを意味すると言ってよい．緊急支出は，不況にかかわって行われているものであるから，景気回復と共にその種の支出は急速に減少するというのが政策当局者の少くとも期待をなしていた．こうした長期のタームでは財政均衡主義を堅持しているという保証を与えたうえで，短期的には景気回復と救済の方をとり，不均衡予算には目をつむらざるをえなかったのである．だから，もちろん，「ローズヴェルトの初期数年間の赤字は意図された赤字ではなかった．いずれ

の場合でも，一定の大きさの赤字を出し，意図された赤字を達成することを目的として特定の計画を調整するという決定が下されたことはなかった．むしろ，赤字は，救済と回復の必要のための資金調達を共通の目標とする多種多様な政策の財政へのインパクトを反映したものであった」[103]．

こうして，この「二重予算制度」の採用によってローズヴェルト政権下のアメリカ合衆国は伝統的財政原理と手を切らざるを得なくなるのであるが，それを確定する前に，くどいようだが，この「二重予算制度」に含まれている一方の核である節約と増税，とりわけ増税路線が一貫して追求され，しかも議会がそれを承認したという事実を指摘しておく必要がある．忘れるべきでないのは，財政均衡化の努力は歳入面でもたんなるレトリック以上のものとして追求されたという歴史的事実である．スタインの財政革命論は，次のことを指摘しているほど，バランスがとれている．曰く，「1930年代の政策はたんに大量支出と大幅赤字の政策だったのではない．それはまた増税の政策，しかもビジネス社会にとってきわめて不快な形態での増税政策であった」[104]．

ローズヴェルトは経済学者ではなかったけれども，前述のように当時のアメリカ合衆国のエスタブリッシュメントの成員の例にもれず伝統的なオーソドクシーの信奉者であった．しかも，他方では，一定の範囲内ではあるにせよ，彼は連邦政府が現下の大不況に責任をもって対処すべきであるという時代の要請に応えるだけの度量を持っていた．伝統への回帰と実験の鼓舞の一方の帰結が断固たる増税方針であった．しかも彼のもとには，彼が「死体置場のヘンリー」(Henry the Morgue)と呼んで重用した保守主義者，財務長官ヘンリー・モーゲンソーがいたのである．

1935年6月19日の教書で，ローズヴェルトは増税を議会に訴えた．教書の要請は，高額個人所得の増税——最高税率を59%から75%に引き上げる——大企業への課税の強化，不動産への既存の連邦税と州税に加えて連邦相続税の新設，その他であった．増税の目的は，税収増もさることながら，ニューディールを特徴づける回復と改革の2つながらの追求にあった．改革とは所得と富の集中を緩和することであり，回復とは初期ニューディールを特徴づける

第3章 ニューディール——実験的進化

「購買力」理論にそった路線である．つまり，労働者と農民の所得は購買力としてそのまま支出されるが，金持ちのそれはそうではないから，課税されて政府によって有効に使われるべきものだという理論である．ローズヴェルトの教書の言葉によれば，すでに相当大きな所得と資産は「ダイナミック」[105]な性格を持ってはいないとされたのである．ビジネス界は，ローズヴェルトの提案を見て，直ちに「金持ちから絞り取れ」という計画（"soak-the-rich" program）であると非難した[106]．

8月30日，大統領の教書を受けて「歳入法」(Revenue Act of 1935)が成立した．議会は，所得税付加税の最高税率を59%から75%に，不動産税の最高税率を60%から70%に引き上げた．累進法人所得税が導入され，超過利潤税，資本税が引き上げられ，企業間配当への課税が導入された．

その次の増税法案は，1936年の「未分配利潤税」の導入であった．マリナー・エクルズは，回顧録に言う．「選挙の年には，政府は連邦所得と支出のあいだのギャップを埋めようとしている何らかの見せかけを示す必要を感じた．……赤字財政を減らそうとするこれらの計画が検討されているあいだに，最高裁と議会の行動によって2つの思いがけない障害が生じた．1936年初めに最高裁がAAAの資金源である加工税に無効判決を下した．これは政府にとって推計5億ドルの損失となり，AAA計画を維持するためには他の何らかの財源からそれを調達しなければならなくなった．ほぼ同じ頃，議会は『調整補償法』(Adjusted Compensation Act)を通した．それは，ヴェテランズ・ボーナスを1945年ではなく1936年に支払うことを規定していた．この支払いの負担は年率で1億2000万ドルにのぼった．……財務省が未分配利潤税というプランを起草し大統領の支持を取り付けたのは，こうした状況のもとにおいてであった」[107]．

ビジネス側の重ねての反対にもかかわらず，法は36年6月に議会を通った．未分配会社利潤に7%から27%の税率が課され，株式保有者への配当には付加税はもとより通常税も課せられ，「二重課税」として知られるようになった．

1937会計年度には個人・法人所得税があまりにも少なかったので，財務省

の調査が行われ，その結果税の抜け穴が多数発見された．外国のタックス・ヘイヴンに個人持株会社を設立したり，国内の個人持株会社を通して個人所得を法人所得に見せかけたりするというのがその顕著な例であった．37 年 6 月に議会は新しい歳入法を制定してこうした抜け穴のいくつかを防止する措置をとった．

1956 年の『財務長官報告』によれば，これらの増税措置が一助となって，1938 会計年度の歳入は 62 億ドルにのぼった．ローズヴェルト政権発足当時は不況のどん底で歳入が少なかったとはいえ，それにしても 62 億ドルという数字は 1932, 33 会計年度の共に約 20 億ドルに比べれば 3 倍になっているのである．これはローズヴェルト政権のニューディールについて忘れられているか，あるいはあまり注意されていない事実であるように思われる．

さて，ローズヴェルト政権が，「二重予算制度」に象徴される伝統的財政原理からの逸脱を行ったといっても，それは意識的に行ったとか進んで行ったとかいう性格のものではない．あるときは予算均衡化の目標年度まで指定して均衡財政を公約し，結果として生じた財政赤字について苦渋に満ちた合理化を行うというのが，ローズヴェルト大統領の行動であった．ローズヴェルト政権が赤字スペンディングの立場に公式に移るのは 1938 年初めのことであった．そこでまず，1937 年までの大統領の予算教書を通してここでのわれわれの主張を確認しよう[108]．

1933 年春の段階では，前述の政府経費の節約が財政政策の中心をなしているように見えた．5 月に大統領は「節約法」その他の措置によって 10 億ドルの節約が生じ，1934 年の予算赤字は 1 億 2000 万ドル以内に抑えられるという推計を発表した．これは大変な成果のように思われるが，この赤字推計はそれ自体として見るとミスリーディングであった．これは総支出の半分以下である「通常支出」しか考慮に入れられていなかったからである．つまり，上述の「二重予算」の考え方がすでに登場していたわけだ．財務省の財政統計で「通常」と「緊急」の分類が用いられるのは，1933 年 7 月 1 日からであった．もっとも，この分類の採用それ自体は，短期のタームでの財政均衡の放棄を意

第 3 章　ニューディール——実験的進化　　　135

味していなかったようである．それは次に見る翌年の予算教書における均衡化の年度指定による公約から看取される．

　1934 年 1 月に予算推計の修正値が発表され，1934 会計年度の支出は 105 億ドル，赤字は 73 億ドルにのぼるとされた．これは予想を超える数字であった．同じ 34 年 1 月のローズヴェルト最初の予算教書はそれを次のように正当化した．こうした大幅な支出超過は，「この前の春にわれわれが直面した異例の恐慌のあと，国を健全な状態へともってゆくために必要とされた．それは大幅な額だが，計り知れないベナフィッツがこのコストを正当化する」．この予算教書の基調は楽観的であり，ローズヴェルトは景気回復が次第にはずみをつけるという予想に立っている．「すでに行われた支出の成果は，具体的に農産物価格の回復，ビジネス活動の再開，雇用の増大，銀行の再開と信頼の回復，そしてよく組織された失業救済として現われている」．「われわれが目にしてきた上方転換は，現在への確信と将来への信念との基礎を据えることによって，累積的となるであろう」．この予想の上に立って，ローズヴェルトは均衡予算を達成する目標年度をも公約した．とるべき道は，「回復の 3 年目について決定的に均衡化された予算を持ちそれ以降は国債の持続的縮小をはかるよう計画する」ことである，と．大統領は 1935 年に収支を均衡させると明示的に公約したわけだ．

　ところが，1935 年 1 月の予算教書は，前年ほど楽天的ではないし，短期的に均衡予算が達成されるという確信は動揺している．すなわち，教書によればかなりの程度の回復が見られるにもかかわらず，失業者はいまなお多く，連邦政府は失業救済費用の大きな割合を負担している．こうした理由からして，「予算の完全な均衡が達成されうる点にわれわれはまだ到達していない」．これが財政赤字の弁明理由である．そして，前年の予算教書で述べられた「回復の 3 年目について決定的に均衡化された予算」を達成するという目標は放棄されて，「二重予算」の考え方が前面に打ち出される．すなわち，「失業者に仕事を与えるための支出を除いて」，すべての歳出は経常収入によってまかなわれなければならないとされたのである．

1936年1月の予算教書は，現在行われている回復計画の成果が生み出されれば，つまり景気回復が到来すれば，財政赤字は解消するのだという論法にはっきりと移っている．「ほぼ3年前に議会と大統領によって採用された首尾一貫した広範な国家政策がこれまでのところその目標に向かって着実，効果的かつ成功裡に動いてきたという認識が，わが国民内部に祝意の表明が見られる根拠である」．1933年に採用された政策の「根本的健全性」に疑いはない．「われわれの政策は成功しつつある．数字がそれを証明している．着実に低下しつつある赤字が時間の経過と共に着実に増大する黒字に転化し，明日の黒字を可能にするのが今日の赤字であることに確信をもって，われわれが描いた道を進んで行こう」．今日の赤字は明日の黒字なのだ！

1937年1月の予算教書も回復計画の最終的成功への確信を表明する．「不況とたたかい多くの必要な改革を始動させるために過去4年間のあいだに始められた計画は多額の資金を費してきた．だが，それから得られるベナフィッツはすべてのコストをはるかに凌いでいる．われわれはまもなく(soon)この計画の完全なベナフィッツを刈り取るであろうし，同時に公債を減らすことを含む均衡予算を達成するであろう」．この教書の意義は，1937年1月の時点でも均衡予算の達成が原理的に追求されていることと，最初の教書と違ってもはやその達成の時期を確定しえなくなっていることとを2つながら示している事実にある．つまり，ローズヴェルト政権はここにアメリカ合衆国の財政政策の伝統から事実上，離脱したのである．明言はされていないけれども，一定年数にわたる赤字財政は止むをえないものとして提示されているのである．言い換えれば，どれだけの長さを要するのかは不確定ではあるけれども，ともかく一定年数後に景気が回復され，赤字が黒字に転化されるならば，現在の財政赤字は正当化されるのだというきわめてルースに解釈された，しかしなお，財政均衡主義の立場に移行せざるをえなかったのである．つまり，長期のタームではわが政権は財政均衡主義を堅持しているのだという保証を与えたうえで短期的にはローズヴェルト政権に客観的に課せられた回復と救済の要請に応える道をとり，財政赤字には目をつむらなければならなかったというのが，ローズヴェルト政権

第3章　ニューディール——実験的進化　　　137

のさしあたりの「財政革命」の実態をなしていたのである．伝統的原理からの離脱が意識的なものでもすすんで行われたものでもなかったという所以はそこにある．

(3) ニューディールの実験的性格

さて，キンメルによれば，これらニューディール期の予算教書においては，「将来における予算均衡化の公約の方が，現在における連邦支出から生じる利益よりも，時として大きく強調されているように見えた．そうなった1つの重要な要因は，望まれる刺激を生み出すために必要とされる連邦支出ないしは赤字財政の大きさについて誰もはっきりした考えを持っていなかったように見えることである．その日暮しと試行錯誤が時代の動向だったのである」[109]．

そこで次に，ニューディール期の財政支出のこうした実験的試行錯誤的性格を明らかにしよう．

第1に，ローズヴェルト政権にとって不幸だったことは，スペンディング政策を適切な比重をもって位置づけられるような人的配置を行っていなかったことである．言うまでもなく，財務長官ヘンリー・モーゲンソーのマイナス効果は大きかった．研究者の中には，モーゲンソーの存在にニューディール財政政策の失敗の非常に大きなモメントを求める人さえいる．ノートンは言う．「ローズヴェルトの経済政策の主要な弱点は，彼が財務長官のポストに強力な，資格十分な人物をつけることを嫌がったことにあった．最初の長官，ウィリアム・ウッディンはアメリカ自動車・鋳造会社の会長であった．ところが，ローズヴェルト政権の初期に彼の健康がそこなわれ，辞任を余儀なくされた．FDRはそのときヘンリー・モーゲンソーを指名した．モーゲンソーは，非常に正直かつ高潔でローズヴェルトに忠実ではあったが，財務長官のポストについては全く資格を欠いていた」[110]．

マリナー・エクルズは，財務省の職員の見解がホワイト・ハウスに伝えられるまえにすべてモーゲンソーの目を通さなければならなかったという事実を挙げ，モーゲンソーが「ローズヴェルトにまわした見解は，財務省全体が均衡予

算の側に立っている印象を与えた」[111]と述べている．同時に，エクルズは，スペンディング政策がとられたいきさつをも明らかにしている．「財務省のスタッフが沈黙を強いられその長官が経済的正統主義の言葉でものをつぶやいていたので，大規模なスペンディング計画のイニシアティヴは，欠席判決で，2人の男にまかされた」．2人の男とは，ホプキンズとイッキーズである．エクルズは，こうした設定の中でスペンディング計画が始まったので，それがあたかも民主党政権の人気取り手段であるかのように受け取られ，一層反発を引き起したと回顧している．「もしもスペンディングの弁明理由が，国民全体の福祉にかかわる経済的議論として財務省筋から広められていたなら，救済計画が直面した厳しい反対の若干は阻止されただろうと私は信じている」．ここにわれわれは，バーンズ゠ワトスンがニューディールの「二重予算制度」の中に「ローズヴェルト政権内部での分派間の闘争が反映されている」と指摘したその闘争を見ることができる．エクルズは意識的な，注目に値する「スペンダーズ」の筆頭格であった．「私はローズヴェルトに対して巨大な公共事業計画に乗り出すべきだという私自身の主張をしつこく言い張った．こうした計画は民間の投資と支出への追加であってその控除ではないと」[112]．分派間の抗争とは，エクルズ，ホプキンズらの「スペンダーズ」とモーゲンソーらの「バジェット・バランサーズ」のそれであった．こうした抗争に結着がつけられないままに，ローズヴェルト大統領のいわばお墨付きによってスペンディング政策が実施された．

　こうした抗争に結着がつけられるはずもなかった．アラン・スウィージーが指摘しているように，そもそもスペンディングというものが悪い意味合いでしか捉えられていなかったし，政府の財政活動を体系的に評価する包括的理論もなかったからである．

　そこからして，第2に，スペンディングの目標がはっきりしていなかった．言い換えれば，救済と回復という2つの目標が絶えず混同され，区別されていなかった．

　例えば，ホプキンズ指揮下のCWA支出はその英雄的な「人間の窮境の汚泥

にまみれた」[113]活動にもかかわらず,きわめて短期間の活動で突然停止された.ここでは明らかに失業救済の応急措置が意図されており,景気回復が意図されていたのではない.「1933年末から1934年初めまでの連邦建設活動のスパートを1つのパンプ・プライミングの努力と見るなら,それは実際構想の貧困な試みであると評価せざるをえない.なぜなら,このような計画が成功するためには,景気の上方趨勢が持続されるという何らかの確証が生じるまで計画の停止を延期させることが不可欠だからである.工業生産の回復が連邦建設計画にある程度連動していることが明らかであったとすれば……あの計画の突然の停止がどのような帰結をもたらすかは明らかであったはずだ.パンプ・プライミング計画は,その性質そのものからして,予め規定された時間表に結びつけられえないものであり,逆に,経済情勢の発展が要求する調整を可能とするほど十分に柔軟でなければならない.もしも建設計画が延長されていたら,景気回復によって,もっとあとになってから行われていたであろう計画の縮小には1934年半ばに見られたような反動は全く伴わなかったであろうと考えられる」[114].

　CWAのあとをうけたWPAについて言えば,エクルズの分析がある.彼はそれが景気回復の要である民間投資の刺激に結びつかない理由を,支出された額がそもそも少なすぎた(!)ことと共に,次のような分析を与えている.「WPAによる人々への授産援助に課せられた制約は,生産における効率というわが国の伝統全体に真向から対立した.われわれは,WPA労働者に,あたかも彼らが中国の苦力ででもあるかのように,つるはしとシャベルを使うことを強いた.われわれは彼らに彼らが慣れているアメリカのテクノロジーの恩恵を与えなかった.授産救済立法は苦力的方法を用いることを不可避とするようにつくられていた.WPA資金の配分は地方または州が資材や設備を調達できるかどうかにかかっていた.本来のWPA資金は,主として,これら地方レベルの計画の[設備・資材コストではなく]労働コストにあてられるよう用途指定されていたのである.ところが,設備や資材は高くつくから,財政難に悩む地方当局は最も望ましいプロジェクトを選択するのではなく——なぜならそれに

は高い機械や資材の購入が伴うからだ——大部分手労働を利用するプロジェクトを選択する当然の傾向が生じた」．こういう状況では，機械設備を生産する民間資本への刺激は生み出しえないし，したがってまた回復にはつながらないというのがエクルズの主張である．これに対してエクルズは「契約」ベースで公共事業を行い，「民間資本が隠れ家から出て来て競争ベースで仕事につけるような好ましい環境の創出」を狙うべきであったとしている[115]．

第3に，スペンディングの裏付けとして用いられたパンプ・プライミングという考え方そのものが，首尾一貫した支出政策を最初から排除する性格のものであった．

パンプ・プライミングという考え方は，文字通り，ポンプに呼び水をやって持続的な水の流れを引き出すという比喩以上のものではない．そして，呼び水をやれば持続的に水が流れ出すという考え方の基礎にあるのは，経済の側に自動回復力が依然としてあるという前提である．スペンディングの目的はあくまでもこの自動回復力の側面援助に置かれる．ハンセンのまとめによれば，パンプ・プライミングは，「事情の変化に応じて異なる一定量の公共支出は，経済をして，政府支出のそれ以上の助けがなくてもそれ自身の力で資源の完全利用の方向に進むように仕向ける効果をもつという含意をもっている」[116]．

パンプ・プライミングという言い方は，もともと不況中に生じた連邦財政赤字を合理化するために生み出された[117]．公債の発行によって資金調達された政府支出をもってパンプ・プライミングを行えば，それによる景気回復によっていずれは公債が償還されるという主張である．ローズヴェルトが最初の予算教書で，均衡予算の達成と共に「国債の持続的縮小」に言及しているのはこの考え方を反映している．

いずれにせよ，パンプ・プライミングという考え方に含まれている最大の特徴は，それは短期的なものであって，持続的なもの，長期的なものとはされていなかったということである．持続的長期的にスペンディングが必要であると考えるためには，人は，眼前の不況が何か通常の景気後退とは異なる「長期停滞」であると認識しなければならない．「1929年以後かくも長く不況が続いた

第3章　ニューディール——実験的進化　　　　141

という事実は，不況が長期間続きうるということを多くの人々に証明した．この認識が疑いもなく財政政策を変えた」のである[118]．

　だが，こうした変化を語りうるのは，ニューディールが終焉した1938年以降のことだったのである．

　最後に，30年代のスペンディング政策に一貫性がなかったことは，次のように総括されている．この報告を作成したのは，30年代末にアメリカにおける「ケインズ的思考の大きなセンターの1つ」[119]となり，1943年6月議会によって「殺された」[120]「全国資源計画委員会」(NRPB)である．曰く，「公共事業建設の一連の'緊急'計画は雇用の安定化という目標を達成するうえで自己破壊的たりうることも証明された．ここで論じられている全期間［30年代］を通して，連邦，州または地方政府の計画官や行政官を導く確固とした持続的政策はなかった．各計画はあたかもそれが最後の計画であるかのように立案された．その帰結は，一種の'デッドライン'型の行政であった．遂行される計画の選択は，着手される改善への要求の緊急性に応じるのではなくてむしろ多数の人々を仕事につけるうえでの容易さの度合や速度に応じて行われた．……議会によって持続的政策が打ち立てられていたら，それは公共事業計画を予め相当期間にわたって計画することが可能だったであろう．……行政機関はなめらかに機能できたであろう．そして，周期的な事業縮小のデフレ効果も避けることができたであろう」[121]．

　以上のように，ニューディール期のスペンディング政策を特徴づけるものは，試行錯誤と実験の過程であった．もちろん，全然支出しないよりは，少しは支出した方がましであることは確かである．そして，ニューディールはこの大胆な実験によって，それがなければ大恐慌の「最悪の」帰結をもたらしたであろう事態をともかく回避したことによって，おそらくはニューディール本来の救済対象であったアメリカ資本主義を救済することができたと言ってよい．本章の課題から言えば，ローズヴェルト政権の30年代におけるこの実験とそこから来る教訓がなければ，合衆国における財政革命，言い換えれば「1946年雇用法」の成立を十分に理解することはできない．「雇用法」の成立の準備過程

として位置づける限り，ニューディールの実験はきわめて意義のあるものであった．しかし，ニューディールを「国家独占資本主義」の「ナチス型」と区別される「ニューディール型」と表象することは到底できないというのが，本章でニューディールの実験的性格を強調する所以にほかならない．

第4章 「財政革命」への歩み

1 はじめに

　前章でわれわれはニューディール期の財政(支出)政策を追跡し，ニューディール政策の実験的性格とその限界を見てきた．本章ではそこから「1946年雇用法」の成立に至るまでの橋渡しの時期について「財政革命」を準備するうえで重要と思われる要因を拾い集めることにする．まず第1に取りあげるのは，ローズヴェルト政権内部の分派抗争をなしていた「バジェット・バランサーズ」と「スペンダーズ」の対立と，1937-38年景気後退を通しての後者の勝利である．ローズヴェルト政権は，ここに公然と赤字スペンディングの道に踏み出したのである．

　その次に当然のトピックとなるのは，ケインズとアメリカ合衆国の関係である．一般的な常識では，ニューディールはケインズ政策の実施であったと考えられているが，ニューディール期に関する限り，ケインズの影響はほとんど認められない．しかし，また，ハンセンのケインジアンへの改宗以降，アメリカナイズされたケインズ理論は確かに支配的な経済理論となった．この経過を明らかにするのが第2の課題である．

　第3に，アメリカにおける「財政革命」にとって非常に重要な意義をもっていた1939年の行政改革と予算局の財務省からの独立を挙げなければならない．この節は，かなり長い前史を述べる中で問題が解明されるので全体としての比重を失した紙幅を取ることになるが，問題の重要性がそうさせていることを諒とされたい．

　最後に，第4に，第二次世界大戦の経験，ないしは第二次大戦中の経験が「財政革命」にとってもっていた意義を明らかにする必要がある．おおむね以

上の4点を通して件の橋渡しの時期を検討すれば,アメリカ合衆国における「財政革命」の意義が一応明らかになるであろう.

第二次大戦(中)の経験を詳細に洗えば,叙述をどこまでも延ばすことができるであろうが,本書では叙述を必要最小限に留めることにする.

以上が,本章での問題の所在である.

2 1938年の結着
──「スペンダーズ」の勝利──

すでに述べたように,ニューディール期におけるローズヴェルト政権の内部には,財政政策をめぐる分派闘争が行われていた.分派闘争とは,「バジェット・バランサーズ」(budget balancers)と「スペンダーズ」(spenders)との対立であった.「バランサーズ」の主張は均衡予算の達成によるビジネスの信頼の回復が景気回復の前提条件であるというものであり,「スペンダーズ」の主張は赤字支出を含む財政支出が景気回復のカギであるというものであった.「バランサーズ」の中心的人物は財務長官モーゲンソー(Henry Morgenthau)であり,「スペンダーズ」の指導的な唱道者は連銀総裁マリナー・エクルズ(Marriner Eccles)であった.

財政政策と金融政策の所管を制度的に分離し,前者を財務省の,後者を連邦準備制度のそれぞれ独立の所管としたのは連邦議会の決定であった.そのこと自体でアメリカ合衆国はまことに興味ある国であると思わされるが,財務省と連銀の責任者に全く相対立する思想の持ち主を就任させたローズヴェルト大統領その人もまたまことに興味ある人物であったと言わざるをえない.

もっとも,分派間の抗争があったと言っても結局ローズヴェルト大統領の指導性によって高次のレベルにおいて対立は統一されていたから,この抗争はむしろローズヴェルト政権のエネルギーの源泉の1つとなっていたように思われる.しかし,中心に立つローズヴェルト大統領自身が右するか左するかの判断に迷ったときに,対立の統一が破れ,この抗争は頂点に達した.それは,1937-

第4章 「財政革命」への歩み

38年の景気後退の発生原因とそれからの脱出をめぐって政権内部の見解が鋭く対立したときであった.

　1937年の景気後退はニューディーラーたちにとって衝撃的な経験であった. 1936年の大統領選挙でローズヴェルトが再選されたあと, その年末までに工業生産は1929年の水準を回復した. 当時は, 国民所得より何よりもまず工業生産の動向が重視されていた. だから, 工業生産の回復は, 大きな意義をもつものとして歓迎された. 大統領は財政赤字について苦渋に満ちた合理化を相変らず続けていたけれども, 工業生産のこの回復によって第1次ローズヴェルト政権のニューディール支出がいよいよ効を奏するかに見えた.

　ところが, 1937年の夏に景気後退が生じたのである. しかも, このたびの景気後退は工業生産についても雇用についてもその下降の鋭さにおいて史上未曾有のものであった. 例えば, 連銀の季節調整済み工業生産指数は1937年5月にピークに達し, 38年5月にトラフに達したことを示しているが, これを詳しく見るとこの景気後退の鋭さがよく分る. すなわち, この工業生産指数は1937年5月にピークの121に達し, 8月(119)までは相対的に安定していた. ところが, それ以後は急激な下降線をたどり, 38年1月には85にまで低下した. 1937年8月から38年1月までの6カ月間にほとんど30%の低下が生じたのである. この鋭さは, 1929年恐慌の比ではなかった. 29年恐慌に際しては, これと同じ低下が生ずるためには約13カ月間を必要としたのである[1]. 37年景気後退の下降速度がいかにはやかったかが分る.

　1937年の景気後退はローズヴェルト政権にとって危機的事件であった. 4年以上にわたった不況対策の報酬が景気回復でなかったばかりか, ことの外激しい景気後退だったのである. 当然のことに, ニューディール改革に反対して来た人々は, ニューディールの終息を迫った. ニューディール改革がビジネスの信頼に水をかけて来たから景気回復が達成されなかったのだというのが彼ら反対者のおしなべての主張であった. 1937年前半までは, ニューディーラーたちは, これこの通り景気が回復しつつあり, 改革の遂行こそ回復への道であると反論し, 説得する確信をもっていた. しかし, 37年後半の景気後退に遭

遇したときこの確信に動揺が生じざるをえなかった．ニューディール反対者の言い分にも一端の真理があるのではないかと彼らには思われてきたのである．

　こうしてローズヴェルト政権を襲った危機は，この景気後退からの脱出をめぐる政策上の対立をいよいよ明るみに出し，「バランサーズ」と「スペンダーズ」の抗争は頂点に達した．このとき，両派の抗争は，もはや両派のいずれかが他方を抑えつけなければおさまりがつかない点にまで達していた．もっとも，正確に言えば，両派のいずれがローズヴェルト大統領の支持を取り付けるかが抗争の焦点をなしており，もっと言えば，それまでのローズヴェルト政権の公式の教義は財政均衡主義にあったから，事の実態はエクルズの路線がいかにしてローズヴェルト大統領の支持を取り付け，いかにしてスペンディングの立場からの予算教書を獲得するかにあった．

　結局，「スペンダーズ」が「バランサーズ」に，エクルズがモーゲンソーに勝利した．1937-38年景気後退に対するエクルズ的補整的(compensatory)フィスカル・ポリシーの成功という経験は，ローズヴェルト大統領を含めて，ニューディーラーたちに，フィスカル・ポリシーと経済活動全般との密接な関係を納得させたのであった．「ローズヴェルトの多くの重要な信奉者は生涯にわたる確信をもってこの危機から抜け出した．その確信とは経済の成長と安定のカギは連邦政府勘定の適切な管理にあるということであった」[2]．

　同時に，1938年における「スペンダーズ」の勝利はニューディール期に見られた「改革」と「回復」の区別のあいまいさを払拭して，財政政策における重点の景気回復への転移をもたらした．財政収支均衡を達成するために社会改革のこれ以上の進行を停止することも辞さないことを表明した1937年4月20日の演説[3]から赤字スペンディングを容認した1938年4月14日の教書[4]に至るまでのあいだ，ローズヴェルト大統領には新しいオルターナティヴもヴィジョンもなかった．しかし，エクルズの勝利はニューディーラーたちの視点を景気回復に移行させた．改革の成果を維持するためにも，いまや景気回復に拍車をかけなければならないし，それが可能であるというのがその論理であった．

　こうして，われわれの課題からしても，1937-38年景気後退をきっかけに頂

第4章 「財政革命」への歩み

点に達した「スペンダーズ」と「バランサーズ」の抗争とその結着, およびその歴史的意義を明らかにしておく必要がある. それが本節の課題である.

「スペンダーズ」を率いた指導者は連銀総裁のマリナー・エクルズであった. 彼はユタ州の銀行家かつ産業資本家であった. 彼はみずから自分のことを「有名な百万長者」[5]と呼んでいる. その意味は, 異端の赤字支出論を唱道しつつも一方で百万長者の銀行家であったというこの実に奇妙な取り合せが彼の属性であったからこそ, 人々は彼の所説に聞く耳をもてたのだという自負にあった.

エクルズはローズヴェルト政権の高官の中で最も明快に, 最も理路整然と, 最も徹底的に, しかも最も早くから, 赤字スペンディングを唱道した特異な存在であった. ところで, エクルズをめぐる歴史のミステリーは, ユタ州のこの地方銀行家がワシントンの教義を結局ひっくり返すことになった赤字支出理論をなぜみずから作り出すことができたかということである. レクスフォード・タグウェル(Rexford Tugwell)はエクルズを称して「無意識のケインジアン」[6]と言った. その意味は, エクルズが大不況に対するケインズの処方箋にきわめて似通った構想を提起し, ローズヴェルト政権がそれを実現するよう奮闘したけれども, 彼がそれをケインズその人の著作から引き出したのではなかったということである. エクルズ自身こう証言している.「私の定式化した構想は'ケインズ的'と称されているが, それはケインズの著作から引き出されたものではなかった. 私はそれまでそれを読んだことがなかったのである. 私の構想は山間部における眼鏡なしの(naked-eye)観察と経験にもとづいている. のみならず, 小さな抜萃を除けば私はケインズの著作を今日にいたるまで読んだことがないのである」[7].

バジル・ロークはエクルズの回想録のこの部分を読んで歴史家として不満たらたらの感想をもらしている. ロークは言う. この回想録は,「いかにしてサウロがパウロになったかを理解するうえでわれわれを助けることがほとんどない. この40歳のモルモン教徒の銀行家がケインズの恩恵なしに'眼鏡なしの観察と経験'によって補整的経済理論に改宗したということを信ずるようわれわれは求められるのである」[8]. バジル・ロークでは不満にとどまっていたもの

が，ケインズの信奉者であるシーモア・ハリスの手にかかると糾弾に転化する．ハリスはエクルズの言うことを全く信用しようとしない．ハリスによれば，エクルズは「正統主義で育てられ，やがて学んだことを放棄したのだ．……おそらくみずから知らないままに彼は彼の顧問から何らかのケインズ経済学を学んだのである．顧問の何人かはケインジアンだったのだから」[9]．

しかし，エクルズは遅くとも1932年6月には彼の主張を公衆の前で明らかにする演説を行っており，しかもそれはユタ州においてであった[10]．そのとき，ユタ州にはもとより，アメリカ全体にエクルズにケインズ経済学を教えるケインジアンはいなかった．ハリスはエクルズの伝記的事実をよく知らないままにエクルズを攻撃しているのではないであろうか．

ケインズの著作に接したことはないというエクルズの証言は信頼に値するように思われる．エクルズはプラクティカルな銀行家であって，アカデミックな経済学者ではなかった．彼はブリガム・ヤング・カレッジにおける初歩的な高校レベルの教育を終った直後に，モルモン教会からスコットランドでの2年間に亘るミッションの「お召し」を受けた．彼が19歳のときであった．しかも，そのあと，彼が22歳のときに父親が突然死去し，彼は父親の事業の一部を引き継がねばならなかった．そのため，彼はアカデミックな教育を受ける機会をついに失ったのであった．

以上は，エクルズがケインズの著作に接したことはないという命題のかなり大雑把な状況証拠であるが，エクルズの思考を直接検討して同じ結論を出している研究者がいる．ディーン・メイは，1928年から1933年までにエクルズが行った演説のマニュスクリプト・ファイルを洗うことによって，エクルズの思考の発展においては他の経済学者の思考との接触の効果は「最小限」であって，「彼がすでに独立に行っていた分析を確認し明確化することに主として役立つ」[11]のにすぎなかったということを明らかにしている．筆者はメイのこの分析を多とする．

ハーバート・スタインはエクルズとのインタヴューにおいて，なぜエクルズは他の銀行家が到達しなかった「非正統的」(unorthodox)立場に到達したかの

第4章 「財政革命」への歩み　　　149

理由を引き出している．エクルズはそのとき2つの理由を挙げたという．1つは，地方銀行家としてのエクルズは，ニューヨーク，シカゴその他の金融センターの銀行家よりも恐慌の圧迫を一層早く，一層厳しく感じていたということであり，いま1つは，彼が大学教育を受けず，したがって捨てなければならない正統的経済学をもともと持っていなかったということであった[12]．

　スタインに対するエクルズのこの回答はまことにシニカルな響きをもっているが，案外そのあたりにエクルズをめぐるミステリーを解読するカギが与えられているのかもしれない．

　第1に，地方銀行家としてのエクルズが大恐慌の圧迫をニューヨークやシカゴの銀行家よりも一層早く，一層厳しく感じていたということの意味を考えてみよう．

　エクルズが1934年にワシントンに来た頃までには，1920年代の「失業コンファランス」が生み出した反循環的公共事業支出というアイディアはほぼ完全に信用を失っていたはずである．われわれはすでにこの反循環的公共事業支出というアイディアの基礎にジュグラー・サイクルの10年周期の規則性に対する信頼があったことを知っている．好況はいずれにせよ不況に陥るとしても，不況はまたいずれにせよ好況をもたらすというのがこの1920年代のアイディアの根底にある確信であった．実際，1920年の景気後退は1年で好況に転化したし，州・地方政府の公共事業支出の拡大に対するフーヴァ商務長官の鼓舞が回復を促進したことは認めざるをえない事実であるように見えた．であるとすれば，不況の深化を食い止め，好況の狂乱に歯止めをかけるのが公共事業支出の役割であるというのが1920年代の叡智となったのも無理はない．それが公共事業支出の反循環的利用という20年代の理論家のアイディアの根拠であった．

　ところが，エクルズが最初から抱いていた29年恐慌観は，それがたんなる循環的下降を超えたエトヴァスであるということであった．ライフ・ヒストリー的に接近すれば，山間部の中の1つの州であるユタ州でエクルズが経済界の指導的地位にあったことが，エクルズがこのような認識に達した1つの理由

であったのかもしれない．畜産を含む農業と鉱業はすでに 1920 年代を通して不況業種であり，ユタ州においてもそれは例外ではなかったし，それがユタ州の主要産業をなしていた．エクルズにとって，このたびの不況が自力回復への傾向をもっている通常の景気後退であることなど問題にならなかった．エクルズにとって，この不況は最初から「大不況」だったのである．ひとが持続的長期的にスペンディングが必要であると考えるためには，眼前の不況が何か通常の景気後退とは異なる「長期停滞」ないしは「大不況」であると認識しなければならない．エクルズは根本的不況対策着手の前提条件としてのこの認識にいち早く到達していたアメリカ人の 1 人であったのである．アルヴィン・ハンセンが「長期停滞」という認識によって正統派経済学者からアメリカナイズされたケインジアンに改宗する前に，エクルズは時代の本質としての「長期停滞」を感じ取っていたのである．「大不況」をまさに「大不況」といち早く感じ取ったところに，エクルズをまさにエクルズたらしめた第 1 の要因があったに違いない．

第 2 に，エクルズが大学教育を受けておらず，したがって捨てなければならない正統派経済学の知識をもともと持っていなかったということについて考えてみよう[13]．

エクルズについて，何よりもまず注目に値するのは，彼が「財政均衡主義」をあっさりと捨てていることである．エクルズにとっては，フーヴァ大統領やモーゲンソーにとってはもとより，ローズヴェルト大統領にとって以上にたやすくこのドグマを切り捨てることができた．エクルズが正統派経済学の洗礼を受けていなかったことの強みはこの一点に集中される．この呪縛から解放されたエクルズの思考は思う存分に飛躍することとなった．

エクルズは，予算を均衡化させることが景気回復を促進するという考え方を拒絶した．エクルズにとって，不均衡予算をもたらしている主たる原因は不況であった．不均衡は経済全体について言えることであって，ひとり財政だけに言えることではなかった．彼にとって財政の不均衡は，経済全体の不均衡の反映にすぎなかった．不況が克服されて初めて予算は均衡化できる．そこに至る

までのあいだに，連邦政府が予算の均衡化を求めて行動することは，逆に政府が回復を促進するために行うことができる行動を妨げるにすぎないというのがエクルズの見解であった．

それでは，さらに進んで，なぜエクルズは景気回復を刺激するための赤字スペンディングをあのように強調したのであろうか．エクルズのマクロ経済の見方からすれば，経済的効果の点において，政府支出と民間支出とは選ぶところがなかった．両者には何ら異なるところはないのである．根本的なことは支出の流れを維持することであって，もしも不況下で民間の支出が枯渇したなら，その空白を埋めることができるのは政府支出だけではないかというものであった．売れない商品がすでに充満している経済において，もしも新しい投資機会がないとすれば，スペンディングを増大させる唯一の方法は政府が支出することでしかない．政府は遊休資金を借り入れて，利潤を考慮することなく支出することができる．このようなことは民間企業にできることではない．こうして，深刻な不況に際しては政府の赤字支出が景気回復のための前提条件であるというのがエクルズの結論であった．もちろん，エクルズには，ケインズにおける「乗数効果」とか「加速度原理」とかに対応するキー概念はない．しかし，彼の演説は首尾一貫している．野獣のようなビジネスマンとしての本能が彼にもたらした確信と自己の方針を理路整然と披瀝できる彼の論理の力が政策マンとしてのエクルズを特徴づけていた．

他方，抗争のもう一方の指導者であるモーゲンソーについて述べれば，ローズヴェルト大統領についてつきまとうミステリーの1つは，なぜ彼があのようにモーゲンソーを重用したかということである．ローズヴェルト政権を構成した重要人物で，最もしばしば，最も長時間，ホワイト・ハウスにいたのはモーゲンソーであったと言われている．

レクスフォード・タグウェルも，あの天才的政治家とこの凡庸な財務長官とがなぜあのように親密な関係にあったかという問題について自己の見解を述べているが[14]，タグウェルの最終的な解答は両者の個人的関係に求められているように思われる．ジェイコブ・ヴァイナー(Jacob Viner)を初めとしてモー

ゲンソーが集めた顧問からローズヴェルトが学ぶことは何もなかったと言ってよい．モーゲンソーが口を開けば，何が出て来るかをローズヴェルトは熟知していた．「均衡予算」，「予算の均衡化」——それが明けても暮れてもモーゲンソーのリフレインであった．しかし，ローズヴェルト大統領も生身の人間であった．彼の多忙な公的生活は確かに彼の生きがいであり，彼の生活そのものであった．しかし，この凡庸な財務長官，「死体置場のヘンリー」(Henry the Morgue)には，心おきなく自己の悩みを語ることができた．フランクリン・ローズヴェルトにとって，モーゲンソーは気のおけない友人であった．寝る間も惜しむローズヴェルト大統領がモーゲンソーには時間をさいた秘密はそこにある．どうせ分りきった回答しか得られないと知っていても，個人的な話相手を大統領は必要としていたのである．おおむねこれがこの問題についてのタグウェルの解釈である．

　すでに述べたように，ローズヴェルト大統領は当時のエスタブリッシュメントの例にもれず財政均衡論者であったが，モーゲンソーの保守主義に理論上の全幅の信頼を置いていたわけではなかった．ハロルド・イッキーズは，1934年11月15日の日記に次のようなエピソードを書き残している．その日ホワイト・ハウスで，大統領とモーゲンソー，ハリー・ホプキンズおよびイッキーズによる会議が開かれた．そこでの議題の1つは公共事業プログラムであり，モーゲンソーはこの提案を反故にすることを考えていた．次年度の50億ドルにのぼる公共事業プログラムの資金調達について財政上の数字を提出して反対しても大統領が動じないので，モーゲンソーは，ポケットからジェイコブ・ヴァイナーが作成したメモを取り出して，ここ数年先まで計画されている公共事業プログラムを根底からひっくりかえす提案を行いたいと述べた．モーゲンソーがそれを読み始めるや，大統領は笑い出した．イッキーズは，モーゲンソーの読みあげたメモの内容そのものは伝えていないが，次のようなコメントを残している．「私は経済学者であるふりはしないが，そこで出された議論は，馬鹿げており，不条理の域に達していた」[15]．

　さて，タグウェルによれば，1937-38年の景気後退に際して，ローズヴェル

ト大統領は「むしろ不名誉なほど確信を失っていた」[16]．

　エクルズは，政府支出の縮小が景気後退に拍車をかけたことを強調した．他方，モーゲンソーは，彼の「健全」財政政策は景気後退と何の関係もないし，むしろエクルズとその仲間こそビジネスの信頼の喪失を引き起し，景気後退に拍車をかけたのだと主張した．

　エクルズによれば，1937-38年の景気後退は，「政府支出がひどく減少させられ，社会保障法の導入によって消費者の所得がさらに減少させられたときに，企業の在庫が急速かつ投機的に蓄積されたことに主たる原因があった」[17]．

　エクルズによれば，在庫投資の投機的増大はヨーロッパにおける戦端と金の合衆国への流入とが原因であり，他方，社会保障法による「徴税」が1937年から始まり，それが消費者の購買力を削減した．社会保障税はまだ政府が取る一方で，政府からの支払いはなかったのである．1937年にはまた退役軍人に対するヴェテランズ・ボーナスの支払いもなかった．それはすでに支払いが終っており，それまでに消費財への需要を，いわばはたき切っていた．これら全体の帰結は，1936年には消費者への支払いのため政府予算が赤字となり，1937年には消費者所得が減少しかつ政府予算がようやく均衡したということであった．消費者所得は，大雑把に言って，在庫の過剰投資分だけ減少した．政府支出がそれを補うに十分なだけ実施されなかったのだから，景気後退は必然的であったというのがその説明であった．

　エクルズおよび「スペンダーズ」がこのような診断を行ったとすれば，彼らの処方は，当然に，政府支出の急速な再開であった．スペンディングこそ脱出へのカギではないか．これに対してモーゲンソーは，ジェイコブ・ヴァイナーを初めとする顧問にせきたてられて，自己の立場を「ほとんどヒステリックに防衛した」[18]．こうして，「バランサーズ」と「スペンダーズ」の抗争は頂点に達することになった．

　1937年11月10日に「政治学会」(the Academy of Political Science)でモーゲンソーは講演することになっていた．この「学会」の名称はミスリーディングで，実際にはビジネスマンの団体であった．この年のニューヨーク総会が

モーゲンソー財務長官を招いたのは，ローズヴェルト政権の分裂をかきたてるためであったわけではなかったであろう．しかし，モーゲンソーは，この席で均衡予算の達成を公約し，それによってビジネスの信頼を回復すべきであるという確信を披瀝しようとしていた．

11月3日に，モーゲンソーはホワイト・ハウスに電話をして，新たな景気後退に入りつつあるようだから，大統領は何かをしなければならないと述べた．ローズヴェルトは，小集団のニューディール反対者が意図的にビジネスを不況に陥らせて，わが政権に何かの要求を呑ませようとしていると答えた．モーゲンソーはそのような人々はいないと反論し，「私が提起している問題はまさにあなたと私とのあいだで解決されるべき問題だ」と述べた．

ローズヴェルトの答は事態の核心をついたものであった．「エクルズに話したのか」．「エクルズはあるプログラムをもっており，私はなぜ彼がそれを君に見せないのかと尋ねたところだ」[19]．

11月4日，モーゲンソーは電話でエクルズと話し合いをすると同時に閣議のあとエクルズと実際に会見した．エクルズは，最終的に，スペンディング再開の提案に切り込んだ．しかも，エクルズは，モーゲンソーの件の講演の草稿の内容が「デフレ的」であると批判した[20]．こうして，2人に代表される政策の対立はぎりぎりまで先鋭化し，個人対個人の対立にまで結晶化した．

エクルズ=「スペンダーズ」が大統領の支持を獲得するに際して，その媒介者となったのは，いまやローズヴェルト政権の寵児であったハリー・ホプキンズであった．

ローズヴェルト政権の赤字スペンディングへの決定的移行は，1938年春に，ローズヴェルトがウォーム・スプリングズで休養中に，つまりローズヴェルトのそばにモーゲンソーがいないときに，一種のクーデターとして実現された．エクルズは次のようにその事情を書いている．「その年の初めに赤字スペンディングの再開を迫ってきわめて活発に動いたハリー・ホプキンズは，そのときフロリダにいて，むずかしい手術からの回復をはかっていた．そこにいるあいだに，彼は上述の線[補整的支出]に沿った行動をもう1度大統領に迫ったなら

第4章 「財政革命」への歩み

好ましい回答を得られると感じたようである.彼はウォーム・スプリングズの大統領に会おうとし,途中アトランタで降りて,レオン・ヘンダスン(Leon Henderson),オーブリ・ウィリアムズ(Aubrey Williams),およびビアズリー・ラムル(Beardsley Ruml)を呼び寄せた.彼らは一緒になって意図された赤字スペンディングの弁護理由をもう1度考え出した.このメモで武装して,ホプキンズはローズヴェルトと会って討論するためにウォーム・スプリングズに向かった.大統領の列車がワシントンに向けてホプキンズも乗せて出発する4月2日までに,予算を均衡化させる計画の全体が廃棄された./国民はこの事実を1938年4月14日に知らされた.その日ローズヴェルトは大規模なスペンディングの再開を訴える教書を議会に送った」[21].

このときメイシーの財務部長ラムルの貢献が大きく,連邦政府の干渉は鉄道への土地の付与,金貨の鋳造など昔からあることだというラムルのメモがローズヴェルトの心を捉えたと言われる[22].いずれにせよ,ホプキンズらのこのときのローズヴェルト「攻略」の戦略は,スペンディングを伝統的正統的連邦政府政策の延長線上にあるものと位置づけてローズヴェルトを説得することにあった.大統領としてのローズヴェルトは,政策の革新が,自分自身はもとより他の人々をも説得しうるものであるという保証を必要としていた.スペンディングが「アメリカン・システム」に固有の政府政策からはずれたものではないことを大統領は確信する必要があったのである.だから,ウォーム・スプリングズのメモは,エクルズが大統領に送り続けたメモのスタイルと基調とは異なっていた[23].いわんや,ケインズ理論による正当化の試みなどありえなかった.しかし,この時点で重要なことは,「スペンダーズ」がついにローズヴェルトの心をつかんだということであった.

こうして,エクルズに代表される「スペンダーズ」がモーゲンソーに代表される「バランサーズ」に勝利した.ローズヴェルト政権は公然たる赤字スペンディングの道に一歩踏み出したのである.赤字予算をつくりさえすればよいと言っているのではない.アメリカの財政政策が伝統的観念の呪縛から解放されて飛躍できることになったことをわれわれは重視したいのである.それが

1938年における抗争の結着のわれわれにとっての意義である.

3 ケインズとアメリカ

「雇用法」の成立を準備する歴史過程で忘れることのできない人物がいる. それは, 言うまでもなく, ジョン・メイナード・ケインズ (John Maynard Keynes) である. 合衆国における財政革命もまた当然にもケインズの名に結びつけて語られている. だがわれわれはいま, ニューディール期から「雇用法」の成立に至る歴史過程を問題にしている. 実は, この過程全体を通してケインズが合衆国の連邦政府政策に一貫して影響を与え続けたわけではない. この過程におけるケインズとケインズ理論の意義を適切に位置づけることが必要である.

アメリカ合衆国の知的世界においてケインズが知られたのは,『平和の経済的帰結』を通してであった.『帰結』を読んだロシア革命の指導者レーニンが, イギリスの国益を忠実に代表する実際家としてケインズを高く評価し, ウィルスン大統領の「平和主義」の幻想に批判的な見解をケインズと共有する旨を表明したことはよく知られている[24].『帰結』は, 他の国の場合と同様, 合衆国においても1つの「センセイション」[25]であった. ケインズは「親ドイツ的」であるとみなされ, ウィルスン大統領に対するケインズの辛辣な批評に反発を感じる向きもあった. ケインズはまた30年代を通して『ニュー・リパブリック』誌にさまざまなテーマで寄稿し続けた.

ケインズとアメリカ合衆国との関係を見るのに興味深い事実として, 1930年代にケインズは2回訪米している (その前の訪米は, 1917年のことであった). 第1回目は, フーヴァ政権下の1931年5月末,「ハリス基金」レクチャーのためにシカゴ大学から招聘されたものであり, 同時にフーヴァ大統領とも会見している. 第2回目は1934年6月で, このときにはローズヴェルト大統領と会見している.

ケインズの30年代における第1回目の訪米の年, 1931年頃のケインズにつ

第 4 章 「財政革命」への歩み

いて，シーモア・ハリスは次のように述べている．ケインズは，「彼が執筆して以来いまや常識となっていることを説いた——政府は不況期には支出を増やし，課税を減らすべきであり，好況期には支出を減らして，課税を増やすべきである．これらの単純な真理こそケインズの発見にかかるものであったが，それが人々の心に十分刻みつけられるまでには何百回も繰り返されなければならなかった」[26]．シーモア・ハリスはケインズの信奉者であり，ケインズについて半ダースにのぼる書物を著したことで知られている．

このハリスの指摘に対して，当時シカゴ大学にいたジェイコブ・ヴァイナーは水を掛ける体の所感をもらしている．「この公式はケインズの発見であったかも知れない．しかし，私は遅くとも 1931 年の夏［ケインズ訪米の時］にはすでにそれを用いていた．しかも当時私はケインズのジャーナリスティックな著作を読んでいなかったから，それをケインズから借用したとも思わない．このアイディアは当時私が属していたアカデミックな環境においてはすでに常識であったし，私のシカゴの同僚の誰かがそれに異論を唱えたかも知れないとか，彼らがそれをケインズから，あるいは私から，学ぶ必要があったとか，いま想起することはできない」[27]．

「ヴァイナーは，……劇的な，あるいは根本的に革新的な趣きのあるどんなことをも嫌った」[28] 人であるというのが，アラン・スウィージーのヴァイナー評価であるが，ここでジェイコブ・ヴァイナーが彼の呼ぶケインズの「公式」，「アイディア」を赤字スペンディング・ポリシーという実践的帰結までも含めて十全に理解していたわけでないことは明らかである．ヴァイナーは，前節で見たように，「バジェット・バランサーズ」の中核を成していた財務長官モーゲンソーの経済顧問であり，1937 年の景気後退に際してローズヴェルト大統領が赤字スペンディングの方向に決定を下した転換点においても，モーゲンソーに進言して，1939 会計年度には予算を均衡化させるという保証を与え，それによって民間投資を鼓舞するという路線をローズヴェルトに提起しているからである[29]．

にもかかわらず，ヴァイナーはケインズの言っていることなどすでに常識で

あったと言う．こうしたヴァイナーのようなケインズ評価を説明するのに適切なのは，「すれ違い」仮説である．つまり，当時の経済学者はケインズの言うことを自分の言葉と先入見で焼き直して把握し，それによってケインズを理解したつもりになっていたわけだ．スタインの次の解釈は，直接にヴァイナーを指しているものではないが，この間の事情を説得的に説明している．すなわち，1936年以前の「経済学者たちは，自分たちがいつも語ってきたことを，ただ言葉と強調点と現状への適用とをわずかに修正しただけで，ケインズが語っていると考え，当時受け容れられていた教義を基準にしてケインズを評価する傾きがあった」[30]．

さて，合衆国にローズヴェルト政権が誕生し，ニューディールに乗り出したとき，ケインズはその熱狂的とも言える支持者となった．「大胆かつ持続的実験」を唱道するローズヴェルト大統領は，自国の鈍重な正統主義と自己満足の雰囲気とたたかってきたケインズにとってきわめて魅力的な存在であったし，さらにはまた自分が年来あたためてきたアイディアが初めて実行に移されるものと彼は期待したであろう[31]．1933年12月31日付の有名なローズヴェルトあて公開書簡をケインズは次のよびかけで書き出している．「あなたはみずから進んで，現存する社会制度の枠組の内部で，理性に基づいた実験によってわれわれの現状の弊害を矯正しようとしている各国の人々のために，受託者となったのである」[32]と．

ケインズにとってこの一文は，言うまでもなく，「現存する社会制度の枠組」の外部にあるヒトラー体制およびスターリン体制との対比という当時の世界情勢の中で重要な意味をもっていた．それだけに，ローズヴェルト政権の実験に対するケインズの期待と希望は大きかった．

しかし，期待や希望は影響力とは違う．ニューディールの経済政策の背後にケインズの影響力があったという伝説は，やはり伝説にすぎない．ウィンチは，ニューディール当時の1933年12月の『ニューヨーク・タイムズ』紙と戦後の1962年10月の『ニュー・リパブリック』誌からこの種の論調を引いて，この伝説がなかなか消えないことを指摘している[33]．例えば，『ニュー・リパ

ブリック』誌はこう述べている.「ニューディールの基礎にある根本理論は,ジョン・メイナード・ケインズと大西洋の両側の彼の同僚とのそれであった」.だが,何よりも確かなことは,大西洋の新大陸の側にはまだケインズの「同僚」はいなかったということである.

1934年6月にケインズは再び訪米し,このときにはローズヴェルト大統領と会談した.だが,この2大巨人の歴史的会見はローズヴェルトのケインジアンへの改宗をもたらさずに終った.フランシス・パーキンズは,ケインズの大統領訪問について次のように回顧している.「ケインズは1934年にやや短時間ローズヴェルトを訪問し,高尚な経済理論を語った.そのあとローズヴェルトは私にこう述べた.'君の友人のケインズに会った.彼は数字の長話を置いていった.彼は経済学者よりもむしろ数学者に違いない'」[34].このとき,ローズヴェルトはケインズを指して「政治経済学者」(political economist)と呼んでいる.アメリカの公的世界では,それはすでに前世紀末以来死語となっていた.ローズヴェルトの経済学的素養はその程度のものであった.パーキンズはまたケインズのローズヴェルト評価をも伝えている.「ローズヴェルトとの会見のあと私のオフィスに来て,ケインズはローズヴェルトのとってきた行動に対する彼の称賛の意を繰返したが注意深くこうも述べた.自分は'大統領が経済学的に言ってもっと学識があると想定していた'と」[35].

こうしたエピソードから傍証されるように,この時点でもニューディールに対するケインズの影響を語ることはできない.

ニューディールの渦中で自己の青春を燃焼させた経済学者レオン・キーザリング(Leon Keyserling)は1971年末の「アメリカ経済学会」で次のように証言している.「ケインズに対する当然の敬意をすべて考慮に容れても,もしもケインズが生を享けていなかったならば,そしてもしもケインズの名を冠したいわゆる経済学派が存在していなかったならば,ニューディールが実際とは非常に異なっていたであろうということに,私は合理的な証拠を十分に見出すことはできない」[36].

当初からケインズ的な理論的アプローチに従っていたことを表明しているの

は，1922-25 年にロンドン・スクール・オヴ・エコノミクス(LSE)で教育されたラクリン・カリー(Lauchlin Currie)であった[37]．しかし，カリーはニューディール政策全体に影響を与える地位にはいなかった．

　ケインズの伝記を書いたハロッドも結局否定的結論に到達している．大西洋の旧世界側からの証言である．「私は，大統領がこの会見によって深く影響され，その後彼の政策をある程度ケインズの理論に照して進めたということが真実であるかどうかを見出すのにとくに労をとった．証言は矛盾を含んでいる．事情をよく知っている人々のあいだの支配的な意見は，ケインズの影響は大きなものではなかったということである．大統領がケインズに最高の敬意を払っていたことは疑いの余地がない．自国の多くの経済学者によって非難されていた大統領にとって，この有名なイギリスの経済学者が彼自身の経済的実験のいくつかに賛成しているということを想起するのは，うれしいことであっただろう．そのことと彼によって深く影響されたということとは全く別問題である」[38]．スタインは「大統領がケインズに最高の敬意を払っていた」というこのハロッドの評言を承認しようとしない．ケインズの 1938 年 2 月 1 日付大統領あて「スペンディング」書簡に対する返書を，大統領はモーゲンソーに書かせたではないかというのである[39]．

　ローズヴェルト大統領がケインズとその理論を受け容れることができなかったというこの問題の本質はどこにあるか．出色のローズヴェルト論の著者はそれについて次のように明快に述べている．「ローズヴェルトの精神は機能的な精神であった．瞬間的で鋭く，スピードが持続し，柔軟であった．それは彼の知的な習慣に示されている．彼は精緻な，練り上げられた理論を嫌った．彼は，行政の改善，制度としてのキャビネットの強化および議会への対処の仕方について大学人が常に送ってきた長い抽象的な書簡にほとんど注意を払わなかった．彼は抽象というものを嫌った．彼の精神は細部，特定されたもの，個別的なものを望んだ．彼は変わることなく一般的な問題には例を挙げることによって答えた．個別のビジネス，カンザスの農民，ハイド・パークの問題，ウィルスン政権時代のある状況などという形で．彼の情熱は具体的なものに向けられてい

第4章 「財政革命」への歩み

た」.「ローズヴェルトは，1人の思想家として，ケインズ経済学が彼に与えた機会を捉えることができなかったというだけのことである」[40]. パーキンズも同じ感想をもらしている.「彼[ケインズ]がローズヴェルトに話をしたとき，ローズヴェルトが経済学的知識の高い層に属しているかのようにローズヴェルトを取り扱うのではなく，具体的に話せばよかったものをと私は考えている」[41].

だが，1936年刊行のケインズ『一般理論』はその影響力をアメリカにおいても行使しつつあった.「イギリスのケンブリッジで鳴らされた……トランペットは，マサチューセッツ州のケンブリッジでもきわめてはっきりと聞かれるようになった. ハーヴァードは合衆国にケインズの思想が伝えられる際の主要通路であった」[42].

サムエルスンは,「ケインズの著書が到着したときの若い経済学者の興奮を，キーツがチャプマンのホーマーを最初に見たときのそれになぞらえている」.「昼間はまだ古い経済学が教えられていた. しかし, 夕方には, そして1936年以後になるとほとんど毎夕, ハーヴァード・コミュニティのほとんど誰もがケインズを論じた」[43].

そして, 1937年秋に, ミネソタ大学にいたアルヴィン・ハンセンがハーヴァードにやって来た. ハンセンはすでに齢50を数えていた. ハンセンは直ちにケインジアンになったわけではなかった. 1936年夏に『イエイル・レヴュー』にケインズ『一般理論』の書評を書いたときはハンセンはまだそれに対して冷淡であった. ハンセンが自分自身のケインズ解釈としての「長期停滞論」を発表して, ケインズ理論を完全に受け容れたのは, 1938年12月の,「アメリカ経済学会」での会長演説においてであった. そして, ハンセンについて特筆すべきことは, 彼にとっては,「経済思想はその実際の利用と切り離されてはいない」[44]ということであった. ひとたびケインズの思想を受け容れたハンセンは, それを書物や論文や講義で展開し, それをアメリカ経済に適用した. ハンセンは, 学生や若い世代の人々にこの思想を理解するよう説得し, また理解したら他の人々にも理解させ, 行動に移すよう説得した. こうして, ハンセ

ンは,「みずから求めてでもなければ,その事実を完全には知らないままに,この十字軍の指導者となった」[45].

アメリカ合衆国におけるケインズ革命の上でのハンセンの功績をガルブレイスは次のように高く評価している.「アルヴィン・ハンセンの勇気と知性に負うところは特に大きい. 保守派でさえ資本主義と呼んでいるものを救うという功績において, ハンセンの右に出るものは, ただケインズだけである」[46].

1938年10月に, 若い世代のケインジアンの初めての宣言が出された.「ハーヴァード=タフツ・セヴン」[47]の『アメリカ民主主義のための経済計画』(*An Economic Program for American Democracy*)であった. その基礎にあったのは,「成熟」テーゼであった.「将来のための建設は, 人口の急成長と共に経済が拡大しているときには, よいことであった. 拡大の制限に到達し, 人口の成長率が鈍化したときには, 将来のための建設はますます危険な冒険となった. その量が収縮し, それと共に現在において購買する能力が収縮した. 過去においては拡大が自分で自分を養ってきた. 現在においては収縮が自分で自分を養っている. これが1929年から現在までに至る趨勢の逆転の基底にある基本的変化である」[48].

「ハーヴァード=タフツ・セヴン」の宣言とハンセンの会長演説がワシントンのニューディーラーたちに与えた影響を, スタインは次のように分析している. ニューディーラーたちは,「5年間も政権にあるのに, なぜ経済はいまなお不況下にあり, なぜ赤字スペンディングがいまなお必要とされるのかを証明しなければならなかった. 彼らは, ニューディールが[民間]投資をおじけづかせたがゆえに繁栄は再獲得されなかったのだという非難に回答しなければならなかった.『一般理論』が彼らにその回答を与えた. ……この回答によれば, 問題はニューディールが行ってきた何かにあるのではなくて資本主義の致命的欠陥にあるのであった. この欠陥とは, 技術的に進んだ経済においては民間投資が完全雇用貯蓄に立後れる傾向が不変的であるということであった」. だから, ニューディールの実験から学ばれるべき最大の教訓は次のことでなければならない.「ニューディールの唯一の誤りは十分にスペンドすることに失敗し

たところにある」と[49]．

4　1939年行政改革
──予算局の独立とその意義──

　「1946年雇用法」は，連邦議会に「合同経済委員会」(JEC)を設置すると同時に，大統領行政府の中に大統領「経済諮問委員会」(CEA)を設立させた．大統領行政府におけるCEAの設立は，合衆国における財政革命を構成する重要な事実にわれわれの注意を喚起する．

　第1に，マリー上院議員の提案にかかる「1945年完全雇用法案」(S. 380)にあった「諮問委員会」構想を議会がCEAという形で承認したことである．この場合，連邦議会の役割は，提起された「諮問委員会」構想を「経済諮問委員会」という名称と実体によって合法化したことだけに限定される．これを，ケインズ的発想がはらまれていることが一見して分る他の規定，例えば，「完全雇用を持続させることを保証するために必要とされうるような連邦[政府の]投資と支出の量を供給すべき連邦政府の更なる責任」という規定を原案から完全に抹殺した議会の行動に照らせば，その対照はきわめて明白である．1946年2月のベイリーとの会見で，ハンセンは，スペンディングの規定を除く原案のすべての条項は飾りものにすぎないと表明したという[50]．対決点はそこにあった．

　しかし，大統領直属下に，専門の経済学者からなる長期的視野に立つ諮問機関が設置され，法的権威を与えられることは，合衆国大統領が独裁者になることをけっして意味するものではないことを議会は結局承認したのである．

　第2に，大統領「経済諮問委員会」がほかならぬ「大統領行政府」の内部に設置されるべきものとされたことに注意すべきである．「完全雇用法案」をめぐる議会内外の論争の過程で，「経済諮問委員会」構想が提起されたとき，すでにそこには同諮問委員会を包摂すべき「大統領行政府」が存在していたのである．そして，「1946年雇用法」は，大統領行政府の中に存在すべき1機関を

議会側のイニシアティヴによって法制化した初の立法であったという点においても歴史的な意義をもっている[51]．われわれのテーマとの関連で言えば，実はこの「大統領行政府」(Executive Office of the President)の創立も，ニューディールの実験と模索の産物であった．

　ニューディールの経過の中で注目に値する1つの流れがある．それは，大統領職に課せられる行政統合の責任をどう保障するかという問題にかかわる．

　アメリカ合衆国大統領には4つの基本的責務が課せられている．大統領は，まず第1に国家元首(Chief of State)であり，第2に軍の最高指揮官(Commander in Chief)であり，第3に立法を起案したり，国内政治で中心的に活躍したりする政治指導者(Political Leader)であり，第4に合衆国政府の行政部門の長としての主任行政官(Chief Administrator)である．合衆国軍隊の最高指揮官としての大統領の責務は，内乱や戦争時には，もちろん厖大なものになる．だが，平時におけるチーフ・アドミニストレイターとしての大統領の責務にもまたおびただしいものがある．なぜなら，憲法上，全行政組織の活動の責任は一にかかって大統領にあるからだ．一切の行政権力を大統領に帰属させる合衆国憲法上の規定からして大統領は合衆国政府の全行政組織を統括する責任を負わなければならないのである．ここでの問題の所在は簡単明瞭である．一個の人間にそのような万能の発揮を期待することはできないということだ．大統領職がどのような激務であるかは知られている通りであり，「大統領職を1期つとめれば，その人の寿命は5年間縮められると推計されている」[52]と言われたほどだ．ましてや，ニューディールのような改革に伴う行政機構の拡大が問題を一層増幅させたことは言うまでもない．

　ローズヴェルト政権は，いくつかの試みのあと，最終的に，1939年の行政改革によって，「大統領行政府」を創設し，大統領の行政統合責任の行使を保障する制度的枠組をつくりだした．

　アメリカの行政改革については，戦後のいわゆる「フーヴァ・コミッション」の報告の方がむしろよく知られているが，実際には，「1949年にフーヴァ委員会によって表明された大統領職についての一般的概念は，1936-37年に大

統領[行政管理改革]委員会によって表明されたそれといかなる重要点においてもまったく異るところはなかった．そして，ホワイト・ハウス・オフィスに「参謀秘書」(Staff Secretary)という新しい地位を設けるべきであるというフーヴァ委員会の提案を除けば，大統領委員会が以前に勧告したものをこえる何の追加も提案されなかった」53)とされている．こうして，1939年「行政再編法」(Administrative Reorganization Act)は，「連邦政府の近代化に対するFDRの最も持続的な貢献の1つをなしていた」54)というのが最近でも行われている評価である．

ところで，言うまでもなく，われわれの関心は，アメリカ合衆国における行政改革それ自体にあるわけではない．合衆国における財政革命にとって意義深いことは，1939年の大統領行政府の創設と共に，「予算局」が財務省から独立させられて大統領行政府内に移管させられ，その強力な構成部分となったことである．しかも，合衆国がその後臨戦体制に入ると，上述の行政統合の主たる機関は事実上大統領行政府の1部局として設置された「戦時動員局」(Office of War Mobilization)に移り，予算局はもっぱらニューディール期の財政政策の総括と国家予算概念の彫琢に従事した．1940年から1945年までの大統領予算教書は，予算局のトップ・レベルのポリシー・メイカーたちの認識の深化を反映した記念碑であると言っても過言ではない．

以下，この経過について検討する．

未曾有の恐慌の中でともかくも失業救済と景気回復のために何かをやらなければならないというのがローズヴェルト政権にさしあたり要求された歴史的課題であり，しかもローズヴェルト大統領自身がこの課題に進んで対応することを決意していたから，ローズヴェルト政権の成立とともに行政組織の数と職分は拡大し続けた．1933年3月から34年末までのニューディール初期2年間に，60を超える新しい行政機関が連邦政府に追加されたという55)．これらの機関は，例えば，「連邦緊急救済局」がFERA，「民間事業局」がCWA，「公共事業局」がPWA，そして有名なTVAなどのように，機関名称を構成する単語の頭文字で呼ばれたので，「アルファベット機関」というあだ名をつけられた．

これらの緊急諸機関の設立をめぐる特徴は，まず第1に，それらが新設の官庁として設立されたことである．その理由としては，既存の省庁が大恐慌の深化の中ですでにフル稼動の状態にあり，したがってニューディールの新しい実験のための職能を既存省庁に課することは無理であったこと，また既存省庁のルーティーン的行政と新しい実験との調整に時間を割くいとまがなかったこと，逆に緊急の恐慌対策として職能を特定された機関を創設すれば，その機関はその全精力をこの特定された職能の遂行に捧げることができるであろうし，しかもそれぞれの新設機関の長官に大統領が年来熟知している才能の持ち主を起用すれば，それらの長官は大統領の個人的激励を背景に実験に邁進することができるであろうこと，さらには，緊急の，言い換えれば，特定の職能の完遂とともに廃止される暫定的機関として，これらの機関の設置を提案すれば，行政部門の肥大化にたえず警戒の目を光らせている議会の支持をとりつけ易かったことなどを挙げられるように思われる．（この最後の点，すなわち緊急救済機関が暫定的な性格のものとして設置されたこと，したがって，例えば失業救済事業という名の公共事業が線香花火のような短命の燃焼をたえず強いられることによって，その景気回復効果にいちじるしい制約を加えられたことは前章で指摘した通りである．）

　初期ニューディールの緊急機関の設置をめぐる第2の特徴は，これらアルファベット機関相互のあいだの，あるいはこれらの機関と既存省庁のあいだの行政上の関連と調和について事実上何の顧慮も払われなかったことである．アルファベット機関は，未曾有の恐慌が生み出した問題群を構成する主要な要素のいわばそれぞれに対応してつくり出された．だから，それらは，雨後のタケノコのように叢生した．そこから当然に帰結するものは，機構上の混乱であり，行政の重複であった．失業救済事業と本来の公共事業の同時遂行がその最たる例である．救済事業のホプキンズは貸付金よりも補助金を増やそうとし，公共事業のイッキーズは補助金ではなく貸付金として支出しようとする．予算局長官ルイス・ダグラスは貸付金も補助金も共に減らそうとし，さもなければ貸付金への利子を増やそうとする．農務長官は農業調整局（AAA）長官と仲良くで

きないし，労働長官もまたニューディール立法による新しい諸機関の長官が自己の守備範囲に侵入して来ることに困惑する．

しかし，ひとが1930年代半ばのアメリカ合衆国に生み出されたこのカオスをたんなる混乱としてしか表象することができないとすれば，それは歴史の真の意味を見失うことにつながる．カオスの中身は躍動であった．そして，躍動は行政という言葉からはほとんど連想できないものの1つであろう．アルファベット機関の活動が与える印象はたんなる混乱ではない．むしろ，新しい実験の遂行をめざして各参加者が発揮したイニシアティヴのめざましさである．この解き放たれたようなエネルギーの発露こそ，カオスの内実であった．エネルギーの発露がカオスを生み，カオスがまたエネルギーを創造した．

ローズヴェルトは，1933年3月4日，彼の最初の就任演説で，「われわれが恐れなければならない唯一のものは恐れそのものである」という歴史に残る名言を国民に伝えた．サムエル・ローゼンマンによれば，ローズヴェルトはこの一言のヒントをソローの次の文言から得たという[56]．「恐れ以上に恐れるべきものはない」("Nothing is so much to be feared as fear")．それは，実験と行動を鼓舞する新大統領のいわば闘争宣言であり，この鼓舞によって解き放たれたエネルギーこそ，沈みきったフーヴァ政権下のアメリカからニューディールのアメリカを画然と区別する特徴であった．30年代に「全国青少年局」(NYA)その他を通してニューディールに参画したのちの大統領ジョンスンの夫人，レイディ・バード(Lady Bird Johnson)の回顧は，ここに引用するに値する．「それは，イースト菌が発酵しているような，興奮させられる時期でした．どのオフィスにも夜遅くまで電気がついていて，誰もが腕まくりをしてアメリカを偉大にすることができると本当に思っていました．リンドンはそれをこう表現しました．'地獄の火をバケツ一杯の水で消せるような気がしてくる'．この感情，この熱狂が彼らをぎりぎりまで駆りたてたのです．アメリカ人民の生活の水準と安寧を向上させる熱意に燃えたあのように多くの良心があの都市[ワシントン]に集まったことは，わが国の生活の上でほとんどなかったことでした．私は私がその一部になったことをうれしく思っています」[57]．

こうして，ローズヴェルトは，「ありきたりの神々が与えるルールを無視して無秩序をつくり出す天才」[58]と呼ばれたが，その一方で，直接の会見と電話を通して，超人的とも言える対人接触に努め，必要とされる行政統合の努力をみずから行い，また「ブレイン・トラスト」に代表される腹心を使って，情報収集と調停に努めた．ガンサーは，ローズヴェルトの1日の執務時間が14時間に達し，そのうち4分の1は電話での対話に費されたと伝えている[59]．しかし，これらは伝記的細目に属する話題であろうから，ここでは一切省略する．

他方，ローズヴェルトは行政統合の組織的努力を行わなかったわけではない．彼の大統領としての組織的統合努力は，1932年7月12日に設置された「緊急会議」(Emergency Council, EC)，1933年11月の「全国緊急会議」(National Emergency Council, NEC)，1934年6月の「産業緊急委員会」(Industrial Emergency Committee, IEC)，および1934年10月に以上の3つを合体した新しい「全国緊急会議」(National Emergency Council)として実行された．

行政統合の努力をはかったこれらの会議の共通の特徴は，それらが既存のキャビネット長官にアルファベット機関の長官を加えて構成されたことであり，それらのあいだの相違は，構成メンバーの数が順次減らされたあと最終的な合併によって再び拡大されたことである．すなわち，第1の会議は，既存の10省の長官に，予算局長官，「全国復興局」(NRA)長官，AAA長官，FERA長官などを加えた総勢24人のメンバーから構成された．第2のものは，既存のキャビネット・メンバーからは，内務長官，農務長官，商務長官，労働長官だけが参加し，それにFERAを初めとする5つのアルファベット機関の長官または代表が加わって編成された．第3の委員会は，内務長官と労働長官に，FERA長官，NRA長官，それに大統領が別途指名した事務局長(Director)から構成され，のちにAAA長官が追加された．最後に，これらが合併されてできた新しいNECは実に34人のメンバーから構成された．

行政の統合をはかるためのこれらの会議は必ずしも効を奏さなかった．その理由の第1は，これらの会議のメンバーが既存の省と新設機関との長官から構成されていたことである．つまり，本来は行政統合の立場に立つべき会議の構

成メンバーが，実際には各省庁の利益代表たらざるをえず，一般的統合的次元で思考できたのは結局大統領ひとりだけであったことである．ローズヴェルト大統領は，のちに，「大統領行政管理改革委員会」の委員長となったブラウンロウ(Louis Brownlow)に，NECのかんかんがくがくの模様をこう語っている．「NECの全体が民主主義のすばらしい企て［エッセイ］であった．それはニューイングランドのタウン・ミーティングそっくりであった．誰にでも言いたい放題の機会が与えられた．私は多くのことを学んだ」．「しかし，ニューイングランドのタウン・ミーティングと同じように，それは大きすぎて実際の仕事をたいして行えなかった」[60]．

　第2に，それと関連して，会議の連続性と統一性を保障する人的法制があいまいであり，端的に言えば，これらの会議の事務局長役を命じられたひとは，大統領と会議構成メンバーとにはさまれて何ともおさまりのつかない位置に置かれたことである．EC設立の大統領令では，「大統領不在の際は」，事務局長ではなく，「在席キャビネット・メンバーの年長者が座長となること」とされた[61]．職能を特定された副大統領とは別に「次席大統領」のような役職はつくりえないわけだ．ECの事務局長をつとめたフランク・ウォーカー(Frank Walker)は，「静かで，やさしく，頼みになり，消しようもない親しみに満ちた」男[62]であったと言われているが，彼は事務局長というより舞台裏で大統領に代わって根回しを行う控えめな役割に甘んじた．これに対して，ドナルド・リッチバーグ(Donald Richberg)の悲劇は，彼が張り切りすぎたことにあった．リッチバーグは，NECの事務局長に指名されるや，多種多様な行政の統合をはかるというこの重要な責務を自覚して勇躍事にあたった．しかし，その結果は，キャビネット級ニューディーラーたちからの反発であった．イッキーズの日記は，こういうケースに際してよき証言となる．イッキーズによれば，定例会議でのリッチバーグは，「カナリアを呑み込んだ猫のように見えた．彼は彼の支配下に各種の省間委員会のすべてを集めつつある．もっとも，緊急会議のようなものの事務局長が政府の恒久的部門に付属する委員会となぜかかわりをもつのか，私の理解を絶する」[63]．「私は昨夜，モーゲンソーが彼を好ん

でいないことを発見した．そして，確かにハリー・ホプキンズも彼について私と同じ感情を持っている」[64]．リッチバーグの努力は時期尚早だった．彼は1935年5月，「1人の男が一時になしうる仕事の量には物理的限界がある」[65]というただそれだけの理由を大統領に告げるさわやかな引き際で事務局長を辞任した．後任にはウォーカーが再指名された．

こうして，キャビネット会議またはその拡大によっても，また人的法制を明確化せずにも，合衆国大統領職に課せられた行政統合の責任は十分に実現しえないことが明らかとなった．

1936年に設置された上院の「バード委員会」の報告(実際には，契約依託されたブルッキングズ研究所の研究報告)とローズヴェルトがブラウンロウを委員長として指名した「大統領行政管理改革委員会」(President's Committee on Administrative Management)の報告の両者にもとづいて，1939年に「再編法」が議会を通過した．立法まで時間がかかったのは，その間いわゆる「最高裁詰め換え」法案をめぐって，大統領と議会が厳しく対立したことにあるが，ここではそれについて立入る必要はない．

1939年再編法が最終的に議会を通ったあと，ローズヴェルトはこの法を権限の根拠として5件の大統領令を下した．その中には，移民・帰化業務を労働省の所管から司法省の所管に移したことなど，別の歴史的文脈からすれば重要なものもあるが，われわれのここでの課題からいえば，何と言っても「大統領行政府」の創設が注目に値する．

1939年9月8日の大統領行政令第8248号は次の5大部門からなる大統領行政府を設置した．第1に，本来のホワイト・ハウス・オフィスを拡大・制度化し，秘書の充実(フーヴァ大統領が3人に増やすまで，大統領付きの秘書はたった1人であった)，事務局長の設置，大統領付きの行政補佐官の設置などをはかった．第2に，合衆国予算局を財務省から独立させて，設置された大統領行政府に移行させ，予算局長官を文字通り大統領直属の役職とした．第3に，「全国資源計画委員会」(the National Resources Planning Board, NRPB)を設置し，「長期計画」(long-time plans and programs)を大統領と議会に勧告すべきも

第4章 「財政革命」への歩み

のとした．ニューディール期に欠けていた政府プログラムの長期性と計画性をこの機関によって保証しようとしたものである．前章でも指摘したように，実際の事態の経過の中では，このNRPBは，アメリカにおけるケインジアンの一大センターとなった．第4に，「人事管理連絡局」(Liaison Office for Personnel Management)が設けられ，前述の大統領付行政補佐官の1人をその長にあてることとした．第5に，「政府報告局」(Office of Government Reports)をつくり，連邦政府関係の情報への照会に応じ，その啓蒙にあたらせることとした．なお，この大統領令が発せられたのは，ナチス・ドイツがポーランドに攻め込んだ直後であり，ローズヴェルトは「緊急事態ないしは緊急事態の恐れがあるに際しては」緊急管理のための機関を大統領行政府内に設置すべきものとした．

　こうして，大統領を中心とする「同心円」[66]的体制ができあがった．中心の円が大統領の直接的な活動領域で，この円はトップの政策顧問たちによって構成され，以下そのまわりにいわば幕僚としての幹部職員が来て，各省庁が外円をなすというものである．

　ところで，39年の行政改革がわれわれの興味を引くのは，このような行政統合のための体制が一応まとまったことだけから来るものではない．合衆国予算局の位置づけがそれによって飛躍的に高められたことが重要である．大統領行政府の創設とともに財務省から独立し移管させられた予算局は，大統領行政府の中の最強力の機関となった．そこで，以下，このことをめぐる意義を検討したい．

　予算局が財務省から独立させられるべきことを勧告したのは，バード委員会＝ブルッキングズ報告であった．大統領委員会報告も，予算局が創立以来スタッフ不足のまま推移してきており，その役割にふさわしい権限を与えられていないと欠陥を指摘していたが，予算局の所在については，ひきつづき財務省内に存在すべきものとした．立法の過程で前者の勧告が実現したものである．

　予算局の所在という一見些細な問題をわれわれがなぜ重視するかは，連邦予算制度の歴史を概略たどればわかる[67]．

連邦予算制度が確立したのは，やっと1921年の「予算・会計法」(Budget and Accounting Act)によってであった．予算局もこのとき創設された．戦後1956年4月から58年3月まで第12代予算局長官をつとめたパーシー・ブランデッジ(Percival Brundage)は，合衆国の予算の歴史は4つに時期区分されるとして，第1期を1780年から1921年までとするとあっさり片付けている[68]．建国以来1921年まで予算制度のようなものはなかったに等しいというわけだ．

　1921年までは，予算に関しても，議会が決定し，行政府が執行するという建国以来の原理をそのまま踏襲する方式が行われていた．すなわち，各省の長官が下僚たる部局の長に次年度の支出要求の見積り書を提出させ，それらを当該長官においてまとめる．その際，各部局間の支出要求の調整は行われない．次いで，各省の長官は見積りの集成を財務長官に送付する．財務長官のもとで集大成された見積り書(Book of Estimates)は，何のコメントも修正もなしに，そっくり議会に送られる．議会に到着すると，この財務長官の見積り書は8つもの委員会にあてがわれるべく分割され，各委員会は自己に割り当てられた部分の審議にひたすら没頭するというものであった．

　このような予算決定過程が重複と浪費をもたらすことは明らかであり，20世紀に入ると共に財政規模が拡大するにつれて，その是正が広く認識されるようになり，1911年のタフト委員会の報告をきっかけに議会での審議が始まった．それ以後，最終的な立法にこぎつけるまで10年にわたる論争が続けられたのであるが，この論争を特徴づけるものは，立法府と行政府とのあいだの関係の再編は議会側の完全な同意なしにはありえないだけでなく，議会が従来から有する権限の実質的喪失は問題外であることに執拗に固執する議会の伝統的態度であった．

　予算決定過程における大統領の位置づけをめぐって，結局，上院と下院は異った結論に達した．上院は，財務長官に予算作成の責任を与えるとするマコーミック法案でまとまり，下院は大統領直属の予算局を提案するグッド法案でまとまった．1921年法は両院の妥協の産物で，予算の準備と若干の行政管理を責務とする予算局は，財務省の1部局であるが，大統領に直属するという奇

妙な位置づけを与えられた．大統領に直接責任をとる予算局長官が財務長官管轄下の1部局の長であるという馬鹿げた法制となったのである．

予算局初代長官には，ドーズ・プランで有名なドーズ (Charles G. Dawes) が1年期限の約束で就任し，予算局草創の任にあたった．1954年の時点で，ホッブズは，予算局長官には例外なく器量雄大な人物が就任しているという評価を下しているが[69]，初代のドーズと39年行政改革後のハロルド・スミス (Harold Smith) は中でも特筆すべき人物であろう．

ドーズは，長官就任後ただちに，予算局を財務省の1部局として創設した議会の愚行に痛憤している．1921年8月15日，当時の財務長官メロンについて，「この有能な男の理解のすばやさと協調的精神」が大きな喜びであるとする感想を述べた上で，ドーズは次のように予言している．「もしもメロンの地位に，ちっぽけな，あるいは嫉妬深い男が就いたら，予算局長官の生活は惨めなものになり，その仕事の大部分は無効になるだろう．予算局は，直接大統領のもとで機能するのだから，実際，財務省の1部局たるべきではない．……予算局の機構の有効性は，各省庁からのその独立と大統領へのその完全なる依拠にかかっているのである」[70]．

ドーズは，ハーディング大統領の威光を背景に，予算局とその長官の地位を確立しようと努力した．1921年6月29日付「予算局回状」第1号は，「合衆国における予算制度の恒久的成功は，概念としても行動のルールとしても以後疑念が生じないよう初発において確立されるべき若干の基本原理にかかっている」と宣言し，その原理の1つとして，「政府業務の管理 (business administration) にたずさわる予算局長官は，彼自身の局の管理を除いて法の下にいかなる責任も負わない．予算局長官はもっぱら業務管理の問題での大統領と議会の顧問にほかならない」[71]ことを明確化した．ドーズはまた「政府業務組織」(Government Business Organization)(20年代の有力者の例にもれず，ドーズもまたビジネスという言葉を好んで用いた) なる会議を創設して，キャビネット・メンバーから局長，次長，その下僚に至る無慮1200人の人々を集めて，経費の節約と行政の効率化を訴えた．

だが，ドーズがやめてから1938年に至るまで，予算局の存在は急速に軽いものになり，予算局は日常のルーティーン業務の中に埋没していった．ドーズが創設した上述の会議もフーヴァ大統領の時期に自然死を遂げた．1921年から38年まで，予算局の職員数は38人から42人のあいだで推移し[72]，結局本来の財務省の職員の助けを借りなければならなかった．予算局長官が各省の長官や幹部職員とわたりあうことなどおよそ考えられないことになった．

　十余年にわたる以上の経過を受けて，1939年の行政改革は，予算局にその然るべき地位を与えたのである．1939年の行政改革は，1921年法の規定とドーズの努力の再確認に外ならなかったが，しかし，このたびは5年にわたるニューディールの実験を踏まえていたから，そこにはまたおのずと新しい意味が付与された．

　大統領行政府に移管された予算局は，5大部門に新編成された．5大部門とは，予算局プロパーの責務として予算準備の過程で各省庁から提出された見積り書に検討を加える推計部門，行政組織，活動などの節約と効率化をもっぱら事とする行政管理部門，各省庁と議会委員会の照会に応じて既存法体系と新しい法案の整合性のいわば交通整理を行う法照合部門，1935年に設立された中央統計局が移管されて予算局の1部門となった統計基準部門，そしてきわめて注目に値する新設部門，フィスカル部門である．フィスカル部門は，予算の全国民経済的含意を広く研究することを責務とし，たえず推計部門との協力・共同がはかられた．なお，予算局の任務を規定した上述の大統領令は，予算局の一大任務として予算の準備と共に「政府の財政計画の策定」を行うこととしたが，これは，「財政計画」，すなわち fiscal program という用語が法令上用いられた最初の例であったとされている[73]．

　予算局のこうした新しい陣容は，行政統合の中心に立つ機関としての予算局の位置づけに十全の裏付けを与えるものであった．1945年に，すでに5年の長きにわたって予算局長官をつとめたハロルド・スミスは，次のように自負に満ちた筆致で予算局の地位を語っている．「政府における中心的位置からして，またすべての連邦諸機関との持続的連携からして，予算局は，提案された法案

第4章 「財政革命」への歩み　　　175

の広範な意味だけでなく，その行政的含意を分析できる有利な地位にある」[74].

　こうして，以後，予算局はアメリカ財政革命の主要な担い手の1つとなったのである．

5　第二次大戦の経験と教訓

　第二次世界大戦下の戦時経済に対する合衆国連邦政府のマネジメント総体を検討することはここでの課題では無論ありえない．そのためには別の著作を必要とする．ここでは，大戦中の経験が合衆国における財政革命に対してどのような意義をもっていたかを検討するにとどめる．

　第二次世界大戦は，アメリカ合衆国にとっていわば最後の「正義の戦争」であった．ベトナム侵略はもとより朝鮮戦争についてもその「大義」はおぼつかない．朝鮮戦争の勃発に際して，最初に侵攻したのは「北側」だったのか，それとも「南側」だったのかというのは，興味ある問題である．しかし，この問題に歴史学者や国際政治学者によってどのような結着がつけられるにせよ，「国連軍」の名を冠した合衆国軍隊がなぜ朝鮮半島に上陸する資格と権利をもっていたのかという問題を説得的に弁明できるひとはいないに違いない．

　ともあれ，第二次大戦は合衆国にとって「正義の戦争」であり，合衆国軍隊は「解放軍」としての側面をもっていた．ローズヴェルト大統領が日本の真珠湾奇襲をリアル・タイムで知っていて，それをアメリカ国民に隠していたというのはありうることである．そして，確かに「パール・ハーバー」はアメリカの世論を参戦の方向で一致させるうえでの触媒となった．しかし，「パール・ハーバー」をめぐるローズヴェルト大統領のマヌーヴァがあったかいなかは別にして，アメリカ合衆国が第二次世界大戦に「正義」の立場から参戦し，合衆国軍隊が「解放軍」としての側面をもっていたこと，したがってまた，アメリカ国民がそれに誇りをもって大戦に馳せ参じたことも事実であった．ローズヴェルト大統領は，いまや，「ニューディール博士」(Dr. New Deal) ではなく，「戦勝博士」(Dr. Win-the-War) と呼ばれることを望んだ．

第二次世界大戦がアメリカ合衆国にとって何であったにせよ，アメリカ経済について確実に言えたことは，第1に，それが大不況をついに克服して，アメリカ経済にふたたびブームをもたらしたことであった．大戦への参加によって，アメリカ経済はアメリカ史上最悪の長期不況からついに抜け出すことができたのである．

　1939年にはまだ17.2％の水準にあった失業率は，1944年には実に1.2％にまで減少していた．それは，「連邦緊急救済局」(FERA)も「民間事業局」(CWA)も「雇用促進局」(WPA)も，あるいは「公共事業局」(PWA)も，つまり，ニューディール総体がおよそ達成することのできなかった成果であった．労働統計局(BLS)の工場雇用指数によれば，1923-25年を100として，製造業全体の平均で，1939年が99.9であったのに対して，1940年には107.5となり，1941年1月で115.5，6月で127.9，10月で135.1に達した．連銀の工業生産指数によれば，1935-39年を100として，1940年10月の130から1941年12月の168にまで工業生産は急成長した．こうして，アメリカ経済はついに大不況から立ち直ることができたのである．

　民間企業家は，長びく大不況下で気息奄々とするなかで，ニューディールの過程において，テイブル・スプーン1杯ずつの気付け薬をもらうだけで意気が上がらなかったが，いまや1クォートのウィスキー，いな，1ギャロン，1バレルのウィスキーを与えられて，存分に酔いしれるよう連邦政府から推奨された[75]．民間企業は，たまりにたまった在庫を処分できたばかりでなく，新規投資をすることもなしに増産に次ぐ増産でかつての繁栄をとり戻した．いまや，アメリカ経済は，渇水期のあと突然豊富な水量を与えられた水車小屋のように，とどまることのないピストン運動に入ったように思われた．

　国防計画が本格的に始動したのは1940年であった．この年，会計年度ベースでの国防支出は，15億7900万ドルにのぼった．確かに，救済事業にはまだ18億6000万ドルが与えられ，農業援助にはまだ13億7500万ドルが与えられていた．しかし，政府支出全体は，過去10年間で最大の91億2700万ドルに達していた．1940会計年度末で国債残高は430億ドルに達していた．

第4章 「財政革命」への歩み

　翌1941会計年度は国防計画がついにフル稼動に入った年度であった．政府支出の総額は127億7500万ドルに達し，うち国防支出は一挙に63億100万ドルにのぼった．救済支出には14億5100万ドル，農業援助には10億9400万ドルがいまなお振り当てられていたが，もはや国防支出の比ではなかった．財政赤字はグロスで51億6700万ドルに達し，国債残高は489億6100万ドルに達した．

　国防支出のもたらしたものはビジネスの繁栄であった．ビジネスのニューディール批判はここに静まった．かつてローズヴェルト政権を警戒の目で見ていた人々は，いまや是認と賛同の目でそれを見ていた．生産しても，生産しても間に合わない大車輪状態にアメリカ経済は突入した．

　これらのビジネスマンにとって，WPAが学校を新設したり，修復したりすることはニューディール政権のカネの無駄使いであった．しかし，大西洋と太平洋を越えてミッションに派遣される爆撃機と戦闘機と航空母艦と戦艦と上陸用舟艇と戦車と機関銃と火炎放射器とその他諸々の兵器と兵員用の戦闘服等々を生産することは彼らの喜んで受け容れるべきプロジェクトであった．機会の国，アメリカの都市からスラムを一掃する費用は彼らの大部分にとってニューディール政権のカネの無駄使いであった．しかし，両大洋の彼方にあるどこかの都市を壊滅するためのあらゆるコストは是認さるべきものとされた．

　いまや，連邦政府が財政赤字を出そうが出すまいが，そんなことは問題ではなかった．共和党の議員が民主党の議員と肩を並べて赤字予算を伴う軍備・軍需支出法案を提出しても，もはや体面をとりつくろう必要はなくなった．フーヴァ政権時代はもとより，ローズヴェルト政権のニューディール期と比較して何という変りようであったことか．

　こうして，赤字財政支出は国防支出という形で公認されるところとなった．赤字国防支出――これが大不況からアメリカ経済を救出する最終的な解答となった．第二次世界大戦の経験の中から取り出すべき最も重要なものの1つはこれであった．

　さて，第2に，以上の文脈において第二次大戦へのアメリカの参戦を把える

とき，何よりも重要なことは，アメリカが「完全雇用」を達成したということであった．第二次大戦への参戦がもたらした繁栄は，人々の認識では「ブーム」でもなければ，「景気回復」でもなかった．それは「完全雇用」の達成と観念されたのである．いまや，「完全雇用」が時代のスローガンであった．「臨時全国経済委員会」(TNEC)が「完全雇用」という用語を普及させた．「完全雇用」というこの目の醒めるようなキャッチフレイズは直ちに人口に膾炙するところとなり，1944年の大統領選挙では民主党のローズヴェルトはもとより共和党のデューイ(Thomas Dewey)ですらその実現を公約したほどであった[76]．

「完全雇用」なる概念のもとで一体何パーセントの失業率が許容されるのかは当時問題とされることはなかった．大不況下の沈みきった雇用情勢と対照的な第二次大戦下のあふれるような経済の活況の表現が「完全雇用」というスローガンであった．

「完全雇用」の恩恵は，大不況下で失業していた人々が意味のある経済活動に動員されたことにとどまるものではなかった．大不況下で職を失ってはいなかった人々にもそれは恩恵をもたらした．総体的な所得の増大ばかりでなく，「完全雇用」は，人々にいろいろな意味での機会と社会的モビリティと自由をもたらした[77]．そこに，「完全雇用」がまたたく間にアメリカ国民の共通のスローガンとなった根拠があった．

しかも，何でもないことのようであるが，「完全雇用」という目標と「フィスカル・ポリシー」という手段とがここで結びつけられたことが重要である．スタインは，この意義を『フォーチュン』誌の1942年12月の記事と先にも述べたデューイの大統領選挙戦での主張にかかわらせて明らかにしている[78]．『フォーチュン』誌——このビジネス界の指導的な声——は，大戦後も「完全雇用」の維持が連邦政府の公約たるべきであり，そのための手段は連邦政府のスペンディングとならざるをえないと指摘した．『フォーチュン』誌は，「完全雇用」とフィスカル・ポリシーとを結びつけたのである．同じく，大統領候補デューイも，「完全雇用」と政府の役割を強調した．

「この戦争のあと，アメリカ人が軍から復帰して，彼らがそのためにたた

かった自由と機会を見出せなかったとしたら，それは悲劇である．……われわれ共和党員は，完全雇用が国の政策の第1の目的であることに同意する．そして，完全雇用ということで私が意味しているのは，すべての男女が人間にふさわしい生活を働いて得る現実的機会である」．「もしもいずれかのときに民間雇用に十分な職がないとすれば，政府が追加的な職を創出することができるし，しなければならない．なぜなら，われわれのこの国においては，すべての人々に職がなければならないからである」．

こうして，「完全雇用」とフィスカル・ポリシーとは大不況からの脱出路として結合されることになった．

もはや，連邦政府は収支相償うべき「家計」などでは毛頭なくなった．連邦政府は，「完全雇用」という時代の要請を戦後の平時においても実現すべき国民経済のコントローラーとして認識されるに至ったのである．それを，共和党の大統領候補でさえいまや口にするようになったのである．

第3に，第二次大戦そのものの経過が「考える人々」の認識を鍛えた．1939年までは，フィスカル・ポリシーの必要性を最も有力な形で説明していたのは，「長期停滞」仮説であった．ハンセンは，それを最も明快に定式化した経済学者であった．ハンセンによれば，アメリカ経済の現在の不況は，通常の景気変動に帰せられるものではなく，長期的構造的な性格のものであった．ハンセンが挙げたアメリカ経済の根本的変化の要因は，人口の成長率の低下，アメリカ大陸におけるフロンティアの消滅，鉄道などのような資本集約的な投資機会の衰退であった．

戦後，ハンセン自身がこの「長期停滞」テーゼを捨てたことはよく知られている．大戦の経過の中で，ハンセンの挙げた要因が妥当性を失ってゆくと同時に政府の積極的な活動の恩恵そのものがフィスカル・ポリシーの重要性を人々に認識させた．まず，人口の成長率から言えば，大戦のブームの中で人口は着実に増大した．フロンティアについて言えば，大戦を通しての世界におけるアメリカのヘゲモニーの上昇は，世界大のフロンティアを開発しつつあるように見えた．資本係数の変化による投資機会の減少について言えば，戦争遂行の中

で政府の研究開発投資はめざましい量に達し,しかもめざましい成果を挙げ,それが平時の民間投資の活性化をもたらすであろうことはもはや明白な事実であった.

さて,大戦中のアメリカ財政について第4に指摘すべきは,その全国的統一化への接近であろう.連邦,州,コミュニティの協力はその有効性においてきわめて高い水準に達した.アメリカ合衆国が財政政策において上から下まで統一できることなどはありえない.最も卑近な例を挙げれば,100ドル以上の買い物をする場合には,車をとばして,売上税が施行されていない州か,あるいはそれが自州より安い州に出かけるというのがアメリカの消費者の普通の行動であろう.しかし,第二次大戦の最中には,アメリカ合衆国はこの財政政策の統一化にぎりぎりまで接近した.もっとも,各州での税率が統一されたわけではない.統一されるはずもない.しかし,各州がその税収の一部を確実に国債投資に使うことが共通の政策となった.すなわち,各州はそのことを通して連邦政府の戦争遂行の努力に協力したのである.この関係は一方的な協力であったのではない.戦争遂行上の連邦政府の支出は各州への効果を考慮に容れて行われた.要するに,カネを必要とする州に連邦政府の戦争遂行に必要なカネが配分されたのである.軍需工場のサイトの決定などがそれであった.このきわめてルースな意味において,合衆国の各級政府の財政政策は統一化に接近したのである.この経験は,きわめて大きな意義をもった.州知事が連邦政府の財政支出を勘定に入れながら政策決定を行うことができたのである.戦争と軍事支出によって,アメリカ合衆国はナショナルな意味でのフィスカル・ポリシーの実践を経験したと言ってよい[79].

第5に,すでに述べた予算局の役割にふれておく必要がある.予算局はたんに大きくなっただけではない.いまや,アメリカにおける財政革命を率いる指導的地位についたのである.

なによりもまず,すでにケインズの影響はワシントンにおけるまごうかたのない事実となっていた.例えば,TNECのように,本来は経済力集中と競争構造に与えるその影響を調査する委員会においてさえ,1939年にスター級の

第4章 「財政革命」への歩み

証言者となったのは，ハンセンとラクリン・カリー(Lauchlin Currie)であった．TNECは，ある場面では，「ハンセンの分析と提案の宣伝舞台」[80]，「ケインズ経済学の陳列棚」[81]になった．

新たにケインジアンに改宗した人々を，ケインズの信奉者と呼ぼうと，ケインズのアメリカ的修正者と呼ぼうと，いずれにせよ，1939年を境にして，あるまとまった流れとしてのケインズ学派に属する経済学者が陸続と政府に参加していった．採用する側で意識的にケインジアンを選択したわけではない．ワシントンにおける経済学者の需要が高まりつつあったとき，それに応じた経済学者，とりわけ若い世代の人々は，おしなべてオーソドクシーにあいそをつかし，ケインズの洗礼を受けていたのである．

政府へのケインジアンの参加の最もめざましい例は，1939年にハリー・ホプキンズが商務長官に任命されたときに設置した「産業経済政策部門」(Division of Industrial Economics)の主任に，「ハーヴァード＝タフツ・セヴン」の1人，リチャード・ギルバート(Richard Gilbert)がラクリン・カリーの推挙によって登用されたことであろう．予算局についていえば，そのフィスカル部門に，ゲアハード・コルム(Gerhard Colm)，J. ウェルダン・ジョーンズ (J. Weldon Jones)，アーサー・スミシーズ(Arthur Smithies)，グローヴァ・エンズリー(Grover Ensley)といった人々が参与した．

予算局のトップの政策担当者の認識の深化は，1939年以降の大統領の予算教書の内容として現れている[82]．予算を，歳入と歳出という狭い観点で見ることから脱却して，広く国民経済全体をコントロールするフィスカル・ポリシーの道具とみなすに至るというのが，認識の深化の内容であった．

1939年の予算教書の第1の特徴は，それまで年々繰返されてきたあのリフレイン，予算の窮極的均衡化の公約が完全に姿を消したことである．それはもはやまったく言及されていない．第2に，「通常支出」と「緊急支出」というあの「二重予算」の意味づけが完全に変えられた．ローズヴェルトはそこで，前者を「経常予算」と名づけ，後者を「投資予算」と名づけている．以前の予算教書に見られた財政赤字の苦渋に満ちた合理化とは対照的に，いまや大統領

は次のように議会と国民を説得しようとする.「これまで生じてきた予算赤字は,わが国富に対する恒久の有形的追加となって来た.赤字は,わが国人的資源の保全に対する投資であり,私はそのうちの1ペニーも浪費されたものとはみなさない」.

1940年の予算教書には,37年の景気後退の総括が与えられている.すなわち,37年の景気後退の原因は,「超楽観主義」であり,それが,「政府をしてあまりにも急速にネットの支出を削減させ,ビジネスをしてあまりにも急激に生産を拡大させ,価格を引上げさせ,ために消費者の購買力がついてゆけなくなったのである」.そして,1938年以来の国民所得の顕著な改善は,迅速な財政活動の直接の結果であり,今後,「赤字の急速な解消よりもむしろ次第に先細りさせてゆく」ことが望ましいと勧告された.

1941年の予算教書には,予算を,政府の財政政策の重要な道具とみなす有名な文章が登場する.いわく,「合衆国の予算は,われわれの全国的プログラムを表現する.それは,われわれの仕事の計画の予告篇であり,来たるべきものの予測である.それは,国民の進路の海図である」.

こうした考え方の論理的帰結であり,その一応の完成を示すものは,1945年の予算教書に付けられた「政府の予算と国民の予算」という1つの表である.それは,暦年の1939年と1944年について,国民経済の4つのグループの収支を示したものである.4つのグループとは,消費者,ビジネス,連邦政府および州・地方政府であり,ビジネスについて未分配利潤と準備金だけを収入に数え,粗資本形成を支出として数えることによって,両年度のGNP推計値における4グループの収支構造を示そうとしたものである.これは,「連邦予算が国民経済全体との関連で作成され,評価されなければならないという考え方の公式の承認」[83)]をなすものであった.こうして,アメリカ合衆国の予算教書において,初めてGNP推計が使われたのである.

かつて連邦政府は収支相償うべき家計視されていた.ニューディールの試行錯誤の,しかし貴重な実験を経たあと,いまや連邦政府は国民経済のコントローラーとして最終的に承認されつつあった.1945年に,予算局長官ハロル

第4章 「財政革命」への歩み

ド・スミスは，1921年以前との対比を次のように書いている．「実際，かつての慣行が今日でもなお用いられていたとすれば，混沌的結果を避けることができなかったであろう．これに対して，25年後のいま，予算は，政府の機能とサービスの効率的な遂行のための有効なトゥールとして，あらゆる市民にとっておびただしい含意をもつ政策体系として，そして，変動する国民経済における有力な安定力として，取り扱われている」[84]．

GNPとか国民所得とかいう耳慣れない用語は，「1945年完全雇用法案」の審議過程で議員たちをいらだたせることになるが，ハロルド・スミスは財政政策の呼び名が変わったことをわざわざ強調している．彼自身が財政政策の把握のしかたの変化に直接たずさわっただけに，それは興味深い．いわく，「政府の財政政策が語られるとき，普通には，収入措置，支出，借入れおよび国債の管理が考えられている．これらの政策が，国民経済全体に対する政策の影響という考慮によってみちびかれるとき，われわれは古い用語，公財政(public finance)ではなくフィスカル・ポリシー(fiscal policy)という用語を用いる」[85]．

以上，新しい役割をもつに至った予算局におけるニューディールの総括と財政政策についての認識の変化について検討した．この時点では，「雇用法」はまだ成立していない．しかし，実際の歴史的文脈では，「雇用法」が法的承認を与えた対象は，予算局に代表される政策担当者の以上のような活動そのものに外ならなかったのである．

第5章　1946年「雇用法」の成立

1　は　じ　め　に

　1945年1月22日，まだ第二次世界大戦の終結以前に，しかし，その結着は実質的に明らかになっていたときに，合衆国連邦議会上院に，S.380というナンバーをふられることになった法案が提出された．上院議員マリー(James E. Murray)の提案にかかる1945年「完全雇用法案」(Full Employment Bill)がそれであった．1年余後，1946年2月20日，ローズヴェルト亡きあとを受けたトルーマン大統領は第79議会公法(PL)304号に署名した．ここに，1946年「雇用法」がついに成立した．PL 304は，本書の一応の終着点である．
　こうして，われわれの叙述も，次章「結語」を除いて，一応の締めくくりを迎えた．われわれは，1946年「雇用法」の成立をアメリカ合衆国における財政革命の途上におけるひとまずの里程標と見ているからである．したがって，本章の課題は，1946年「雇用法」の成立をめぐる事情とその意義を，できる限り広範に，しかし，できる限りコンパクトに，叙述することに尽きる．
　そこで，まず第1に明らかにすべきは，アメリカ経済が未曾有の大恐慌と大不況に陥るなかで，それと対決して来たどのような個人と集団がどのような背景と事態の経過において1945年「完全雇用法案」を提起したかである．すでに，われわれの課題は，長いパースペクティヴから見たアメリカ財政革命の流れを鳥瞰することから，もっとレンズの焦点を絞って，「雇用法」成立の特定された事情と意義を明らかにすることに移っている．長いパースペクティヴから見た叙述の集約は，次章「結語」において与えられるであろう．
　第2に，それと関連して，1年余に亘る「完全雇用法案」論争にもふれる必要がある．しかし，議会の公聴会における論争の詳細に立入る必要はない．な

ぜなら，何よりもまず，「完全雇用法案」に反対する立論の大部分は，われわれが本書でこれまで見て来たアメリカ財政政策構想のポジティヴな進展から取り残されて来たとしか思われないような「質」のものであるからである．そのうえ，われわれは，アメリカにおける研究成果としてベイリー［Ⅱ-9］をもっている．それに対する需要の堅調から，近年，その復刻版が出ているほどである．これは，1946年「雇用法」の成立に至るまでの議会での論争を洗ったアメリカにおける決定版とも言える研究書であり，ベイリーのこの労作に挑戦しようとする研究者は，合衆国においてこれまで皆無であったと言っても過言ではない．ベイリーの著書がある以上，わが国におけるこの分野での研究者に筆者による論争の要約は必要ではない．他方，立法をめぐる上下両院での論争にあまり深く立入ると，本書は一書としておさまりがつかなくなり，読者から当該の節が見放されるのが「オチ」となる恐れがある．そこで，ここでは議会での論争については最小限の紹介を行うことにし，むしろ第1の課題と関連した議会外での特定の個人と集団の1946年「雇用法」成立へのコンセンサス獲得のための動きを検討することにしたい．

以上が，本章の課題である．

2 「完全雇用法案」の出現

(1) 法案出現の土壌

1945年「完全雇用法案」のように，アメリカ合衆国の国民経済と国民生活を，ある意味ではトータルに規定する法案が提起されるという現象の基礎を明らかにするためには，その時点での事態を社会動学的に見る視点が必要とされる．前章でわれわれは，第二次世界大戦へのアメリカの参戦が，アメリカ経済をついに大不況から救い出したことを見たし，それが当時のアメリカ社会一般の通念からすれば，「ブーム」でもなければ，「景気回復」でもなく，「完全雇用」の達成として把握されていたことをも見た．大不況下のアメリカ経済は，

第5章　1946年「雇用法」の成立　　　　　　　　　187

第二次世界大戦によって，ようやく「完全雇用」を達成したのである．社会動学的観点が重要なのは，まさに経済活動の浮沈が大衆的スローガンとなった「完全雇用」という基準で理解されるようになったことである．そのことは，当然に，政府政策のあり方にはねかえって来た．当時のポリシー・メイカーたちにとっては，戦時中の「完全雇用」の達成は，同時に戦後経営の帰趨を意味していたのである．

　つまり，彼らにとって，大不況下で経験した大量失業はこの世界大戦下の総力戦経済によってたんに隠蔽されているものにすぎないと思われ，大戦下の「完全雇用」は大量失業の繰り延べにすぎないと思われたのである．いまは戦時中であり，アメリカ経済が平時の失業問題を実際に解決したという保障はなかった．戦後，爆発的な繁栄が来ると正しくも予見していた一部のビジネスマンたちでさえ，そのようなブームが不可避的な崩壊をたんに繰り延べるにすぎないかいなかについて完全な確信をもっていたわけではなかった[1]．

　終戦後も「完全雇用」をいかに維持するかという問題は，こうして戦時中を通してポリシー・メイカーたちにおける絶えることのない議論の対象であった．この大車輪の戦時経済の終息は，大不況と大量失業の「回復」ではないのか——それが彼らの最大の懸念であった．

　1944年初秋に『フォーチュン』誌はある世論調査を行った．それが連邦政府による戦後経済のマネジメントにかかわっていたことは言うまでもない．『フォーチュン』誌の質問の1つは次のものであった．「働く能力があり職を求めているが，民間雇用で職を得ることができないすべての人々に連邦政府が職を供給すべきであると思いますか」．これに対して，67.7％の人々がイエスと答えた[2]．議会図書館の法照合サービス部が1943年から1945年までに書かれた主要な著書と論文を集めた『完全雇用に関する文献目録』を作成して上院の「銀行・通貨委員会」(Committee on Banking and Currency)に提出したとき，それはぎっしり詰った56ページの報告書となった[3]．1943年12月1日に，ミルウォーキーのビール会社，パブスト・ブルーイング社(Pabst Brewing Company)が1944年の同社創立百周年を記念して戦後の失業問題の解決について

懸賞論文を募集することを発表した．この問題に対する関心が当時いかに高かったかを示すものとしてよく引合いに出される数字だが，1944年2月7日までに応募論文は3万5767本に達した．このコンテストで第1位を獲得したのはハーバート・スタイン (Herbert Stein) であり，第2位になったのは，レオン・キーザリング (Leon Keyserling) であった．のちに，両者はそれぞれ，「雇用法」によって設置された大統領「経済諮問委員会」(CEA) のメンバーになることになった[4]．いずれにせよ，このような雰囲気が当時支配的なものであった．

しかも，政策立案のために悠長に構えていられるわけではなかった．第二次大戦でアメリカ合衆国が戦勝国になることはいずれにせよ時間の問題であり，戦後大英帝国から世界政治経済のヘゲモニーを奪取することはもはや明白であった．ヘンリー・ルース (Henry Luce) が名づけた「アメリカの世紀」の到来をなんびとも疑わなかった．緒戦の「戦場」レベルでの混乱と敗退はあったにせよ，大戦全体の帰趨をアメリカ合衆国が握っていることはまもなく明らかになった．確かに，1941-42年のアメリカは，フラストレイションと敗北を味わわされた未熟な軍事大国であったかもしれない．しかし，1942年から44年にかけて，アメリカはアイゼンハワーとマッカーサーのもとに兵員と兵器を文字通りグローバルに展開して世界大戦の帰趨を規定する成熟した軍事大国となっていた．1942年4月には，すでに，ドゥーリトル (James Doolittle) 揮下の爆撃機が東京に「デモンストレイション空襲」を敢行していた．こうして，「戦後」がすぐそこまで来ていることは誰の眼にも明らかであった．

しかし，同時に他方では，アメリカが世界のヘゲモニーを握る「戦後」がついそこまで来ているということは，「戦後不況」とそれに伴う大量失業の再現がついそこまで来ていることと同義であった．最高時には1日あたり2億5000万ドルに達した軍事支出が終戦と共に，一挙にではないにしても，いずれにせよ，停止されるのである．そのとき何が起るのであろうか――誰もがそれを知っていた．大不況と大量失業の再現がその確からしい答であった．

以上に見たような雰囲気が「完全雇用法案」提出の土壌であった．

(2) 貢献した諸組織

そこで,次に,1945年「完全雇用法案」に結実する政策上のアイディアをつくり出すことに貢献した組織を挙げておく必要がある.以下に述べる諸組織は,「完全雇用法案」という本流に合流するいわば支流として忘れることのできない歴史的貢献を行った.ここで,最小限挙げておくべきは,合衆国「予算局フィスカル部門」と「全国資源計画委員会」の2つの政府部局と,「全国計画協会」,「ファーマーズ・ユニオン」および「経済開発委員会」の3つの民間組織である.このうち,最後の「経済開発委員会」については第3節で取り扱うことにする.その理由は,第3節の叙述そのものが明らかにするであろう.

さて,まず第1に,「予算局フィスカル部門」(Fiscal Division of the Bureau of the Budget)については,すでに前章である程度述べた.連邦政府が収支相償うべき「家計」視されていた段階から国民経済のコントローラーたるべきであるという一般的認識に到達するに際して,予算局の国家予算把握の進化は非常に大きな貢献を与えた.1940年から1945年までの予算教書が,アメリカ財政革命にとってどのような意義をもっていたかは,すでに前章で述べた通りである.ここで,あらためて,フィスカル部門の意義を現時点でのわれわれの叙述に即して考えれば,2つのことを指摘することができる.まず第1に,ゲアハード・コルムを初めとするフィスカル部門の経済学者が「完全雇用法案」の起草者群の一員となったことである.前章でわれわれが見た大戦中におけるニューディール財政政策の予算局での総括を立法に生かしたのは彼らであった.しかも,第2に,1946年「雇用法」の成立のあと,その実施に必要とされる統計的分析的サービスを提供できたのは「戦時動員局」のメンバーと共に「予算局」の彼らであったということである.法が制定されても,それを実際に実施するのは人間であり,人間の組織である.もっと正確に言えば,人間の経験の蓄積と組織上の訓練ないしはチーム・ワークである.フィスカル部門は,このような意味において,1946年「雇用法」にとって資格十分の受け皿となったのである.これが,「予算局フィスカル部門」の歴史的意義をわれわれが重

視する理由に外ならない.

　第2に,「全国資源計画委員会」(NRPB)にふれておく必要がある. 1939年の行政改革でNRPBが大統領行政府の中に移管・設置されたことは前章で述べた. すぐあとで述べる民間組織もそうであるが, NRPBの歴史的意義は「計画化」というアイディアをアメリカ経済にもち込んだところにある.「経済計画」などというアプローチないしは「哲学」は, 現在のアメリカにおいてもそう簡単に受け容れられるものではない. そのようなものとしての「計画化」アプローチをもって戦時から平時への「再転換論争」(reconversion controversy) にゆさぶりをかけたところに, NRPBとのちに述べる民間組織の意義があった.

　NRPBは, 元来,「公共事業局」(PWA)の下に, 1933年7月,「全国計画委員会」(National Planning Board, NPB)として生まれた. その任務は, 地域開発の統合化, 人口, 土地利用などの趨勢の調査, 開発プロジェクトにかかわる社会経済的慣習の調査, 連邦, 州, 地方の各級政府の部局間の重複の防止と協調の促進であった[5].

　NPBはまる1年も存在することなく, 1934年6月30日に廃止され, その翌日大統領令によって,「全国資源委員会」(National Resources Board, NRB)が発足した[6]. シュレジンジャーは, そのいきさつを次のように述べている.

　「いま必要なことは,'国の自然開発を計画化された基礎の上に置くことである'と彼[ローズヴェルト]は信じた. この目的のために, 彼は, 全国的開発のための25年ないし50年計画を提起しうる'恒久的長期計画委員会'のようなものを考えていた」[7]. 他方, NPB自体もその『最終報告』において, 次のような公式見解を明らかにして解散した.「公共事業局長官によって指名された暫定的計画委員会は, 連邦政府が, わが国主任行政官[大統領を指す]に直接の責任をもつ恒久的な'全国計画委員会'を創設することを勧告する」[8]. こうして, 恒久的経済計画機関の必要性が提起されたのである.

　この計画委員会に, その任務に最もふさわしいどのような名称を与えるかについて, シュレジンジャーは次のようなエピソードを伝えている.

第5章 1946年「雇用法」の成立

「1934年6月のローズヴェルトとの会見で,計画化集団は,その使命がいかにして最もよく定義されるかを討議した.大統領は,'土地と水の計画化'というような表現を求めた.エリオット(Charles W. Eliot)は自然資源ではどうかと示唆し,ミッチェル(Wesley C. Mitchell)はおそらく人間がアメリカの最も重要な資源であろうと論評を加えた.そのとき,メリアム(Charles E. Merriam)が'国民[全国]資源'(national resources)という表現を示唆した.大統領はこの表現を何度か繰り返し,好きな音だと言い,こう述べた.'これでよい,エリオット君,もうこの問題から離れよう.もう片付いたからだ'」[9].こうして,「全国資源委員会」ないしは「国民資源委員会」(NRB)という名称が確定した.

NRB設立のための大統領令の草案としてローズヴェルトが口述筆記させ,エリオットがまとめたものは,NRBを全く独立の機関とする案であった.この場合の独立性とは,NRBの「公共事業局」(PWA)からの,とどのつまりはPWA長官としてのハロルド・イッキーズからの独立を意味する.イッキーズはこのようなプランが進行中であることに驚愕したこと,それに反対することを『日記』にしたためている[10].しかし,この場合には,NRBの独立性は,たんにPWA長官ばかりでなく,キャビネットそのものからの独立をも意味していたので,労働長官パーキンズも,農務長官ウォーレスも,救済局長官ホプキンズも,イッキーズに同調した.結局,妥協がはかられ,NRBは,キャビネット・メンバーを含めることによって行政府全体におけるその独立性を弱められて発足した.

NRBが残した最も大きな成果は,1934年の『土地利用と水資源を含む自然資源にかかわる全国的計画化と公共事業に関する報告——付論:調査結果と勧告』[11]と題する大型本455ページの報告書であった.この報告の結びは,恒久的全国的計画機関の必要性を強く主張したNRBの1934年6月報告中の「計画化のための計画」(A Plan for Planning)の部分の要約であった.この報告は,アメリカ合衆国における経済計画の政策提起としては,「最も初期の報告の1つであり,最も傑出した報告の1つ」であったとされている[12].

NRBも1年以内で廃止され,1935年6月に,日本語訳ではNRBと同じに

なるが,「全国資源委員会」(National Resources Committee, NRC)が発足した. しかし,これは事実上名称の変更にすぎなかった. もともとNRBは「全国産業復興法」(National Industrial Recovery Act, NIRA)を法的根拠にして設立されていたものであるが, NIRAが最高裁の違憲判決を受けたので, 新たに成立した1935年「緊急救済支出法」(Emergency Relief Appropriation Act)を法的根拠にしてNRCを発足させたものである.

NRCはNRBの名称の変更にすぎなかったけれども, それに続く「全国資源計画委員会」(NRPB)への橋渡しとなった点に歴史的意義がある. そこで, NRCの構成メンバーを確認しておけば, キャビネット・メンバーからは, 内務長官, 商務長官, 農務長官および労働長官が参加し, 別に私人としては, ローズヴェルトのおじデラノ(Frederic A. Delano)およびシカゴ大学教授メリアムが指名された. PWA長官兼任の内務長官イッキーズがNRC委員長をつとめ, デラノが副委員長をつとめた. 別にデラノを委員長とする諮問委員会が編成され, そのメンバーには, メリアム教授, デニスン製造会社(Dennison Manufacturing Company)のデニスン会長(Henry S. Dennison)および本書にしばしば登場するラムルが登用された.

ことのついでに述べておけば, アメリカ合衆国におけるこの先駆的な経済計画の取組みには, 明確な人脈上の特徴が看取される[13]. それは, シカゴとニュー・イングランドの結合ということである. メリアムは, 1904年に30歳でシカゴ大学に採用され, 退職までそこにいたが, きわめて活動的な政治学者で, 1911年にはシカゴ市長選に立候補し, 僅少差で敗れたという経験をもった人である. 内務長官イッキーズが, ローズヴェルトの大統領当選まで, 民主党員ではなく, シカゴの有力な共和党員, 少くともプログレッシヴの立場に立つ共和党員であったことはよく知られた事実である. ラムルもまたシカゴにおける公的生活で鍛えられたビジネスマンであった. イッキーズ, メリアムおよびラムルは互いに旧知の関係にあった. 他方, ローズヴェルト, デラノ, エリオットおよびデニスンはニュー・イングランドの出身である. エリオット自身ハーヴァードの卒業生であったが, その祖父はハーヴァードの大物と言われた学長

第5章 1946年「雇用法」の成立　　193

のひとりであった．エリオットは，20代半ばで，マサチューセッツ州ケンブリッジ市の「国立公園・計画委員会」の計画官となった．その委員長をつとめていたのがデラノであった．デニスンもニュー・イングランドのビジネスマンであり，当時のビジネスマン一般に比較してハーヴァードを含む大学人との親密な交際で目立っていた．ここには，ニュー・イングランドと中西部を結ぶ当時の先進工業地帯に基盤をもっていたニューディール政権を象徴する人脈が表現されているように思われる．

　さて，前章で述べたように，1939年行政改革と共に，NRBは「全国資源計画委員会」(NRPB)として内務省，つまりは，ハロルド・イッキーズの手を離れて，新たに設けられた「大統領行政府」の1部局として1939年7月1日に発足することになった．もっとも，人選としてはほとんど変らず，委員長がデラノ，副委員長がメリアム，そして新たにワシントン州の法律家ヤンティス(George F. Yantis)を委員として加え，デニスンとラムルが「諮問委員」として留任した．1933年から35年まで，NPBとNRBに，ウェズリー・ミッチェルが委員として参加していたが，ミッチェルは35年に辞任し，そのあとは埋められていなかった．NRPBは5人委員会とされたが，結局はミッチェルに代るヤンティスを含めた3人で構成されたことになる．ヤンティスはNRCの「太平洋北西部地域委員」をつとめ，ワシントン州議会議員の経験者であった．他方，ラムルとデニスンは委員長なき「諮問委員」という奇妙な役回りにもかかわらず，事実上NRPB委員の一員となった．2人とも投票権はもっていなかったが，委員会にはたえず出席し，自由に発言した．もっとも，議題が委員会の投票に付されたことはほとんどなかった．これらの人々はすべていわばパートタイムの委員であり，おおむね1カ月に2日の会合をもった．引き続き事務局長をつとめたのは，もちろん，エリオットであった[14]．

　NRPBは，自己の役割をきわめて大胆に規定した．1941年5月1日の日付けをもつパンフレットでNRPBは自己の役割を次のように述べている[15]．

　「全国資源計画委員会は，大統領行政府の計画管理部である．その職務は，国民の資源の賢明な使用と最も完全な開発の助けとなるような計画，プログラ

ムおよび情報を大統領と議会のために準備し，利用可能にすることにある．この活動を遂行するうえで，当委員会は，連邦政府の諸機関，州および地方政府，および公的私的計画・調査機関に諮問し，協力し，計画活動の情報交換所かつ統合機関として活動するものである」．

　NRPB は，発足後かなり早くからスタッフ職員の数を増大させ，3つの部門に編成された．すなわち，部門Aは，ビジネスの趨勢の即時報告，救済と救済政策の特別の趨勢研究，科学活動の報告，および経済学と行政の一般的研究を責務とした．部門Bは，運輸交通，産業，土地利用，水資源，およびエネルギーについての専門研究に従事した．そして，部門Cは，公共事業の計画化とプロジェクトの再吟味に責任をもった[16]．こうして，NRPB は，発足後またたく間に，アメリカ合衆国においてはかなり珍しい現象としての経済計画機関となった．

　ヨーロッパで戦端が開かれたのは 1939 年 9 月であったが，それと共に，NRPB は，戦争と国防に関連した研究プロジェクトに乗り出そうとした．しかし，ローズヴェルト大統領は，NRPB が価格，生産，プライオリティのような戦時の政策決定の問題に沈潜することを望まなかった．大統領行政府の計画管理部門としての NRPB は，戦後のプランとプログラムを準備すべきだというのが，ローズヴェルトの NRPB に対する指示であった．こうして，1939 年末から，NRPB は，完全雇用，社会保障，および「アメリカの強化」のための戦後プランを作成するというプロジェクトをもって大統領の指示に対応した．「アメリカの強化」の内容には，資源保全，必要とされる公共事業の構成，およびアメリカ人民の福祉のための公共サービスの提供が含まれていた[17]．

　しかし，NRPB の戦後プランの作成には意外に時間がかかった．そこには，委員会内部での対立と外部からの圧力という2つの理由があった．

　委員会内部での対立とは副委員長メリアムと事務局長エリオットとのそれであった．ローズヴェルトのおじ，委員長デラノは，都市と地域開発の計画官として経験を積んでいたが，1939 年には，すでに齢 72 を数えており，NRPB のリーダーシップを強力に行使するエネルギーに欠けていたから，結局，メリア

第5章　1946年「雇用法」の成立

ム教授が指導的人物とならざるをえなかった．メリアムの見解では，NRPBは連邦政府のための長期的な「シンク・タンク」となるべきものであった．つまり，NRPBは大統領の背後にいて大統領に知的な力を提供する機関となるべきであって，直接に行動に参加すべきではないというのがメリアムの信念であった．これに対して，エリオットは，NRPBの研究成果は直接に実践に移されるべきものとして把握していた．だから，エリオットは，NRPBが計画化の統合に積極的な役割を果し，できる限り多くの人々，とくに議員を初めとする議会関係者とつながりをもつべきであると考えていたし，実際にも，それを実行した．しかし，メリアムは，みずから議会で証言することを事の外嫌悪しただけでなく，NRPBのスタッフが議会に召喚されることさえ嫌がった．メリアムは，前章で見た「大統領行政管理改革委員会」の有力メンバーであり，同「改革委員会」の答申は，行政統合をはかるうえでの委員会方式，とくにパートタイムの委員によるそれに反対し，単一のアドミニストレイターを置く機関を設置すべきことを勧告したが，NRPBについては——明らかにメリアムの完全な同意のもとに——パートタイム委員による管理を答申した．かつてはシカゴの市長選に立候補したことのあるこのシカゴ大学の政治学者のこの矛盾した行動は謎のままに残されている[18]．

　外部からの妨害ないし圧力もあった．その1つは，行政機関同士の縄張り争いであった．多くの省庁は，それ自身の計画化プロジェクトをもっていたから，NRPBがそれぞれの部局の守備範囲に侵入して来ることを嫌ったのである．

　しかし，最も強力な敵対者は議会の中にいた．それは，とくにいわゆる「ポーク・バレル・ブロック」(pork barrel bloc)であった．「ポーク・バレル」とは原義的には「豚の胴体」とでも訳しておけばよいであろうが，要するに「しこたま」，「どっさり」といった意味をもつ俗語であって，連邦議会議員が地元に導入する連邦政府の補助金，とくに公共事業資金のことを指す．わが国で言えば，旧国鉄の政治路線の敷設や現在の「整備新幹線」計画などを想起すればよい．ポーク・バレル「ブロック」と呼ばれたのは，このブロックに属する議員が各州に対するポーク・バレル法案を相互に支持しあって，互いの再選

を助けあったからである．大部分の河川・港湾の修復・建設の監督は陸軍工兵隊が行っていたから，ポーク・バレル・ブロックと陸軍工兵隊のあいだには強力な同盟関係が成立していた．NRPB は，もちろん，公共事業支出のこのようなポーク・バレル方式がゆきあたりばったりの無駄をもたらすとみなした．ローズヴェルト大統領も，NRPB のこの見解に同意して，陸軍工兵隊の行動に歯止めをかけるべく，NRPB に対して，提起された公共事業プロジェクトを吟味し，建設計画が政治の論理ではなく，効用と長期的価値にもとづいて配分されるよう調整されるべきことを指示した．ポーク・バレル・ブロックは，NRPB が工兵隊のプロジェクトに反対することを嫌悪し，NRPB の廃止をめざして倦むことなく運動した[19]．

　公正のために述べておけば，当時の連邦議会における NRPB 反対者の反対理由は，ポーク・バレルの利害をめぐるだけの「形而下」的なものであったわけではない．「計画化」という概念そのものが議会におけるビジネスの代表者にとって気にくわないものであったのである．彼らにとって，NRPB は，もう終ったはずのニューディール改革の煽動者の拠り所であり，ハンセンを初めとする異端の経済学者のたまり場であるように思われた．のみならず，「計画化」などという考え方は，社会主義ないしは共産主義のプログラムではないかというのが彼らの信念であった[20]．

　以上のような経緯の中で，NRPB の戦後プランの作成には時間がかかったが，1941 年 8 月に，『国防のあと――何が来るか』(*After Defense—What*) という最初のパンフレットが発表された．それは，平時生産への再転換と共に，不況が再発することを警告し，それを避けるために，公共事業への投資，所得再分配的課税，社会保障プログラムの拡大，および財とサービスの総需要の拡大を意図したその他の措置によって完全雇用を保障すべきことを主張した．この内容は，そのあとに公刊されたハンセン執筆による『戦争のあと――完全雇用を』(*After War—Full Employment*) というパンフレットによってさらに詳しい説明を与えられた[21]．

　「完全雇用法案」の出現に向かう過程で注目される NRPB の報告が 3 つある．

第5章 1946年「雇用法」の成立

　第1は，1942年1月に議会に提出された『全国資源開発: 1942年についての報告』(*National Resources Development—Report for 1942*)であり，第2は，1943年3月に議会に提出された『戦後計画とプログラム』(*Post-War Plan and Program*)，そして，第3は，同時に提出された『[社会]保障，労働，および救済諸政策』(*Security, Work, and Relief Policies*)と題する報告である[22]．

　第1の報告は，「戦時の完全雇用から平時の完全雇用体制に，低雇用を伴うスランプを経ることなく」移行するための周到な計画化を提起したものであり，第2の報告は，すべての帰還兵に政府の豊富な援助，とくに兵役から市民生活への転換のための教育援助を与えるべきこと，「テネシー峡谷公社」(TVA)を，アーカンソー，ミズーリ，およびコロンビア各河川開発のモデルとすべきこと，低所得者への住宅供給と初等，中等，高等教育に政府の援助を与えるべきことなど，要するに，ニューディール政策の延長のうちに，戦時から平時への転換を求めたものであり，第3の報告は，「もしも民間産業が，働く意欲も能力ももっている人々に職を供給できないときには，それを行うのは政府の義務である」と同時に，ニューディール期には棚上げにされた国民健康保険制度の導入などを提起したものである．1935年「社会保障法」からは，議会の反対を恐れて，国民健康保険制度の導入がはずされたことは，第3章で見た通りである．

　こうして，第二次大戦後の完全雇用体制と真の福祉国家の建設という包括的なプログラムが提起されたのである．とくに注目に値するのは，NRPBが，上の第1の報告で「新しい権利の章典」(a new bill of rights)なるものを提起し，その中身として，適切な食糧，衣服，住宅および医療ケアに対する権利，老齢，欠乏，他人依存，疾病，失業，および事故の恐れから解放された社会保障に対する権利，法の前での平等に対する権利，および教育に対する権利と共に，労働に対する権利と公正な給与に対する権利を挙げたことである．労働に対する権利，言い換えれば，就業権を20世紀アメリカの「新しい権利の章典」の中の筆頭に立つアメリカ人民の権利として宣言すべきことをNRPBは提起したのである．

　興味深いことに，上に引用した「働く意欲も能力も云々」という言葉は

1946年「雇用法」本文に顔をのぞかせている．第1章冒頭で引用した「雇用法」のセクション2「政策の布告」中に，「能力と意欲をもち，かつ仕事を求める者に有用な雇用が与えられる諸条件を創出し云々」とある部分がそれである．議会であれこれともめたけれども，NRPB出身者で1945年「完全雇用法案」の起草に参加した人々のこの文言は，「公法304」の本文に刻み込まれて今日に至っているのである．

　連邦議会は，元来，議会のイニシアティヴでつくり出したものではない行政機関に一般的な敵対的態度をとる傾向にあるが，そのうえにもってきて，NRPBが全く新しいヴィジョンとそれを実現するための政策項目を詳細にリスト・アップした報告を発表したので，議会の反対派の態度は一層硬化した．ある共和党議員は，NRPBは「全く完全な至福千年王国の先がけとなるほとんどすべてのこと」を含めたと皮肉り，NRPBの陰謀は，「あらゆる経済的機能を国家に吸収し，あらゆる自由企業を破壊する以外の何ものでもない」と非難し，NRPBは，「わが国民に対する重大な脅威であり，根こそぎ廃止されなければならない」と結論づけた[23]．

　こうした議会での反対気運が結晶化して，上記の後者の2つの報告が発表された3カ月後，NRPBは議会によって「殺された」．正確には，議会がNRPBに対する支出割当を拒否し，他の予算費目からの流用も禁止したのである．しかし，組織としては消滅したけれども，NRPBの遺産は残った．NRPBの報告は，「おそらく戦時の他のどの単一文書よりもよく，連邦政府における戦後の進歩的な思考を切り出す刃をなしていた．それは，'完全雇用法案'導入を可能にすべく2年後に合体した諸力にとって強力な衝撃となったのである」[24]．

　第3に挙げるべきは，「全国計画協会」(National Planning Association, NPA)である[25]．これは，民間での「計画化運動」の1つの表現として，1934年に結成されたもので，当初は，「全国経済社会計画協会」(National Economic and Social Planning Association)という名称で発足したが，1939年に再編されたものである．

　同協会は本部をワシントンに置き，少数のスタッフとそれを補完する諮問委

第5章 1946年「雇用法」の成立

員会によって，当該時点での経済問題はもとより，とりわけ生起しつつある経済問題を研究することを目的としていた．理事会(Board of Trustees)には，大学，ビジネス，労働，および農業界から代表が集められ，バランスのとれた見解をまとめるようつとめた．バランスと言っても，NPA は，全体としては，リベラルの方向に傾いていた．

NPA の先見の明を示すのは，すでに 1943 年に，戦時国防契約の停止，政府余剰物資の処理，政府プラントの利用と処分，戦後における農業の組織と構造，国際的救済問題，税法が戦時・戦後の産業の予備金，貯蓄，所得，および投資に与える影響，および労使関係委員会の職務といった問題について注意を集中していることである．

NPA はおおむね啓蒙用の薄いパンフレットをもって「計画化」のアイディアを普及することにつとめると同時に，ワシントンにおけるきわめて重要なポリシー・メイカーたちをランチやディナーの討論に招待して意見の交換を行った．招待された人々の名前を若干挙げれば，ゲアハード・コルム，エゼキエル (Mordecai Ezekiel)，ハンセン，ラムルなどである．次に見る「ファーマーズ・ユニオン」の会長パットン (James Patton) は，NPA の理事の1人であった．

1945 年初めに，NPA は，『完全雇用のための国民予算』(National Budgets for Full Employment)，ピアスン (John Pierson) の『完全雇用のための財政政策』(Fiscal Policy for Full Employment) という2つのパンフレットを発行した．ノースは，前者のパンフレットを評して，それが，1946 年「雇用法」の通過にまで至る思考の多くに「疑いもなく点火の火花を与えた」[26] と述べている．

筆者が，NPA の理事会にどちらかというと労働側の立場から参加したマサチューセッツ［州立］大学アムハースト分校名誉教授バーキン氏 (Solomon Barkin) と行ったインタヴュー (1984年10月5日) において，教授は NPA の創設とその後の経過に指導的な影響力をもっていたのは，デンマーク出身のビジネスマン，ソーニー (H. Christian Sonne) であったと述べられた．北欧は，ソ連とはまた別に，経済計画への志向性の強い地域であった．NPA は，開明的

ビジネスマンが計画化という革新に貢献しようとして結成した民間組織であったことになる．

　第4に指摘すべきは，「ファーマーズ・ユニオン」(National Farmers Union) の貢献である[27]．当時の3大農民組織のうち，まともな戦後経済計画を提出したのは，「ファーマーズ・ユニオン」だけであった．

　1945年「完全雇用法案」や1946年「雇用法」のようなものに，なぜ農民組織がかかわってくるのか，読者は不思議に思われるかも知れないが，それには理由がある．農業・農民問題が1920年代からの引き続く問題であり，都市ないし工業地帯の不況が農業不況を一層深化させたことは，すでに本書でわれわれが見てきたところである．このような経験の中から，「ファーマーズ・ユニオン」の基本テーゼとなったのは，農民の利害は国の他の社会経済集団の利害と切り離されえないものであること，消費者と労働者にとってよいことは農民にとってもまたよいことであるということ，および連邦政府は，国のすべての重要な経済グループとの協力のもとに，豊かな生活を計画化する主たる責任をもつべきであるということであった．

　「ユニオン」は，戦後問題に関する持続的委員会をもっていたわけではなく，戦後計画の研究は，ラッセル・スミス (Russel Smith) を初めとする計4人のワシントン事務所常任スタッフによって行われていた．4人はニューディールと労働運動の多様な経験をもった人々であった．これらの人々がつくり出した戦後プログラムは，「ユニオン」会長パットンによって全国的に劇的な衝撃を与えるトピックとなった．それは，パットンがのちに述べる議会での戦後(平時)への「再転換論争」において証言に立ち，「ユニオン」のプログラムを提案したからであった．

　1944年4月，パットンは上院「軍事委員会戦時契約小委員会」(War Contracts Subcommittee of the Committee on Military Affairs) で証言に立ち，のちに見る「キルゴア再転換法案」(Kilgore Reconversion Bill) についてそれが不十分であると論評し，「完全雇用のための経済の恒久的計画化という積極的目標を……私は提案する」という「ユニオン」の立場を明らかにした．

第5章 1946年「雇用法」の成立

　このパットンの証言のあと，ラッセル・スミスは，予算局のルイス・ビーン (Louis Bean) を含む何人かの友人と会って，完全雇用を保障するに必要な総投資（民間投資プラス政府投資）に連邦政府が裏書きを与えるという彼の広範な雇用プログラムのメモについて意見を交換した．ビーンは，「ナショナル・ビュアロー」(NBER) の研究にもとづけば，過去における総投資と GNP の比率は年平均で1対5であり，したがって，もしもスミスが2000億ドルの GNP を目標値とするのであれば，総投資の目標は400億ドルとなると示唆し，さらに，もしもスミスがプランを完全に文章化すれば，それを官庁エコノミストの非公式な集団と討論する場を用意してもよいと述べた．

　スミスが起草を終えると，それはビーンの週1回の「自由討論会」(bull-sessions) に提示された．ランチに出席したのは，エゼキエル，コルムなどであった．スミスは再起草のあとハンセンとも会い，推敲を重ねたあと，パットンと討論し，最終的に，スミスの起草にかかる草案を「キルゴア法案」に対する修正案として提出することを決定した．ここに，「パットン修正案」(1944年8月) が誕生した．

　「パットン修正案」のアウトラインは次のようなものであった．すなわち，「内国歳入課税両院合同委員会」(Joint Committee on Internal Revenue Taxation) は，適切な政府諸機関の援助のもとに，国の総投資の見込みの年次研究を行い，投資見込みが400億ドルの水準をどの程度下回るかを確定する．このマイナス数字が確定されたとき，同委員会は，完全雇用を生み出すために必要とされる400億ドルの総投資に到達すべく民間産業と州・地方政府に振り当てられるべき貸付金の額を「復興金融公社」(RFC) に通告するものとする．もしもそのような貸付金の申請がないか，あるいは完全雇用を生み出すに十分な量で利用されなかったとすれば，議会は，上述の目的である完全雇用を達成するのに必要な資金額を公共事業その他のプロジェクトのための支出割当てとして承認するものとするというものであった．

　「パットン修正案」はこうして戦後雇用問題についての思考の新しい枠組を与えた．実際の事態の経過においても，1945年「完全雇用法案」の提案者マ

リー上院議員の注意を引き,彼にこの思考の枠組を採用させたものは,「パットン修正案」であった.

以上,われわれは,1945年「完全雇用法案」が生み出される背景となったと思われる必要最小限の要因を一通り見た時点に到達した. 項を改めて,「法案」出現の直接的事情を明らかにすることにしよう.

(3) 再転換論争とその一帰結——「完全雇用法案」の出現

「全国資源計画委員会」(NRPB)は前項で見たように,1943年6月に議会によって「殺され」たけれども,NRPBの戦後計画プログラムが発表された2日後,1943年3月12日に,「一言の討論もなく」[28]議会で初の戦後計画に関する委員会が上院に設立された. NRPB は組織としては廃止される運命にあったけれども,その報告の与えた衝撃はことほど左様に大きかったのである. まことに,死せる孔明,生ける仲達を走らすの感がある.

上院に設立されたのは「戦後経済政策・計画特別委員会」(Special Committee on Postwar Economic Policy and Planning)であり,委員長は上院「財政委員会」委員長のウォルター・ジョージ(Walter George)であった. 1944年初めには,下院にも,それに対応する特別委員会が結成された. もちろん,これらの委員会,とくに委員長は,NRPBのプログラムにはほとんど全く共感を抱いてはいなかった. ともあれ,ここに戦時から平時への「再転換」が議会における1つの重要な論題となったのである. 上院におけるこの「再転換」論争の帰結,あるいは正確には副産物が,マリー上院議員による「完全雇用法案」の提出であった.

上院における「再転換」論争は,もともと戦後不況と大量失業に対する対策を主題としていたのではなかった. そこで,ここでは,「再転換」論争の次第とそれがいかにして「完全雇用法案」を生み出したかを明らかにしよう.

ここで把えられていた「再転換」問題とは,平時への再転換にあたっての行政管理をいかに有効に行うかということであった. 戦時体制へのアメリカの資源の動員過程は,いわばよたよたした足取りで進められた. 戦争遂行のための

第5章 1946年「雇用法」の成立

　行政統合の備えがなかった結果，浪費と重複が生じた．しかも，動員解除のための諸措置は戦時動員に必要とされる諸措置から切り離されたものではありえず，平時への再転換の成否は，戦争遂行上の行政管理の適否にかかっていた．上院での「再転換」論争は，ひとまずこのような文脈の中で，つまり「再転換」，すなわち動員解除をめぐる有効な行政管理をいかに設定するかを主たる問題として生じた．だから，それは，1942年末と1943年初めの上下両院議員の一部による「戦時動員局」(Office of War Mobilization)設立のための法案の共同提起と同じ流れの中にあった．

　ところが，ローズヴェルト大統領は，このような議会からの圧力もあって，いち早く，1943年5月28日に，みずからの大統領行政命令によって，「戦時動員局」を設立した．こうして，上院での議論における問題設定のあり方がおのずと決定されることになった．つまり，「再転換」問題とは，再転換政策と新設された「戦時動員局」の活動とにいかなる関連をつけるかという問題に転化したのである．ちなみに，1943年11月には，「戦時動員局」の内部に，戦争と戦後調整の問題を取り扱い，関係各政府機関がとるべき統一されたプログラムと政策を開発することを任務としたユニットが設立された．その長になったのは，第2章でわれわれになじみのバーナード・バルークであった．

　ここで，いよいよ，本項でのわれわれの本題に入る．上院では，この「再転換」立法をめぐって，三つ巴の主導権争いが展開された．まず，この三つ巴を構成した登場人物を挙げれば，上院「軍事委員会」の「戦時契約小委員会」の委員長，マリー上院議員と，上述した上院「財政委員会」委員長として名をあげ，かつ「戦後経済政策・計画特別委員会」委員長となったウォルター・ジョージであり，上院「軍事委員会」の「戦時動員小委員会」(War Mobilization Subcommittee)の委員長キルゴア(Harley M. Kilgore)であった．話を分り易くするために，あらかじめ述べておけば，マリーとキルゴアの両議員はリベラル派であり，ジョージ議員は保守派であった．

　「完全雇用法案」の提案の事の発端は，1943年9月，マリー委員長のもとで「戦時契約小委員会」が戦時契約解消のための立法について討論を開始したこ

とにある.時を同じくして,ジョージ委員長のもとで「戦後計画委員会」も戦時契約解消をめぐる全般的諸問題について公聴会をもっていた.マリー議員は,ジョージ委員会の討論の進行と歩調を合せ,同時に,全体として保守的になっていた議会の支持を取り付けるために,マリー委員会のスタッフが起草しつつある法案の共同提案者になるよう保守派のジョージ議員に要請した.ジョージ議員はこれに同意し,結局,1944年2月,マリー=ジョージ「戦時契約解消法案」(Contract Settlement Bill)が提出された.同法案は「戦時契約解消局」(Office of Contract Settlement)のようなものの設立を規定していた.この新しいオフィスは,明らかに,「戦時動員局」とは完全に切り離されて設立されるべきものとされていた.

他方,1943年11月から,キルゴア委員長のもとで,「戦時動員小委員会」のスタッフは,戦時経済の秩序ある解消を監督し,「再転換の人間的側面」(失業)を緩和し,あわせて将来のための計画化を行うべく連邦政府の計画化行政機構についてとくに留意した法案の起草を開始した.出て来た法案は,大統領のキャビネットに,予算局の上に立つ3つの官房を設置するというものであった.官房のその1は,全般的な財政分析を行う部局であり,その2は,「プログラム局」(Bureau of Programs)と呼ばれ,広範な経済政策の策定に従うべきものとされ,その3は,各省庁と議会の活動決定にかかわる政策上の統合に従事するものとされた.この提案もまた「戦時動員局」とのかかわりには何もふれていなかった.

しかし,戦時中にこのような行政組織の本格的再編を行うのが不可能であることは,少し考えればすぐ分ることであった.こうして,キルゴア「戦時動員小委員会」のスタッフは,「戦時動員局」の権限を拡大して,それが平時への再転換のすべての責任をとれるように規定する法案の作成に着手した.

その間に,1944年2月15日,「戦時動員局」に新設されたユニットは,バルークとハンコック(John M. Hancock)の名前で,『戦時・戦後調整政策に関する報告』(Report on War and Post-War Adjustment Policies),いわゆる「バルーク=ハンコック・リポート」を発表した.同報告は,再転換のために直ちに

計画化を行うことが必要であると指摘し,「戦時動員局」の権限を拡大して,戦時契約の停止,政府余剰物資の処理,および再転換の「人間的側面」(つまり,失業ないしは雇用)といった諸問題を処理すべきであると提案した.

議会をバイパスして,再転換政策を提起し,「戦時動員局」の拡大を要求したバーナード・バルークのこの「プリマ・ドンナ」的態度は,現に議会においてその問題についてそれなりに真剣な政策立案にしたがっていたジョージ委員会とマリー委員会,とりわけジョージ委員長をいたく立腹させた．ジョージ委員会のスタッフは,戦時契約解除と余剰物資処理の監督を行う,「戦時動員局」とは別の,「動員解除局」(Office of Demobilization)の設立を規定する法案を起草し,マリー議員による修正を加えて,それは,ジョージ＝マリー「動員解除法案」(Demobilization Bill)としてマリー委員会に委託された．それは,「バルーク＝ハンコック・リポート」公表の1週間後のことであった．

その1カ月余りのち,1944年3月29日に,キルゴア上院議員がようやく法案を提出した．それは,「戦時動員・調整局」(Office of War Mobilization and Adjustment)なるものを提起し,同時に,産業,労働,および農業の代表者からなる「全国産業・雇用委員会」,および長期的な戦後計画を処理する「プログラム局」を設置することを規定していた．同法案はまた,政府余剰資産の処理,労働側の年来の要求に応じた「暫定的給与給付」制度と失業保険プログラムの拡大を提起した．戦時契約解除の問題はキルゴア法案には含まれていなかったが,すでに提起されている法案を自己の法案に合流させればよいというのがキルゴア議員の見解であった．キルゴアは,この法案をマリー委員会に付託した．マリー委員長が,これによって,すべてのオムニバス法案を集約させるオムニバス法案をまとめるものとキルゴアは期待したのである．

1944年4月までに,再転換と戦後諸問題を処理する立法のすべての重要案件は,マリー委員長下の「戦時契約小委員会」の管轄下に入った．4月に行われた各種法案についての公聴会は,キルゴア法案が受け容れられそうもないことを明らかにした．しかも,他方では,マリー委員会とそのスタッフは,過去8カ月に亘って,「戦時契約解消法案」を練ってきたのである．8カ月に亘る

努力の産物が，どうせ保守的な議会で切り刻まれるオムニバス法案の前に水泡に帰するなどということは，マリー委員会の面々の望むところではなかった．「戦時契約解消法案」は，同委員会によるビジネスマンと政府高官との無数の会見の汗の結晶なのであった．

のみならず，次のような問題もあった．キルゴア法案にもられた「プログラム局」のようなものをつくっても，ただ，だらだらと議論を重ねる小田原評定に終るだけであり，戦後への再転換の焦眉の課題の解決にとって迂遠であるというのが，「ファーマーズ・ユニオン」のパットンの見解であったが，マリー議員も，長期的な経済安定化という複雑な諸問題に対してキルゴアの「プログラム局」構想は適切であるとは思っていなかったのである．同時に，ニューディールの支持者としてのマリーは，計画化機能を大統領から切り離すことは誤りであると考えていたし，議会によって「殺され」た「全国資源計画委員会」(NRPB)の運命を考えれば，提案されている「戦時動員・調整局」なるものが終戦と共に廃止されたとき，計画化機能だけがそれから独立して生き残ることなどはマリーにとって考えられないことであった．こうして，キルゴア議員の期待に反して，マリー議員はキルゴア法案と袂を分つことを決意したのである．

マリー委員長とキルゴア委員長のあいだのこの身内争いは，相平行する二重の起草のやり直しとなって現れた．マリー委員会のスタッフは，マリー＝ジョージ「動員解除法案」原案の修正に着手し，原案とキルゴア法案のいくつかの「健全な」条項との妥協をはかる法案の起草にしたがった．他方，キルゴア委員会のスタッフも修正案を練り直し，トルーマン(Harry S Truman)議員を含む8人のリベラル派議員の支持を取り付けた．マリー議員は，結局，これに合流することにして，ジョージ＝マリー「動員解除法案」を棚上げにし，キルゴア法案を修正して，「キルゴア＝トルーマン＝マリー法案」として提出することを決意したのである．

大団円は，1944年8月にやって来た．ジョージ議員は，キルゴア修正案のリベラルな規定，とりわけ，「プログラム局」の設立と，連邦政府の管理による失業補償制度の拡大を阻止しようと望んで，平時への転換期のみに適用され

第5章 1946年「雇用法」の成立

る州政府管理の失業補償制度だけを規定した全く新しい法案を提出した．それは，1944年8月1日のことであった．8月3日，この新しいジョージ法案は，上院「財政委員会」の名において提案され，議事日程にのぼった．8月7日には，「キルゴア＝トルーマン＝マリー法案」が上院「軍事委員会」の名において提案され，ジョージ法案の後塵を拝して，議事日程に乗った．

8月8日から8月11日のあいだに，事態はクライマックスに達した．ジョージ法案は，上院決議の議事日程からはずされ，「キルゴア＝トルーマン＝マリー法案」がそれに対する修正案として提出され，同時に，「死に体」にあったジョージ＝マリー「動員解除法案」がジョージ議員によって息を吹きかえされ，修正された上で，ジョージ法案に対する第二次修正案として提出された．結局，この第二次修正案が上院を通った．こうして，キルゴア委員会のスタッフが苦心してつくりあげた失業補償プランも戦後計画化計画も剝奪された「戦時動員・再転換局法案」(Office of War Mobilization and Reconversion Bill)が下院に送付された．下院の修正を受けたあと，それはホワイト・ハウスに送付され，1944年10月に法として成立した．別に，「契約解除・余剰資産法」(Contract Settlement and Surplus Property Act)が議会を通ったが，両方とも，最終的に立法化された「戦時動員・再転換局法」に組み込まれて法制化された．ここに，「再転換」をめぐる上院議員有力者のあいだの功名争いは終息した．

それでは，ここで述べてきた上院における「再転換」法案をめぐる論争が，なぜ，われわれの主題である1946年「雇用法」の成立とかかわりをもつのであろうか．次に，この点について述べよう．

ここでの問題は，「完全雇用法案」なるものが，独立の法案として提出されることになった事情は何であったかということであり，この事情は「再転換」論争とどのような関連をもっていたのかということである．

まず第1に挙げるべきは，「再転換」立法が，キルゴア法案の実現としてではなく，ジョージ法案の実現として結着を見たということである．キルゴア法案については，その志向性をもっと先鋭化せよという「ファーマーズ・ユニオン」からの批判があったけれども，その時点においては最も包括的な「再転

換」法案であった．ところが，実際に成立したのは，限定された目標しかもたなかったジョージ法案であった．この事実は，アメリカにおける戦時から平時への「再転換」に向かって，雇用に関する戦後計画について立法上の空隙が残されたことを意味した．キルゴア法案ではなく，限定されたジョージ法案が採択されたことによって，逆に「完全雇用」という重大問題が浮き彫りにされることになったのである．その意味では，成立した法は，実は，「再転換」問題に真に対応してはいなかったのである．だから，逆に，もしも「プログラム局」の設立を規定したキルゴア法案が議会を通っていたとすれば，おそらくは，独立の「完全雇用法案」のようなものの提案はありえなかったか，少くとももっと遅延させられていたか，いずれかであったであろうというのがベイリーの評言である[29]．筆者もそれを正しい歴史解釈であると考える．

　第2に，このような立法上の空隙があったとしても，それを埋める役回りを果す立法の提案者が必要であった．その役割を買って出たのが，「軍事契約小委員会」の委員長マリー上院議員であった．

　ベイリーは，独立した「完全雇用法案」という構想が誕生した時点を求めるとすれば，1944年8月，キルゴア法案に対するパットン修正案がマリー上院議員の関心を最初に引いたその瞬間であったであろうと論定している[30]．上院での「再転換」論争の次第を見れば，パットン修正案が「再転換」法案に組み込まれる公算が全くないことは，マリー議員にとって自明であった．むしろ，マリー議員の実際の関心は，「ファーマーズ・ユニオン」のパットン修正案が完全雇用問題を連邦政府の恒久的責務という新しい次元にまで引き上げ，そのことによって，議会を支配していた「再転換」問題での狭隘な視野を一気に拡大したことにあった．ここに平時への「再転換」は行政管理上の特定化された問題ではなく，社会経済的な全く新しい思考の枠組において把えられることになった．マリー上院議員は，この新しい思考の枠組のいわば虜になったのである．したがって，マリー上院議員とその委員会のスタッフが限定された「再転換」立法の不十分さに気づき，パットン修正案がもたらした戦後雇用——あるいは失業——問題についての全く新しい思考の枠組を受け容れたとき，1945

第5章 1946年「雇用法」の成立

年「完全雇用法案」はすでにその胎児の状態で生を享けていたのである．こうして，上院における「再転換」論争の経過，あるいは，むしろその結着のあり方が，1945年「完全雇用法案」を生み出した．もちろん，そこには，マリー上院議員と彼の「軍事契約小委員会」のスタッフ，および「パットン修正案」という触媒の存在が不可欠であった．しかし，これまで見てきたように，「完全雇用」が大衆的スローガンとなっていたこと，失業率をできる限り低くすることが大不況から第二次大戦を経たあとのアメリカ合衆国の重要な目標の1つであったこと，しかも，連邦政府はこの目標を実現するために一定の責任をもつべきであること——こうしたことが議会内外のコンセンサスとなっていたという歴史的事情を忘れるべきではない．法案上程後の議会においては，法案に組み込まれたケインズ経済学的，計画経済的テクニカル・タームについて法案反対者の白熱の反対討論があったけれども，議会の総体が「完全雇用」とそれを実現するための連邦政府の責任という法案の構想自体に反対したことは決してなかったのである．

　以上が，上院における「再転換」論争が1945年「完全雇用法案」を生み出した経緯である．

　さて，法案の起草に従事した人々は，言うまでもなく，これまでわれわれが見てきた組織のメンバーからなっていた．中心人物は，マリー「軍事契約小委員会」の事務局長，グロス(Bertram M. Gross)であった．グロスは，当然のことながら，まず最初に「ファーマーズ・ユニオン」のラッセル・スミスを呼び，未決の問題点を指摘した．その後，グロスは，スミスを初めとするコンタクトを通して，非公式の起草委員会を結成した．起草委員会の最も誠実なメンバーを挙げれば，次の通りである．まず，予算局からは，われわれにすでになじみのゲアハード・コルムとルイス・ビーン，および新たにキー(V. O. Key)が参加し，NPAの『完全雇用のための財政政策』というパンフレットを書いた「労働統計局」(BLS)のあのピアスンが自分の見解を代表する者として派遣したビーノイト-スマリヤン(Emile Benoit-Smullyan)，「価格管理局」(Office of Price Administration, OPA)のセイラント(Walter Salant)，同じくOPAのリ

チャード・ギルバートが自分の見解を代表する者として派遣したアーリー (James Early),「農業経済政策局」(Office of Agricultural Economics) のマドックス (James Maddox) が馳せ参じ, そして, もちろん,「ファーマーズ・ユニオン」のラッセル・スミス, および「戦時契約小委員会」のスタッフ, ボーチャート (Kurt Borchardt) が有力メンバーとなった. ベイリーの評価によれば,「彼らはすべて戦後雇用問題に燃えるような関心を抱いており, 経済哲学から言えば, ケインズ=ハンセンの分析から由来する補整的財政構想が基本的に健全であるという信念を共有していた」[31]. ベイリーの著作は, 議会での「完全雇用法案」審議の経過については, きわめて冴えた分析を提供しているけれども, 事態の総括的評価を論ずる段になると, それをトータルにケインズに, しかも, アメリカナイズされたケインズ理論に結びつける傾きがある. ハンセンを初めとするアメリカ・ケインジアンに「金利規制」の問題が欠落し, 『貨幣論』のケインズが等閑に付されていることは, つとに指摘されていることである. しかし, 本書は理論書ではない. しかも, 生きて過ぎ去った人々の奮闘を「後知恵」をもって非難することもまた筆者の好むところではない. ともあれ, アメリカナイズされて解釈されたケインズ理論の信奉者になった当時第一級の経済政策マンが, 1945 年「完全雇用法案」の起草に従事したということだけは記録しておく必要がある.

　立法の起案, とりわけ全体として保守的になっていた議会を意識してリベラル派が法案を起草するに際しては, それなりのマヌーヴァを必要としたことは理解できることである. 法案の表題として「1945 年完全雇用法案」が選択されたのは, それが誰にも分り易く, 反対できないものであったからである. これが,「連邦雇用・生産法案」とか「高水準雇用・安定化法案」とかいった茫洋とした表題の法案であったとしたら, 議会の議論に火を点けることはなかったかもしれない. もっとも,「完全雇用」という言葉は, この衝撃的な表題という効果を与えただけで, 法案の起草者は,「完全雇用」なるものの説得的な定義を与えることはついにできなかった. 起草者の誰もが,「完全雇用」が本当に「完全な」雇用を意味するとは信じていなかったのである. のちに議会の

第5章 1946年「雇用法」の成立

審議過程で,法の表題から「完全」が削除される萌芽は,すでに起草段階から存在していた.法案起草上のその他のマヌーヴァについて,これ以上立入る必要はない.

　提案された「完全雇用法案」の狙いは次の4点にあった.第1は,「労働に対する権利」という原則と,「働く能力があり,それを求めている」すべての人々に雇用の機会を与えるべき連邦政府の責務とを,決定的に確立することであり,第2は,アメリカ経済が一定期間ごとに目的にかなった分析に付され,また,議会がアメリカ経済の趨勢とこの趨勢の挑戦に対応する大統領のプログラムについて情報を与えられるよう取りしきる責任を大統領に付与することであり,第3は,経済的バロメーターが「嵐が来る」ことを告げた場合には,連邦政府は深刻な経済的困難を阻止するための一連の措置をとるべきこと——その最後の拠り所となる措置は,完全雇用の最終的な保障である連邦政府の支出・投資プログラムであること,そして,最後に,完全雇用政策を遂行するための立法上の分析と行動を促進し,立法上の責任の所在を確定する機構を議会の内部に確立することというものであった[32].完全雇用の保障という連邦政府のこの責任を実現するための基本的な構想は,上述したパットン修正案のそれであり,しかも,それは「国民総生産」(GNP)というような当時の議員にとっては,おそらく全く聞いたこともなかった専門用語によって書かれていた.すなわち,法案は,完全雇用を保障するためのメカニズムとして,「国民生産・雇用予算」(National Production and Employment Budget——国民予算と略称される)を規定する.この「国民予算」は次のようにして設定される.まず,産業と農業における自己雇用(自家営業)を含む労働力の規模を推計し,この労働力に雇用機会を与えるに必要な「国民総生産」の大きさを推計し,それを生産するに必要とされる民間・公共両セクターの支出と投資の総額を推計する.推計の期間は,次の会計年度についてでもよいし,大統領が適当と認めるもっと長期についてでもよい.もしも完全雇用のための必要要件と支出・投資の推計値とのあいだにギャップが見られたら,このギャップについて,連邦政府以外の公共セクターと民間セクターの支出と投資を鼓舞することによって埋合せ

の措置をとり,それでもなお不足であれば,連邦政府の投資と支出の出動をもってそれにあてるというものであった.こうして,ここに,いわば「マリー＝パットン法案」とでも呼ぶべき「完全雇用法案」が起草された.

　法案が最初に公けにされたのは,1944年12月18日に提出された『軍事契約小委員会——年末報告』においてであった.この『報告』のタイトルは,「再転換と完全雇用のための立法」("Legislation for Reconversion and Full Employment")であった.

　ベイリーは,この『年末報告』を,「完全雇用法案」の歴史における「境界標識」であったと評価している[33].その意味は,ここに初めて「完全雇用法案」の原文が印刷された形で発表されただけでなく,同法案のスポンサーとしてのマリー上院議員がこのような法案の必要性についてみずから解説の労をとったからである.マリー委員会のこの『年末報告』は,ジャーナリズムの関心を「完全雇用法案」に引きつけるうえで,おおいに貢献するものであった.

　マリーは,共同提案者として,ニューヨーク州選出のワグナー上院議員(Robert Wagner)およびユタ州選出のトマス上院議員(Elbert Thomas)をまず選択した.2人とも長いあいだ議会内外でリベラル派として知られていた人士であった.ちなみに,マリー議員は,キルゴア委員会が「完全雇用法案」に対する代替案を提出して来ることを恐れていたが,上院「銀行・通貨委員会」の委員長をつとめるワグナーを初めとするマリー,トマスの3人の上院議員が結束すれば,キルゴア委員会が新しい提案を行う余地はなかったのである.

　マリーは,同時にまた,ワイオミング州選出の上院議員オマホニー(Joseph C. O'Mahoney)に共同提案の要請を行った.ベイリーは,マリーがオマホニーに接近した動機をあえて推量している[34].すなわち,「完全雇用法案」が年来のリベラル・親労働派だけによって提案されるよりは,独立・中道の民主党議員として知られたオマホニーを加えれば,法案に対する他の上院議員の「敬意」をそれだけ高めるものとマリーは考えたというのである.しかも,「臨時全国経済委員会」(TNEC)の委員長をつとめたオマホニーは,その経験によって,連邦議会議員一般とは比較にならないほど経済学において鍛えられていた

という名声をもっていた[35]．

オマホニーに共同提案を要請したマリーの思惑がどこにあったにせよ，のちの上院「銀行・通貨委員会」での証言においても，上院本会議のフロア討論においても，上院における S. 380 に対する支持を喚起した点においてオマホニー議員の右に出る人はいなかったとされている[36]．

ともあれ，1945年1月22日午後，マリー上院議員は，彼自身と他の3人の共同提案者の名前において，1945年「完全雇用法案」を提案し，それを上院の議事日程(agenda)に乗せた．

3 「完全雇用法案」論争

(1) 議会での論争の経過

言うまでもないことであるが，連邦議会上院そのものも，「完全雇用法案」の共同提案者たちも，1945年を通して執務時間の大部分をこの S. 380 の「面倒を見る」ことだけに費すことができたわけではなかった．S. 380 が提案された第79議会第1会期は，1945年1月2日に始まり12月21日に終った．与えられた課題の多さに比べて与えられる時間があまりにも少ないというのが連邦議会について一般に言われていることである．しかし，それにしても，1945年は上院にとって大変な年であった．いま，この1945年に議事日程にのぼった案件の一部だけを挙げても，「互恵通商協定」(reciprocal trade agreements) の期限延長，「国際連合」の形成，ローズヴェルト大統領の死去，「ブレトン・ウッズ協定」の承認，第二次世界大戦の終結，「民間航空条約」(Civil Aviation Treaty)の承認，原子爆弾の取扱い，戦時諸権限の延長，合衆国「雇用サービス局」(U. S. Employment Service)の権限の州への再移管，「価格管理局」(OPA)の期限延長，「公正雇用慣行委員会」(Fair Employment Practices Commission)への支出割当ての決定など，重要案件の文字通り目白押しの状態にあった[37]．そういう中で，アメリカの戦後の経済政策の枠組を規定する「完全雇用法案」

に対して，それにふさわしい十分な時間が費されたかどうかは疑問である．それにしても，いまわれわれのもとに残されている「完全雇用法案」の公聴会記録は，上院[Ⅰ-5]で1259ページ，下院[Ⅰ-6]で1163ページに達している．この種の議会記録がどのように細かい活字でどのように狭い行間で印刷されているかはよく知られていることである．しかし，前から述べているように，連邦議会のこのヴァイタリティの成果をここで再現することは，退屈でもあり，本書の本題からはずれてしまう惧れがある．そこで，ここでは，議会における法案の取扱いの経過の特徴点をできる限りコンパクトにまとめると同時に，議会外の諸勢力の対応についても一応見ておくことにしよう．

スタインは，起草された「完全雇用法案」を評して，「初歩的な経済学教科書の1章を法律用語に翻訳した」ものにすぎなかったと述べている[38]．これは，酷評ではあるが，事実をありのままに述べたものである．われわれが追跡してきた第2,3章の内容を知っている読者は，法案の内容がそれ以上のものになりえなかったことを理解されるであろう．法案は，アメリカナイズされたケインズ主義に改宗した人々の手による彼らの解釈したケインズ政策のいわばむき出しの文章化に外ならなかった．

法案のこのような内容と性格が，議会における法案の運命を規定した．専門の経済学者は法案に使用されているテクニカル・タームを直ちに理解できた．もっとも，「国民総生産」といった基本的な概念の定義についてさえ，彼らのあいだにはいまなお見解の一致はなかった．いわんや，法案の審議にたずさわった議員たちは，諸概念の理解の不一致どころか，理解そのものにおいてすでに困難を感じさせられた．法案の起草者たちは，草案の付録として用語の定義集を用意した．すでにこのことだけで法案は一種奇妙な代物であった．しかも，GNPの定義が，「商務省によって算出されているものとしての，財とサービスの粗国民生産」というものであり[39]，これが「ニュー・エコノミクス」に不慣れな議員たちの理解を助けたとも思われない．こうして，連邦議会議員は，それまでの半生でおよそ遭遇する必要のなかった経済学の諸概念にいまやつきあわされることになったのである．

第5章 1946年「雇用法」の成立

　他方では，すでに述べたように，「完全雇用」を達成すること，あるいは，少くとも失業率をできる限り低くすることは，アメリカの国民的目標になっており，しかも，それを実現する責務の一端を連邦政府が負うということも，ポリシー・メイカーたちのコンセンサスになっていた．この国民的目標そのものに反対する有力者は議会の中にはまずいなかった．つまり，「完全雇用法案」をその原文のままに支持することがリベラル派議員にとってかなり大胆な賭けであったとすれば，「完全雇用」ないしは少くとも低失業という目標そのものを否定する立場を公言することは保守派の議員にとってかなり危険な賭けを意味していたのである．

　この点で興味深いのは，「完全雇用法案」を担当した上院「銀行・通貨委員会」，すなわちワグナー委員会が，その最終報告を出したとき，その多数派見解の部分に，「完全雇用法案に対する反論——およびそれに対する回答」という節を付け加えたことである．この節が付け加えられた意味は明白である．「完全雇用法案」，すなわち S. 380 に反対するというのなら，完全雇用は「不可能である」か，もしくは「望ましくない」こと，あるいは，連邦「政府の責任は極貧状態の救済のみに限定されるべき」ことを主張されるがよかろうという一種の脅迫であった．これは，法案に反対する人々は世論にさからう極めつけの保守反動の少数派にすぎないということを示そうという法案促進派の戦略であった[40]．ついでに述べれば，「完全雇用」がすでに国民的目標であるという認識が(少くとも法案の論争時点で)定着していたことは，最終的に成立した 1946 年「雇用法」に原案のセクション 2「政策の布告」が結局生き残ったという事実に示されている．本書の冒頭で引用したセクション 2 が示しているように，「公法 304」は，この「政策の布告」なる重要条項において，「最大限の雇用，生産，および購買力を促進すること」が，外ならぬ合衆国「連邦政府の持続的政策かつ責任」であると宣言したのである．「完全雇用」という表現が「最大限の雇用」という表現に修正されるなど，原案の用語の骨抜きと水割りが徹底的にほどこされたにせよ，この「政策の布告」なるセクションが結局生き残ったことは事実なのである．

誰もが異論をさしはさめなくなった国民的目標としての「完全雇用」と，呪文のような専門用語をちりばめた「完全雇用法案」の提出と——この２つの条件が，議会における法案の取扱いのあり方を規定した．法案の表題から結局「完全」という言葉は削除されたけれども，労働する能力があり，その意思がある者に雇用を保障することは連邦政府の責任であるという原案の立法目的は，薄められた表現によっていたにせよ，結局実現されたのである．ところが，法の原案に使われた「ニュー・エコノミクス」の専門用語は議会での法案修正のたびに修正または削除されていった．ベイリーも指摘しているように，「法案の立法史の興味ある部分は，この専門用語がどの程度まで平易化され，あるいは削除されたかにある」[41]．

さて，「完全雇用法案」(S. 380)のたどった道を述べれば，それは，1945年9月20日に上院「銀行・通貨委員会」の報告書として決定され[42]，上院本会議に上程され，9月28日に71対10の圧倒的多数で可決された．下院には，1945年2月15日に，テキサス州選出議員パットマン(Wright Patman)によって「完全雇用法案」が導入され，それは，H.R. 2202というナンバーをふられることになった．上院での法案委託が共同提案者の１人ワグナーという有力な議員が委員長をつとめる「銀行・通貨委員会」であったのに対して，下院においては，不幸なことに，「行政省庁支出委員会」(Committee on Expenditures in the Executive Departments)なる取るに足りない委員会に委託されることになった．先に指摘した上院マリー「戦時契約小委員会」の『年末報告』で公表された「完全雇用法案」は，われわれが前章で見た「1921年予算・会計法」に対する修正案として提案されていたので，パットマン議員は，何のためらいもなく，それを「行政支出委員会」にまわしたのである．ベイリーは，もしも上院の提案者が委員会委託の件で下院議長との根回しを行い，それに成功していたなら，そして，もしもH.R. 2202が，下院「銀行・通貨委員会」ないしは「労働委員会」(Labor Committee)に委託されていたら，「完全雇用法案」制定の歴史は著しく異っていたであろうと述べている[43]．下院「行政支出委員会」のメンバーについて言えば，委員長マナスコ(Carter Manasco)を含めて，

第5章 1946年「雇用法」の成立

経済学的に鍛えられた証言者の何人かの問いかけを理解できた人はそれほど多くはなかった．マナスコ委員長には，乗数効果についての知識さえなかったのである[44]．

下院から最終的に出てきた上院 S. 380 に対する代替案は，「完全雇用法案」論争で何が問題になったかをよく表している．すなわち，下院の代替案は，雇用機会に対する権利(就業権)，完全雇用に対する連邦政府の責任，連邦政府資金によるその保障，および国際経済紛争に対する保護といった原案の宣言をすべて反故にした．下院では，「完全雇用」という用語は「高雇用」に変えられ，同時に雇用問題だけに注意を集中することを避けるかのように，高水準の雇用，生産，および購買力の維持を連邦政府政策の目標と規定した．景気変動については，公共事業と公共貸付の拡大と収縮および政府の民間企業との競争の回避によってそれを防止するという対策が打ち出された．

しかし，高水準の雇用に加えて，同じく高水準の生産および購買力の達成を政策目標に入れたことは，「完全雇用法案」に反対する側の雇用問題への関心の集中をぼやかす意図の表現であったけれども，実際には，この規定の修正は，むしろ「雇用法」の包括性を高めるところとなった．国民の購買力を問題にすることは，結局のところ，物価水準の安定化を問題にすることに帰結する．これまで述べて来たところから分るように，「完全雇用法案」は，何と言っても，大不況と大量失業に対する対策を焦点においた立法であり，インフレ対策のようなものが入り込むはずのない立法であった．ところが，戦後における「雇用法」実施の経過の中でインフレ対策がいま1つの焦点となり，そのために「雇用法」のこの規定が意味をもつことになったのである．歴史の皮肉の一例がここにある．

例の「国民予算」は，そのすべての付随規定と共に抹殺された．「国民予算」が従うべき目標も，経済趨勢の評価も，完全雇用プログラムも，独占調査も，そして国民所得の分配の調査も，すべてお払い箱にされた．その代りに提案されたのは，全般的経済状態についての経済報告，インフレないしはデフレの脅威の基礎にある諸原因の経済報告，およびこのような枠内での更なる立法の勧

告であった．つまり，「パットン修正案」と S. 380 の目玉であったギャップの穴埋めとしての連邦政府の支出・投資の動員という政策上のアイディアは抹消され，法は経済報告を行うべき法的根拠を与えるものに転化した．経済政策ないしは財政政策についての専門用語を駆使した法的規定は消え失せ，経済報告のみを命ずる法となったのである．つまり，下院の成案は，上院原案 S. 380 の起草者が法案に盛り込んだ——彼らが彼らなりに理解したところの——ケインズ政策的規定を完全に抹殺して，大統領に経済報告を義務づける法令に変えてしまったのである．S. 380 のこの修正は，法文上は，最後まで復旧することはなかった．前述したように，下院の担当委員会の委員長はマナスコであったから，「骨抜き」(emasculation) をもじって「マナスコ＝レイション」(Manasco=lation) という言葉が生まれた[45]．法案の「マナスコ化」は，ついに最後まで法の文案を規定した．

しかし，下院での審議過程において，法案は新しい展開を見せた．大統領「経済諮問委員会」(CEA) を設置する規定が導入されたのである．すでに第 4 章で述べたように，1946 年「雇用法」は，大統領行政府の中に存在すべき 1 機関を議会側のイニシアティヴによって法制化した初の立法であった．大統領直属下に，長期的視野に立つ諮問機関が設置され，法的権威を与えられることは，合衆国大統領が独裁者になることを決して意味するものではないことを連邦議会下院はここに承認したわけだ．

しかし，その出自もまた興味深い．それは，保守派の行政機関に対する警戒の産物だったのである．もともとマリー原案にも「諮問委員会」(advisory boards or committees) という表現はあったが，それはあくまでも大統領の自由裁量による指名によって設置されるべきものと規定されていた．上院「銀行・通貨委員会」報告の少数意見は，こうした「諮問委員会」は大統領によって指名されるとしても，上院によって正式に承認されることを要件とすべきであると主張した．しかし，上院のフロアは，この規定については原案通りの法案を通した．

この「諮問委員会」の問題を陽表化して，こうした委員会を議会と国民の監

第5章 1946年「雇用法」の成立　　　　　　　　　　　　　　219

視に曝されるべき機関とし，そのような条件のもとでの恒久的機関とすべきであるという問題提起を行ったのは，ターボァ(George Terborgh)であった[46]．ターボァは，ハンセンの「長期停滞」論にもとづくスペンディング政策に反対して一書をものした保守主義者であった[47]．ターボァは，大統領の指名によるこうした機関が大統領の背後に隠れて実際には全国的経済政策を決定するという行政組織上の問題点を下院の公聴会で強調した．ターボァは，保守主義者であると同時に民主主義者であった．彼の主張は，どのように有能で器量雄大な人士が大統領によって諮問委員として指名されるとしても，諮問委員会そのものは，議会と国民の前に，いわば「ガラス張り」の状態においてその任務を遂行すべきであると主張した．ターボァの主張の意図は明らかである．たとえ自己の見解と対立する経済学者が設置される諮問委員会のメンバーに指名されるとしても，その委員会が議会と国民の前に公けの機関としていわば「曝されて」いるような行政組織上の配置を用意しておけば，現に生起している財政政策構想の上での対立を公開の論争として結着をつけられる制度的な枠組みが与えられるというのが彼の信念であったであろう．

　下院議員ウィッティントン(William Whittington)がこのターボァの証言に賛同して，「経済諮問委員会」構想が下院の成案にとり入れられることとなった．

　上院S. 380に対する下院の代替案は，1945年12月14日に，255対126で下院を通った．ベイリーはこの票決を「意味のない」ものと断定している．なぜ「意味がない」かと言えば，法案H.R. 2202に反対投票をした議員が，そもそも法案そのものに反対したのか，それとも法案の中途半端さに幻滅して，その本質的内容の一層の促進をはかるために反対したのかを判別することができないからだというのである．ちなみに，ベイリーによれば，法案に賛成したのは，民主党議員195名，共和党議員58名(残り2名はインディペンデントだったのであろう)，反対したのは，民主党議員21名，共和党議員105名であった[48]．

　上院の成案と下院の代替案が通ったあと，上下両院の見解が一致しない場合

にとられる慣行として，両院の妥協をはかるための「上下両院合同協議委員会」(Joint Conference Committee)が設置された．協議委員会における両院代表の対立，正確には，下院側の上院 S. 380 に対する反対は，妥協を許さないものがあった．下院側は，「完全雇用」ないしは「労働に対する権利」という用語を含み，連邦政府の雇用保障を示唆し，あるいは窮極の拠りどころを連邦政府支出に求めるいかなる妥協案も受け容れるつもりはないことを明確にした．こうして，先にも述べたように，ケインズ的発想がはらまれている経済政策ないしはフィスカル・ポリシーの規定は，もはや復活する余地はなくなった．そして，それは，実際に削除されたまま 1946 年「雇用法」として成立した．

しかし，ここからあとが，S. 380 をめぐる興味ある事態の展開をなしている．上院の法案促進派はある戦術をとった．フィスカル・ポリシーの法的規定を捨てる代りに，上院原案 S. 380 にある「政策の布告」を生かすことに努力を集中したのである．このとき，上院マリー委員会の事務局長グロスの才能が発揮された．

彼は，協議委員会で用語上の対立が生ずると，辞書をひもといて，言葉の表現の上では異なるが，内容上は「等価」の別の表現を見つけてきては，両院代表の妥協の成立をはかった．妥協案の「政策の布告」のセクションからは，したがって，「完全雇用」という言葉は消去されたけれども，その代りに，「働く意思があり，それを求めているすべてのアメリカ人に，自己雇用を含む有用かつ報いのある雇用機会が与えられるような諸条件」という表現に変更された．もともと，「完全雇用」なる概念にろくな定義はなかったのだから，法案促進派にとってこの言い換えは何の敗北でもなかったのである．両院代表が，この協議委員会における論争から生み出された妥協案の大部分に最終的に満足したという事実は，グロスのこのたくみな戦術を評価することなしには理解できないであろう．この種の表現変更の極めつけは，「政策の布告」の中にあった「スペンディング」条項の言い換えであった．上院を通過した S. 380 には，もちろん，このセクションの中に「政府支出」の必要性を規定した項目があった．しかし，S. 380 が両院協議委員会に送付されるころまでに，グロスも提案者

も，とくに政府支出に頼るというこの条項は，議会を通すうえで政治的に不利でもあり，実践的にも素朴にすぎるという結論に達していた．そこで，協議委員会が始まる3日前に，グロスは「政策の布告」のこの部分を書き改め，「政府支出」という言葉を全く使わない案文に改めた．それは次のものであった．

「セクション2．以下のような諸条件を維持する目的のために，すべての実際的な手段を使用し……，すべての計画，機能，および資源を統合し，かつ利用することは，連邦政府の持続的政策かつ責務である」．

連邦政府の「資源」(resources)の一部は当然に支出と投資に使われるものであり，最終的に受け容れられた文言は，「すべての……資源」であったから，上院の共同提案者は，協議委員会案の方が本来の原案や上院を通過した法案よりもむしろ強い意味をもっていると考えた．他方，下院代表は，「連邦政府支出」という言葉が削除されたことは，自分たちにとって政治的勝利を意味するものと確信した．根本的に対立する両者が共に自己の勝利として満足する一致点に到達したこと——これこそまさに妥協の最良のものであろう[49]．

こうして，協議委員会案は，1946年2月6日，320対84で下院を通り，2日後，2月8日に，反対なしで上院を通り，2月20日，トルーマン大統領の署名によって法として成立した．

(2) 議会外での対応

われわれは本書で「完全雇用法案」論争という表現を用いているが，実際にはそれは国民大衆を巻き込んだ大論争であったわけではない．それは，むしろ，アメリカの政策決定に当時たずさわっていた人々のあいだにおけるアメリカ経済の戦後経営をめぐる論争であった．

ベイリーの研究は，まことにゆき届いた視点によって形成されている．彼は，「完全雇用法案」についての世論調査を捜し出して来ている．彼の調査によれば，「完全雇用法案」提出の7カ月後，1945年7月に，イリノイ州下院第2選挙区できわめて興味ある世論調査が行れた[50]．もちろん，これは全米を対象にした抽出調査ではなく，全くと言ってよいほどの部分的調査である．しかし，

シカゴの中心部の調査対象者が「完全雇用法案」についてどう考えていたかは，われわれにとって貴重な情報であると言ってよい．

その質問と回答の2つの例を挙げておこう．まず，「戦後すべての人に十分な職を与えることを計画する法案が議会に提案されていることを聞いたことがありますか」という質問に対する回答はパーセンテイジで次の通りであった．

いいえ，聞いたことはない	69
聞いたことはあるが，何のことか分らない	19
聞いたことはあるが，それは正しくないと思っている	4
聞いたことはあり，それは正しいと思っている	8

次に，上院の「マリー完全雇用法案について聞いたことがありますか」という質問に対する回答は，「イエス」が17%，「ノー」が81%，「よく憶えていない」が2%であった．この調査の代表性を信頼すれば，シカゴの心臓部の選挙民の10人に8人以上が「完全雇用法案」論争を知らなかったのである．こうして，「完全雇用法案」論争は，うるさいほど下院議員に投書するアメリカの選挙民とは離れたところで行われたということになると言ってよいであろう．

そこで，議会外での論争を検討するためには，諸勢力の全国組織がどう対応したかを見ることが必要になる．

まず，労働側から見れば，「アメリカ労働総同盟」(AFL)も，「産業別労働組合会議」(CIO)も，法案の起草の段階ではたいした役割を果たさなかった．「完全雇用法案」論争は，両組織の対立の1つの場になったにすぎなかったのである．

CIOの左派は，マリー上院議員がキルゴア「再転換法案」に生半可な支持を与えたにすぎないことを根にもっていたし，AFLは，どういうわけか，「完全雇用法案」がCIOによって鼓舞されたものと誤解したのである[51]．一般大衆がかかわっていなかっただけでなく，2大労働組織も「完全雇用法案」論争の初期にはかかわっていなかったに等しかったのである．

もっとも，これだけで叙述を終えたのでは，当時のアメリカの労働組織のために公正を欠くであろう．上院の原案S. 380が提出されたあと，労働組織は

第5章 1946年「雇用法」の成立　　223

議会におけるロビイング活動を強化した．ベイリーは，これを，19世紀イギリスのひそみにならって，「リブ＝ラブ・ロビイ」(Lib=Lab Lobby) と呼んでいる．リベラルとレイバーの同盟というわけだ．「リブ＝ラブ・ロビイ」は，完全雇用法案に対する大衆的関心の喚起，法案推進者の後援といった面で，法制定を促進する貢献を果した[52]．

次に，ビジネス側の組織の対応を見よう．ここでは，「合衆国商業会議所」，「全米製造業者協会」，および前の節から先送りになっている「経済開発委員会」をとりあげる．

合衆国商業会議所の態度は初期においてははっきりしなかった[53]．「完全雇用法案」の上院審議の段階では，商業会議所には法案に対する代替案はなかった．だから，会頭のジョンストン (Eric A. Johnston) は上院の公聴会の証言の席に立つことを拒否した．

商業会議所は，マリー原案がハンセンと「長期停滞論者」の理論にもとづいていることを直ちに見抜いた．マリー原案は，1938年の「ハーヴァード＝タフツ・セヴン」の政策提起を想起させるものだというわけであった．この文脈で州・地方の商業会議所はマリー原案に激しい敵愾心を燃やしたが，商業会議所の全国センターの態度は複雑であった．会頭のジョンストンを初めとする指導部は，30年代のような大量失業の再発は災禍をもたらすことを知っていた．ジョンストンも，戦後ブームの到来を確信していたビジネスマンの1人であったが，他方では，戦時の繰延べ需要が満たされたあともなお繁栄を持続させることがアメリカの国民的課題であることも認めていた．こうして，商業会議所全国本部は，州・地方商業会議所ほど単純にマリー「完全雇用法案」を否定することはできなかったのである．

しかも，商業会議所は，1943年に，ミネソタ州アルバート・リー (Albert Lea) を選んで大量失業再発についてのケース・スタディを行っていた．この小さな町に戦後の諸条件を適用して失業ないしは雇用の状態を推計してみたのである．調査結果は詳細であったが，なかんずく，6571人の推計労働力に対して提供される職は5978であることを明らかにした．労働力のほぼ1割を占

める593人が失業せざるをえないことが推計されたわけである．そこには，戦後における失業の再現と，州・地方政府だけの努力ではそれを回避することができないことが示されていた．言い換えれば，何らかの形での連邦政府の出動はもはや不可避となっていることを調査結果は示したのである．こうした調査結果も加わって，商業会議所のワシントン本部は，「完全雇用法案」の問題提起に即応することができなかった．会頭ジョンストンは，マリー原案 S. 380 に対して，何の積極的代替案もないままに，原案をたんに否定するだけの議会証言を行うわけにはいかなかったのである．S. 380 が，ほんのわずかな修正を受けただけで，前述のように圧倒的多数で上院を通過した事実には，合衆国商業会議所を初めとする保守派が法案に真向うからぶつかる態勢になかったことが，あずかって大きかったように思われる．

　合衆国商業会議所の初期における出遅れは，われわれがこれまで見てきた連邦政府の国民経済への介入の必要性について会議所なりの理論と政策を用意できていなかったところから来ていた．しかし，法案が下院に送付された1945年9月末までに，商業会議所は態勢を整え，連邦政府の役割についての会議所なりの見解をまとめていた．

　下院の「行政支出委員会」で上院の原案に対する下院の代替案の起草に主として責任をもったのは，先にも指摘したウィッティントン議員であった．ウィッティントンは，法案原案に見られる雇用に対する「権利」の政府による「保障」とか赤字支出を容認しかねない規定にはとくに強く反対していた．しかし，仕事を求める人々に雇用機会を与える何らかの立法が必要であることも認めていた．ウィッティントンは，かつてミシシッピ州グリーンウッド(Greenwood)の商業会議所に属していた．だから，彼が下院の代替案の起草に当って商業会議所の助けを借りたのは当然であった．下院の成案となった代替案は，このウィッティントン＝商業会議所案であった．「完全雇用法案」における雇用問題への集中をぼやかして生産と購買力の維持をも含めたのも，スペンディングの規定を除去して公共支出と公共貸付だけに政策措置を限定したのも，「国民予算」を削除して，「経済諮問委員会」の助けによる「大統領経済報告」の規定

第5章　1946年「雇用法」の成立　　　225

に変更したのも，ウィッティントン＝商業会議所の起案によるものであった．

　下院で，ウィッティントン＝商業会議所案を骨格とする成案が通ったとき，「完全雇用法案」の文案上の運命は定まった．法は，もはや，マリー原案や上院成案に再接近することはなかった．いまや，ウィッティントン＝商業会議所案が座標軸となった．要するに，「マリー＝パットン」案は，商業会議所のスクリーニングを通過して1946年「雇用法」となったのである．

　次に，全米製造業者協会(NAM)の法案に対する対応を見れば，商業会議所よりも機敏であった[54]．ワグナー上院議員がNAM代表の証言を要請し，しかも公聴会のスケジュールが急遽10月から8月末に繰り上げられたので，NAMの執行部は急ぎ会議を重ねると同時に，調査研究のスタッフをせきたてて証言の準備を急がせた．NAMは，会長のモッシャー(Ira Mosher)が上院での証言に立つ8月28日までに『恒久的繁栄のためのプログラム』(*Program for Permanent Prosperity*)を発表した．

　モッシャーの証言は，上院と下院では基調を変えている．上院では，「完全雇用」という目標は支持するが，法案にもられた政策の有効性には疑問があり，NAMとしての対案を述べたいというのがモッシャーの証言の基調であったが，下院では，法案はたんなる政府スペンディング法案でしかなく，この種の立法ほどビジネスを落胆させるものはないといった基調の証言に変わった．

　NAM自身の「完全雇用」のためのプログラムは，なかんずく，次のような項目からなっていた．第1に，貨幣と信用を研究するための専門家の委員会の創設，第2に，税制の改正と投資家の確信を促進するための全般的政府政策の推進，第3に，反トラスト法の施行の強化，労働運動の制限，関税の引下げ，およびカルテルの終止を規定する国際協定の締結といった総じて社会的経済的公正を促進する政策であった．

　下院での法案の起草に商業会議所が重要な役割を果したとすれば，下院に提案された上院案と本質的に変わりのなかった下院原案に反対する世論を喚起するためのキャンペーンを張ったのはNAMであった．NAMは上院でのモッシャーの証言と例の『プログラム』との要約を載せた『NAMニューズ』を全

国に配布し，また別に NAM の見解を示したちらしを全国の 2500 人のコラムニストと論説委員に送付した．さらに，下院のマナスコ委員会のために法案反対の証言者を組織したのも NAM であった．マナスコ委員長にはこのような案件での証言者を組織する能力はなかったのである．

以上のように，合衆国商業会議所と全米製造業者協会は，「完全雇用法案」論争においてマイナスの方向で影響を与えた．この2大ビジネス組織も，戦後になると，ケインズ政策を受け容れることになるが，「完全雇用法案」論争の過程では，全国組織として構成も出自も複雑であったから，時代の要請としてのケインズ政策の受容に向けてイニシアティヴをとることができなかった．この空隙を埋めたのが，ビジネス界の内部からケインズ政策を唱道した「経済開発委員会」(CED) であった[55]．

CED には前史があるが，ここではそれを省略することにして，CED は，1942 年 9 月に法人化されて発足した．そのときの直接の関心は，戦争目的のために建設され，また戦争目的に転換された生産設備の戦後（平時）における有効利用，および戦後不況を回避するための軍事産業労働者と帰還兵員のすみやかな再雇用といった問題であった．しかし，時間の経過と共にもっと広範な調査・研究と政策提起を課題とするようになった．

CED を構成する組織の中で政策提起を公表する権威を唯一与えられていたのは，「研究・政策委員会」であった．委員会に与えられた指示は，「国内経済における最大限の雇用と高い生産性を通して，すべての階層の人々の高い保障された生活水準の達成と維持のために，産業と商業の完全な貢献を促進する企業政策と公共政策の研究」を行うべきであるというものであった．

CED は，もちろん，ケインズ政策を受け容れ，それをビジネス界に普及することをはかった．上述の「政策委員会」に対する指示を実現する政策は，当時の時点においては，もはやケインズ理論に発する政策以外にありえなかった．しかし，CED には，本書でしばしば登場したアイディア・マン，ビアズリー・ラムルがいたから，CED「政策委員会」は，ビジネス界へのケインズ政策の「布教者」として，ラムル特有の柔軟戦略をとった．

第5章　1946年「雇用法」の成立

　アメリカで最初にケインズ政策を本格的に唱道したのは，上述したように，1930年代末のハンセンとその「長期停滞論」を信奉する若い経済学者たちであった．彼らは，ハンセンの鼓舞によって，この新しい財政政策のアプローチを実践する情熱をもって，末期ニューディールと第二次大戦期のローズヴェルト政権に参加した．アメリカ財政革命の途上におけるこの事実の意義はいささかも軽視されるべきではない．

　しかし，ハンセン的ケインズ政策は，スペンディングをあまりにも強調しすぎていた．連邦政府予算の支出面に政策の力点を置いていたのである．もちろん，こうした財政政策構想は，それ自体，「時代の産物」であった．ハンセンがついにケインズ理論を受け容れたとき，彼は彼の解釈したケインズ的支出政策がアメリカを大不況から脱出させる唯一の道であると考えたのである．ハンセンが大不況からアメリカを救出する「十字軍」の自分では意識しない指導者となったのは，この経路を通してであった．

　しかし，ラムルはビジネス界の事情にたけた「おとな」であった．すでに見たように，彼は，ローズヴェルト大統領が1938年に赤字スペンディングを容認する決意をしたときの有力なアドヴァイザーであった．だが，いまやラムルの任務は，ビジネス界にケインズ政策を浸透させることであった．

　フーヴァ大統領がそうであったように，ローズヴェルト大統領がそうであったように，ビジネス界の財政に対する基本的原則的要求は，均衡予算であった．ビジネス界が，ハンセン＝「長期停滞論者」の支出政策を嫌悪した基本的理由はそこにあった．

　こうして，CED「政策委員会」は，ケインズ政策に対するハンセン的アプローチをくつがえした．予算の支出側ではなく，歳入の側に力点を移動させたケインズ解釈を政策化して提起したのである．

　CEDが打ち出したアイディアは，「安定化予算政策」(stabilization budget policy) というものであった．それは，言うまでもなく，経済の景気変動に対する財政政策を規定したものであった．アメリカ財政革命の「革命家」たちにとって，国民経済に対する連邦政府のこの役割は，もはや常識となっていた．

CEDが定式化したのは，雇用と国民所得の高水準のもとで，予算を均衡化させると同時に，国債を償還するための財政余剰を生み出すような税率を設定することによって，「安定化予算政策」を決定するというものであった．なお，興味深いことに，1944年のこの時点で，CEDは，4％の失業率は許容範囲内にあるという見解を打ち出した．1945年1月に「完全雇用法案」が提出され，そのあと「完全雇用」とは何かという無意味な言葉いじりの論争が議会で展開される前に，CEDは，4％程度の非自発的失業は労働移動に帰せられるものであるという見解を先駆的に打ち出していたのである．4％という数字が正しいものであるかどうかがここでの問題ではない．この発想がすでにあったことを強調したいのである．

　さて，このような「安定化予算」のもとでは，好況期には，国民所得が増大し，税率がたとえ一定であったとしても，税収が増え，財政黒字が増大し，それはそれでまた好況期に伴うインフレ圧力をおさえるであろう．逆に，不況期においては，国民所得と連邦政府の歳入が減少し，失業補償のような政府支出が増大し，財政黒字が減少し，いずれかの時点で景気拡大のための赤字支出が必要となるかもしれない．しかし，全体としては，政府予算はアメリカ経済の安定化に資する「安定化予算」となるであろうというものであった．つまり，CED「政策委員会」は，ここに，後年「ビルト゠イン・スタビライザー」と呼ばれることになったアイディアを1944年の時点で打ち出したのである．

　このCEDの政策提起は，ビジネス界と保守派に受け容れられるタイプの財政政策であった．それは，かなりきつい所得再分配的税制を伴う多少とも持続的な赤字支出を前提する「左派ケインジアン」の政策とも異なり，また，税制ではなく，連邦政府の支出操作に多く依存し，連邦政府の自由裁量の大幅な余地を前提する「補整的支出」政策とも異っていた．こうして，CED「政策委員会」は，ケインズの名前を使うことなしにケインズ政策をビジネス界にいわば「売り込ん」だのである．

　CEDの活動は，1946年「雇用法」制定後も続いた．ケインズ政策をアメリカのビジネス界に根づかせるうえで，CEDの貢献には少なからぬものがあっ

た.

　こうして，最終的には，合衆国商業会議所も全米製造業者協会も1946年「雇用法」にインプリシットに含意されていたケインズ政策を受け容れた．

4　1946年「雇用法」の成立

　以上に述べてきた最終結果として，すでに述べたように，1946年2月20日，トルーマン大統領の署名によって，1946年「雇用法」が成立した．
　あらかじめ述べておくが，この節はきわめて短い．われわれが最終的な到達点として追求してきた1946年「雇用法」はすでに成立したのである．したがって，ここでは，成立の前後をめぐる事情を述べて，本章を締めくくることにしたい．
　成立した1946年「雇用法」は，すでに述べたように，原案にもられたフィスカル・ポリシーの規定が薄められるか，削除されるかして，ともかくも法制定の妥協案として成立したから，文面には，その出自が「パットン修正案」にあったことをうかがわせるものは何もなくなっていた．このことは，ハンセンにとってきわめて遺憾なことであったようである．1946年2月のベイリーとのインタヴューで，ハンセンは，スペンディングの規定を除く原案のすべての条項は飾り物にすぎないという見解を表明したという[56]．実際，それがマリー原案の目玉商品であった．
　「雇用法」によって設置された大統領「経済諮問委員会」(CEA)の初代委員長に就任したのは，ノース(Edwin Nourse)であった．彼が，アメリカにおいては前例のないこのような機関の初代委員長として，自己の任務を確認するために，「雇用法」を繰り返し読んだであろうことは，あながち筆者の想像力の誇大な展開に属するものではなかろう．ノースは，彼のCEA委員長としての経験をとりまとめ，政策論として総括した書物[Ⅱ-126]で，結局のところ「雇用法」は，法令としては経済法ではなく，政治的な，つまり構造と手続きを規定した法にすぎないという評価を下している[57]．

しかし,「雇用法」のこうした側面は,その歴史的意義をいささかも失わせるものではない. ハンセン自身,「雇用法」を評して,「完全雇用のための政府計画のマグナ・カルタ」であると喝破したことは, すでに引用した通りであり, ノース自身も「雇用法の行政的諸側面」という副題をもつ上で引用した書物をものしているのである.

ここで,「完全雇用法案」のそもそもの提案者, マリー上院議員の評価を見ておこう. 彼は, 結局は, 自分が勝利したことを宣言した.

「協議委員会案が公表された日, 法案の基本的諸概念が明快かつ力強い言葉で打ち出されていないという失望を私は表明した. しかしながら, 多数派のすぐれた指導者が協議委員会報告を提出するにさいして説明した協議委員会案は完全雇用プログラムのすべての本質点を含んでおり, もしも適切かつ確固として実施されれば, それはわが経済制度の成功裡の機能にとって真の貢献をなすであろう.

なによりもまず, 協議委員会案は完全雇用政策を宣言している. 下院の委員は'完全雇用'その他の直截な表現を法案から除去することに成功した. しかし, 彼らは, 連邦政府が完全雇用の条件を創出し維持する窮極の責任をもっているという根本的な考え方を除去することに成功していない.

第2に, 法案は雇用, 生産および消費予算を規定している. '国民生産・雇用予算'という言葉は削除され, その代りに'経済報告'という言葉が用いられている. しかしながら, 国民生産・雇用予算の内容は実質的には変えられていない…….

原案と上院案は, 完全雇用を維持するために, 最後の手段として, 必要とされる連邦投資と支出を供給するよう, 一定の条件つきで, 連邦政府に命じていた. しかし, 協議委員会案は, 雇用水準に影響を与えるための特定の方法については言及していない. ……その代りに, 望ましい目標を達成するために, 'すべての計画, 機能, および資源を統合し利用すること'を連邦政府に要求している. 完全雇用の条件を維持するために連邦政府の尨大な資源の一切を利用するというこの考え方は, 以前のどの案にも含まれてはいなかった. ……私は

第5章 1946年「雇用法」の成立

それを法の改善であるとみなすものである」[58].

　マリー上院議員のこの評価は，すでに見た連邦政府の「あらゆる資源」——この文脈では「人間と資金」と訳されるべきであろうが——の動員は法案をより包括的にしたという法案推進派の勝利宣言であった.

　これは，あながち，マリー上院議員のこじつけによる解釈であったわけではない．マリー議員が一石を投じて始まり，1945年から1946年にかけての1年余にわたって展開された「完全雇用法案」論争は，その無意味な，退屈な，言葉いじりの論争にもかかわらず，「高水準」の雇用の維持とそれに対する連邦政府の責任という考え方を，ともかくもコンセンサスとして定着させたのである．1946年「雇用法」の成立を画期として，議会と行政府のあいだにはより実りのある財政政策の内実をつくり出す関係が生みだされた．

　「雇用法」の規定によって，大統領行政府の中に大統領「経済諮問委員会」(CEA)が設置され，連邦議会には「合同経済委員会」(JEC)が常置された．CEAのメンバーが専門の経済学者であるべきことを法が規定しているわけではないが，CEAの任務が大統領「経済報告」の起草であるところからして，必然的に経済学者がメンバーとなった．こうして，専門の経済学者が連邦政府の財政政策の試行とその経験の総括にたずさわる制度的枠組がつくり出されたのである．制度的枠組という以上，議会におけるJEC設置の意義にも一言ふれておく必要があろう．大統領「経済報告」は，法の規定上，あらかじめJECの前で読み上げられなければならないことになっている．このことは，上述した議会と行政府とのあいだでの財政政策構想の深化・拡大のうえでの制度上の枠組がつくり出されたことを意味するだけでなく，上下両院議員の一部に「経済に強い」人々をつくることを意味した．

　こうして，1946年「雇用法」，というよりもむしろ1945年に始まった「完全雇用法案」論争の経過と帰結は，アメリカ財政革命のうえでの1つの分水嶺をなしていたのである．

第6章 結　語

　ここに，本書でのわれわれの旅は終った．われわれが筆を擱くこの時点では，アメリカ合衆国において，ようやく1946年「雇用法」が成立したにすぎない．いまなお，戦後の「ニュー・エコノミクス」の展開は残っている．

　しかし，本書の課題は，第1章でも述べたように，アメリカ合衆国における財政政策（構想）の展開を検討することにあった．アメリカ経済を特定の時期で切って，それをあれこれの月並みな概念ないしは諸概念で解釈する傾向がわが国には多いが，大戦間アメリカ経済についても，その例外ではない．

　しかし，本書がたどろうとしたのは，事実に語らせようとする方法論であった．1920年代初頭から1945年末までにいたるポリシー・メイカーたちの一歩一歩の認識の変化をできる限り公平に記録することが本書の課題であった．

　本書が明らかにしたように，アメリカ合衆国における新しい事態への対応は，行政府と議会とのせめぎあいと，もしも得られるならば，すぐれた大統領のリーダーシップとによって成就される仕組みになっている．

　こうした一般論を背景にして，フーヴァ政権とローズヴェルト政権の施策を見たのが本書の基本的内容であった．

　アメリカ国内をも含めて，一般的に，フーヴァ大統領は「何もやらない」大統領の典型例とみなされている．だが，本書が明らかにしたように，フーヴァは「何かをやろう」とする大統領であった．しかし，フーヴァにとっての，そしてアメリカ合衆国にとっての悲劇は，フーヴァとアメリカ国民が1929年に始まる大恐慌以前までに鍛えられた「アメリカニズム」を疑うことのできない金科玉条として定着させていたことであり，他方では，1929年に始まる大恐慌が史上未曾有の深さと広がりをもったことであった．フーヴァ大統領は，この未曾有の大恐慌に対して，彼の経験と信念にもとづいて異例の恐慌対策を主導し，このプログラムに国民諸階層の指導的人士を結集したのである．くどい

ようだが，フーヴァ大統領は，「何もやらない」大統領ではなかった．彼が何をやろうとしたか，彼のヴィジョンが何であったかについて，本書は類書に見られないものを提出しているものと筆者はひそかに自負を感じている．

　フーヴァ大統領を論じた第2章は，筆者の思い入れが強すぎて必要以上にページ数をとっているように思われる．しかし，本書の論題からして，ニューディールがいかにフーヴァ政権の否定であったかが重要であった．しかも，その際，フーヴァ大統領その人も，彼の大恐慌に対する対策も，したがってまた彼の破産も，すべて「時代の産物」であったというのが，本書の主張である．

　すでに述べたように，本書は，本格的なニューディール論を提起してはいない．しかし，ニューディールの過程がアメリカ財政革命に，その実験的実践によって，いかに貢献したかは論じた．言ってみれば，これも1つのニューディール論である．

　ニューディールをフーヴァ政権と，ローズヴェルト大統領をフーヴァ大統領と，鮮明に対決させることが，本書の意図の1つであった．

　ニューディールは，アメリカ合衆国における大統領制度がまことに効果的に生かされた時期であった．財政政策においても，ローズヴェルト大統領のパーソナリティによってのみ統一されたさまざまな実験的実践が行われた．ハリー・ホプキンズの名前がまず第1に想起されるが，ユタ州の銀行家，マリナー・エクルズの貢献も忘れることはできない．ハロルド・イッキーズは，その女学生の書いたような日記でわれわれのニューディール期についての知見を広めているが，公共事業支出から汚職を排除するという彼の方針もまたニューディールの嵐のような実験に対する1つの貢献であった．

　ニューディールは，ローズヴェルト大統領のパーソナリティによってのみ統一されていた壮大な政策実験であった．大恐慌に対する適切な対応策ができあいのものとして存在していなかったとき，あらゆる人のあらゆるアイディアをひとまず実践に移させようというのが，ニューディールの，言ってみれば，「政策」であった．われわれは，この観点から，アメリカにおける財政政策の長いパースペクティヴの中において，財政政策(構想)の変遷のうちにニュー

第6章 結　語

ディールを位置づけた．もちろん，ニューディールがたんなる財政政策の実験以上のものであったことを筆者はわきまえている．しかし，財政政策の展開という流れの中でニューディールを位置づけるのもそれなりに意味のあることであろう．

　ニューディール終焉から第二次世界大戦の終戦に至る時期は，アメリカ史においてかなり興味ある時期である．ひとは，この時期をそれぞれの好みに応じて総括できる．本書は，1946年「雇用法」の成立過程として把えた．

　1946年「雇用法」の成立過程については，原案の「完全雇用法案」から「完全」が除かれたことだけに興味が集中される傾きがあるが，本書の叙述が示したように，同法の成立は本書の対象時期全体におけるアメリカ財政政策の変遷の1つの集約点であった．大恐慌に対するフーヴァ大統領の奮闘と破産も，ローズヴェルト大統領の大胆な実験も，そのすべての帰結は，財政政策に関する限り，1946年「雇用法」に集約されることになった．

　1946年「雇用法」は，何も新しい財政政策の規定を与えたものではない．しかし，大統領「経済諮問委員会」や両院「合同経済委員会」といった財政政策を彫琢するための制度的枠組をつくり出したことによって，アメリカにおける財政革命の1つの分水嶺をなしているのである．

　確かに，法の規定からは，「マリー=パットン案」のフィスカル・ポリシーの条項は消えた．しかし，逆にそのことによって，財政政策の衝にたずさわる経済政策マンの自由裁量がむしろ保障されることになったのである．

　大戦間のアメリカ経済は1929年恐慌論として解明するのでない限り，きわめて座りの悪い研究対象をなしている．しかし，幸いにして本書は，フーヴァ政権とローズヴェルト政権の財政政策の展開を検討し，1946年「雇用法」の成立に集約点を求めることによって，それなりに座りのよい叙述となったように思われる．

　戦後アメリカ景気循環と財政政策の展開の解明が，筆者の次の課題である．

注

第1章
1) ハリー・S・トルーマンのミドルネイムSにはピァリオドがつかない．まずいことに，彼にはSで始まる2人のおじがいて，両親はそのどちらかを選択することができなかったのである．SはたんなるSである．
2) 「雇用法」の原文は，ベイリー[II-9]，228-232に与えられており，最近では，ノートン[II-125]のアペンディクスDに与えられている．邦訳はアメリカ学会訳編『原典アメリカ史 第6巻』(岩波書店，1981)，133-136にある．なお，この邦訳は，原典の参照ページをベイリー上掲のマリー原案のそれと間違えている．
3) [I-18]におけるNevins D. Baxterの発言．
4) ノース[II-126]，29．
5) ハンセン[II-65]，89．訳，114．

第2章
1) フーヴァ，メモワール[II-81] III，344．
2) ロマスコ[II-140]，212．
3) フーヴァ，メモワール[II-81] III，30．
4) ライアンズ[II-110]が代表例である．
5) シュレジンジャー[II-149]が典型例である．
6) [II-84]へのナッシュの寄稿，87．
7) ロスバード[II-148]，35．
8) オルソン[II-128]，118．
9) [II-84]へのヒンメルバーグの寄稿，129．
10) 平井規之「フーヴァ政権の恐慌対策」，『経済研究』28巻2号，1977年4月．
11) ウィルソン[II-180]，27．
12) シュウォーツ[II-153]，79．
13) クラークソン[II-34]，第VIII章．
14) 同上，177 n．
15) シュウォーツ[II-153]，88．
16) 同上，73．
17) 同上，84．
18) カフ[II-37]，3．
19) シュウォーツ[II-153]，88．
20) フーヴァ[II-81] I，252．
21) ライアンズ[II-110]，101．
22) ウィン[II-185]，70．
23) バーナー[II-26]，101-102．
24) 同上，103．
25) 同上，99．
26) ライアンズ[II-110]，101．
27) シュウォーツ[II-153]，214-215．
28) 同上，219．
29) フーヴァ[II-79]，41-42．
30) ホーリー[II-70]，117．
31) フーヴァ[II-79]，46．
32) ホーリー[II-70]，118．
33) 同上，139．
34) スミス[II-160]，97．
35) カール[II-92]，251．
36) ソーベル[II-161]，37．
37) バーバー[II-10]，5．ホーリー[II-70]，121 n(20)．
38) ホーフスタッター[II-78]，378．訳，II，171．
39) バーナー[II-26]，161．
40) ホーリー[II-70]，119．
41) 同上，121．
42) バーバー[II-10]，8．
43) *Survey of Current Business*, July 1921, 3.
44) 同上．
45) ホーリー[II-70]，125．
46) スロッスン[II-157]，55，186-187．
47) バーバー[II-10]，65．

48) 『失業コンファランス報告』[I-16], 15.
49) 同上, 158.
50) 同上, 96.
51) 同上, 160.
52) 同上, 98.
53) 同上, 99.
54) 1907年パニックについてはミッチェル[II-118]が参考になる.
55) 『失業コンファランス報告』[I-16], 98.
56) 『景気循環と失業』[I-2], 236-237.
57) 『失業コンファランス報告』[I-16], 29.
58) 『歴史統計』[I-21], pt.2, 622.
59) 『失業コンファランス報告』[I-16], 175.
60) バーバー[II-10], 19.
61) 『景気循環と失業』[I-2], 236.
62) ハウエンスタイン[II-83], 493.
63) 『失業コンファランス報告』[I-16], 110.
64) 同上, 97.
65) 『合衆国における失業』[I-19], 202.
66) ハウエンスタイン[II-83], 492. フォーソールド[II-50], 33.
67) ハウエンスタイン, 同上.
68) 『合衆国における最近の経済的変化』[I-15], xx.
69) 同上, xxi.
70) フォーソールド[II-50], 56.
71) ロスバード[II-148], 168. [II-84]へのロスバードの寄稿, 43.
72) ブラック[II-16], 286-288.
73) アルバートソン[II-2], 48-49.
74) 『合衆国における最近の経済的変化』[I-15] II, 909-910.
75) フーヴァ, パブリック・ペイパーズ[I-14] 1929年, 356.
76) 同上, 368.
77) バーバー[II-10], 80.
78) フーヴァ, パブリック・ペイパーズ[I-14] 1929年, 396-397.
79) 同上, 412.
80) フーヴァ, パブリック・ペイパーズ[I-14] 1930年, 174.
81) フーヴァ, メモワール[II-81] III, 46.
82) ロマスコ[II-140], 46.
83) 同上, 51.
84) ウォレン[II-174], 190.
85) フォーソールド[II-50], 99.
86) フーヴァ[II-80], 33.
87) ウォレン[II-174], 190.
88) 同上.
89) バーンスタイン[II-13], 461.
90) 同上. ギル[II-61], 143-147.
91) ウォレン[II-174], 192.
92) ミッチェル[II-117], 100.
93) 以下この項, バーバー[II-10], 119-120, 218 n(30).
94) セルデス[II-154], 86.
95) 同上, 87.
96) フーヴァ, パブリック・ペイパーズ[I-14] 1932-33年, 230.
97) バーバー[II-10], 137.
98) フリードマン=シュウォーツ[II-55], 第7章.
99) バーバー[II-10], 126.
100) ウォレン[II-174], 133.
101) バーバー[II-10], 127.
102) ウォレン[II-174], 141.
103) 同上.
104) 同上, 158.
105) キンメル[II-97], 153.
106) 同上, 144-153.
107) スタイン[II-164], 26-38.
108) ウォレン[II-174], 194.
109) シュウォーツ[II-152], 98.
110) プロスロ[II-135], 225.
111) ウォレン[II-174], 143.
112) バーバー[II-10], 129.
113) ウォレン[II-174], 142.
114) バーバー[II-10], 129.
115) ウォレン[II-174], 146.
116) フォーソールド[II-50], 163.

117) ウォレン[Ⅱ-174], 145.
118) フォーソールド[Ⅱ-50], 163.
119) バーバー[Ⅱ-10], 171.
120) 同上, 189.
121) 同上, 186.
122) 同上, 187.
123) 同上.
124) バーバー[Ⅱ-10], 185.
125) ウォレン[Ⅱ-174], 298.
126) ホーリー[Ⅱ-69], 215 n(93).
127) フライデル[Ⅱ-57], 135.
128) アルスウァング[Ⅱ-5], 10.

第3章

1) ピール=ドネリ[Ⅱ-131], 104. ローゼンマン[Ⅱ-146], 74.
2) ローゼンマン, 同上, 71.
3) ホーフスタッター[Ⅱ-77], 300-314.
4) ロ−ク[Ⅱ-136], xiv.
5) コンキン[Ⅱ-36], 1.
6) ロ−ク[Ⅱ-136], xvi.
7) バーンズ=ワトソン[Ⅱ-27], vi.
8) 同上, 51-52.
9) スタイン[Ⅱ-164], 3-4.
10) ケネディ[Ⅱ-94], 61-67.
11) ビアド夫妻[Ⅱ-11], 155.
12) ケネディ[Ⅱ-94], 77.
13) ネイドラー=ボーゲン[Ⅱ-122], 146.
14) 同上, 160.
15) ストゥデンスキー=クルース[Ⅱ-166] 第2版, 384.
16) ローズヴェルト[Ⅱ-144], 3-8.
17) ネイドラー=ボーゲン[Ⅱ-122], 160.
18) ルクテンバーグ[Ⅱ-104], 42. 訳, 33.
19) ケネディ[Ⅱ-94], 157. ローズヴェルト[Ⅱ-144], 5.
20) フォーソールド[Ⅱ-50], 238. ケネディ, 同上, 156.
21) ローズヴェルト[Ⅱ-144], 4.
22) ケネディ[Ⅱ-94], 181.
23) オルスン[Ⅱ-128], 106-115.
24) ケネディ[Ⅱ-94], 177. オルスン,
 同上, 106-107.
25) ストゥデンスキー=クルース[Ⅱ-166] 第2版, 383-384.
26) トマス修正法の原文は, パリス[Ⅱ-129], 142-145に与えられている.
27) モーレイ[Ⅱ-119], 160.
28) ケネディ[Ⅱ-94], 212.
29) モリス・プラン銀行についてはここでは立入らないが, ハーゾク[Ⅱ-75]がその基本文献である.
30) 以上,「33年銀行法」のまとめについては, ストゥデンスキー=クルース[Ⅱ-166], 395-396によった.
31) 米国予算局[Ⅰ-20], 9.
32) ストゥデンスキー=クルース[Ⅱ-166], 414.
33) カーケンドール[Ⅱ-99], 84-85.
34) ミーンズ[Ⅱ-113].
35) 馬場[Ⅲ-6], 377.
36) カーケンドール[Ⅱ-99], 84-85.
37) デイビス[Ⅱ-40], 30 n(5).
38) 同上, 31-32.
39) アルバートソン[Ⅱ-2], 50-51.
40) 同上.
41) カーケンドール[Ⅱ-99], 88-89.
42) パーキンズ[Ⅱ-132], 283-284.
43) ダグラス[Ⅱ-44], 5-12.
44) 同上, 12-21.
45) パーキンズ[Ⅱ-132], 283.
46) 同上.
47) ローズヴェルト, パブリック・ペイパーズ[Ⅰ-13], 287-292.
48) パーキンズ[Ⅱ-132], 152.
49) ウィット[Ⅱ-182], 18.
50) 同上, 173-189.
51) 同上, アペンディクスⅢ.
52) パーキンズ[Ⅱ-132], 286.
53) バーンスタイン[Ⅱ-14], 68. ラウクハイム[Ⅱ-107], 162. ラウクハイムのこの編著はニューディール政権にその青春を燃焼させた人々の証言を集めて貴重である.
54) オルトマイアー[Ⅱ-6], 3-4.

55) バーンスタイン[II-14], 17.
56) バード[II-15], 39.
57) カーズマン[II-100], 71-72.
58) バーンスタイン[II-13], 458.
59) カーズマン[II-100], 73.
60) 同上, 79-80. パタースン[II-130], 57.
61) カーズマン[II-100], 81-82.
62) ウェクター[II-175], 74.
63) ギル[II-61], 155-156.
64) シュウォーツ[II-150], 28-30.
65) バーンズ=ウィリアムズ[I-1], 133.
66) 同上, 47.
67) シュウォーツ[II-150], 36.
68) バーンズ=ウィリアムズ[I-1], 30.
69) 同上, 47.
70) マクマホンほか[II-111], 24.
71) ローズヴェルト, パブリック・ペイパーズ[I-13] III, 256.
72) バーンズ=ウィリアムズ[I-1], 54. ギル[II-61], 181.
73) マクマホンほか[II-111], 66-69.
74) ブラウン[II-21], 167.
75) ギル[II-61], 181.
76) 同上, 185.
77) 同上, 187-188. マクマホンほか[II-111], 38-39, 149-155. バーンズ=ウィリアムズ[I-1], 61-63.
78) ハワード[II-82], 130.
79) 同上, 127-128.
80) 同上, 129.
81) ローウィット=ビーズリー[II-108], 330-331.
82) マクマホンほか[II-111], 13.
83) ハロルド・イッキーズの姓名は, 常識的には「アイクス」と発音されるのが妥当であり, 現にそのように呼んでいる研究者もいるようであるが, ランダムハウスの辞典はやはり「イッキーズ」を採用している. ここでもそれに従うことにする.
84) イッキーズ[II-87], 56-57.
85) 同上, 37.
86) 同上, 73.
87) イッキーズ[II-88] I, 228.
88) 同上, 277.
89) 同上, 378-379.
90) 同上, 383.
91) 同上, 388.
92) マクマホンほか[II-111], 68.
93) 同上.
94) 同上, 64.
95) NRPB[I-10], 14.
96) NRPB[I-11] I, 17(表 3). 加藤[III-3].
97) パーキンズ[II-132], 276.
98) ファイン[II-53], 88-89.
99) シュレジンジャー[II-149] III, 263. 訳, 229.
100) バーンズ[II-28], 323.
101) バーンズ=ワトスン[II-27], 40.
102) 同上.
103) キンメル[II-97], 182-183.
104) スタイン[II-164], 83.
105) 同上, 82.
106) ストゥデンスキー=クルース[II-166], 421.
107) エクルズ[II-47], 256-257.
108) 1937年までの予算教書の分析については, キンメル[II-97], 177-182によった.
109) 同上, 183.
110) ノートン[II-125], 84.
111) エクルズ[II-47], 183-184.
112) 同上, 184. 強調は原文のもの.
113) 同上.
114) ファイン[II-53], 94.
115) エクルズ[II-47], 185-187.
116) ハンセン[II-64], 262. 訳, 288.
117) キンメル[II-97], 192.
118) スタイン[II-164], 5. 強調は原文.
119) ベイリー[II-9], 26.
120) 同上, 27.
121) NRPB[II-11] I, 18-19.

第4章

1) ヘイズ[Ⅱ-72], 10.
2) メイ[Ⅱ-112], 152.
3) ローズヴェルト, パブリック・ペイパーズ[Ⅰ-13] Ⅵ, 165.
4) 同上, 97.
5) エクルズ[Ⅱ-47], 133.
6) タグウェル[Ⅱ-169], 443.
7) エクルズ[Ⅱ-47], 132.
8) メイ[Ⅱ-112], 58.
9) ハリス[Ⅱ-67], 106. 訳, 149.
10) エクルズ[Ⅱ-47], 83-84. ハイマン[Ⅱ-86], 99.
11) メイ[Ⅱ-112], 53.
12) スタイン[Ⅱ-164], 485 n(47).
13) 以下, この項は, メイ[Ⅱ-112], 53-59.
14) タグウェル[Ⅱ-169], 441-442.
15) イッキーズ[Ⅱ-88] Ⅰ, 223-224.
16) タグウェル[Ⅱ-169], 444.
17) エクルズ[Ⅱ-47], 294.
18) タグウェル[Ⅱ-169], 445.
19) メイ[Ⅱ-112], 103-104.
20) 同上, 105-106.
21) エクルズ[Ⅱ-47], 311.
22) コリンズ[Ⅱ-35], 70-71.
23) メイ[Ⅱ-112], 141-142.
24) レーニン[Ⅱ-102] 41巻, 219. 邦訳, 31巻, 210-211.
25) スタイン[Ⅱ-164], 142.
26) ハリス[Ⅱ-67], 149. 訳, 212.
27) ヴァイナー[Ⅱ-171], 263. 訳[Ⅱ-101], 306.
28) アラン・スウィージー[Ⅱ-167], 119.
29) スタイン[Ⅱ-164], 102.
30) 同上, 67.
31) ウィンチ[Ⅱ-181], 221. ウィンチのこの著書はあまりよく知られていないが, もっと読まれてよい書物である.
32) ケインズ[Ⅱ-96] XXI, 289.
33) ウィンチ[Ⅱ-181], 220.
34) パーキンズ[Ⅱ-132], 225.
35) 同上, 226.
36) *American Economic Review*, May 1972, p. 135.
37) 同上, 139.
38) ハロッド[Ⅱ-68], 449. 訳, 500.
39) スタイン[Ⅱ-164], 108, 486 n(54).
40) バーンズ[Ⅱ-28], 334.
41) パーキンズ[Ⅱ-132], 226.
42) ガルブレイス[Ⅱ-58], 48. 訳, 71.
43) 同上, 49. 訳, 72.
44) 同上, 50. 訳, 73.
45) 同上, 訳, 同上.
46) 同上, 59. 訳, 83.
47) Richard V. Gilbert, George H. Hildebrand, Arthur W. Stuart, Maxine Y. Sweezy, Paul M. Sweezy, and John D. Wilson.
48) ベイリー[Ⅱ-9], 19.
49) スタイン[Ⅱ-164], 167.
50) ベイリー[Ⅱ-9], 48 n.
51) ホッブズ[Ⅱ-76], 94.
52) ジャーヴァサイ[Ⅱ-60], 26.
53) ワン[Ⅱ-173], 174.
54) ラウクハイム[Ⅱ-107]へのデンボーの解説としての注, 283.
55) ディモック夫妻[Ⅱ-43], 583.
56) ローゼンマン[Ⅱ-146], 91.
57) ラウクハイム[Ⅱ-107], 300.
58) ミルトン[Ⅱ-116], 259.
59) ガンサー[Ⅱ-62], 63, 125. 訳, 92, 173.
60) ブラウンロウ[Ⅱ-23], 321.
61) ワン[Ⅱ-173], 51.
62) シャーウッド[Ⅱ-156], 53.
63) イッキーズ[Ⅱ-88] Ⅰ, 242-243.
64) 同上, 220-221.
65) リッチバーグ[Ⅱ-137], 219-220.
66) モースタイン・マークス[Ⅱ-120] Ⅱ, 880.
67) モースタイン・マークス, 同上, およびブラウン[Ⅱ-22]などを参照した.
68) ブランデッジ[Ⅱ-24], 3.
69) ホッブズ[Ⅱ-76], 29.
70) ドーズ[Ⅱ-42], 63.

71) 同上, 8.
72) ホッブズ[Ⅱ-76], 28.
73) ストゥデンスキー=クルース[Ⅱ-166] 第2版, 431.
74) スミス[Ⅱ-159], 65.
75) ミッチェル[Ⅱ-117], 50.
76) スタイン[Ⅱ-164], 173-174.
77) 同上, 172.
78) 同上, 173-174.
79) キンメル[Ⅱ-97], 231-232.
80) リンチ[Ⅱ-109], 256.
81) スタイン[Ⅱ-164], 167-168.
82) 予算教書の分析については, ストゥデンスキー=クルース[Ⅱ-166], およびキンメル[Ⅱ-97]を参照した.
83) キンメル[Ⅱ-97], 235.
84) スミス[Ⅱ-159], 73.
85) 同上, 172.

第5章

1) ベイリー[Ⅱ-9], 8-9. コリンズ[Ⅱ-35], 99.
2) ベイリー, 同上, 9.
3) 同上.
4) コリンズ[Ⅱ-35], 99-100, 243 n(64).
5) クロースン[Ⅱ-33], 43.
6) 同上, 44.
7) シュレジンジャー[Ⅱ-149] Ⅱ, 350. 訳, 285.
8) クロースン[Ⅱ-33], 45.
9) シュレジンジャー[Ⅱ-149] Ⅱ, 350. 訳, 286.
10) イッキーズ[Ⅱ-88] Ⅰ, 171-173.
11) *A Report on National Planning and Public Works in Relation to National Resources and Including Land Use and Water Resources, with Findings and Recommendations*.
12) クロースン[Ⅱ-33], 107.
13) 同上, 第5章. ホワイト=メイズ[Ⅱ-178], 第3章.
14) クロースン[Ⅱ-33], 49-50.
15) ノース[Ⅱ-126], 63.
16) クロースン[Ⅱ-33], 50.
17) チャプマン[Ⅱ-32], 243.
18) クロースン[Ⅱ-33], 60-68. チャプマン[Ⅱ-32], 244-245.
19) チャプマン, 同上, 245.
20) 同上, 246.
21) 同上, 249.
22) 同上, 252-260.
23) 同上, 253.
24) ベイリー[Ⅱ-9], 27.
25) ノース[Ⅱ-126], 59-60. ベイリー, 同上, 20-21.
26) ノース, 同上, 60.
27) ベイリー[Ⅱ-9], 21-25.
28) 同上, 28.
29) 同上, 35.
30) 同上, 37.
31) 同上, 45.
32) 同上, 13-14. なお, 上院に提出されたマリー原案(S. 380)の原文は, ベイリー, 同上. の「アペンディクスA」に与えられている. したがって, ここに再録する必要はないであろう.
33) 同上, 54.
34) 同上, 55-56.
35) 同上, 56.
36) 同上.
37) 同上, 99-100.
38) スタイン[Ⅱ-164], 198.
39) ベイリー[Ⅱ-9], 49.
40) 同上, 117.
41) 同上, 49.
42) 同上, 116.
43) 同上, 151.
44) 同上, 159.
45) 同上, 167.
46) 下院公聴会[Ⅰ-6], 612-613.
47) 平井規之「1929年恐慌論サーヴェイ」,『経済研究』27巻1号, 62ページ.
48) ベイリー[Ⅱ-9] 177 本文, および同ページ脚注 80.
49) 同上, 223-225.

50) 同上，180-181.
51) 同上，80.
52) 同上，75-76，および第5章.
53) 以下は，コリンズ[Ⅱ-35]，100-112.
54) 以下は，ベイリー[Ⅱ-9]，132-138.
55) 以下は，コリンズ[Ⅱ-35]，81-87，および 129-141. ノース[Ⅱ-126]，60-61.
56) ベイリー[Ⅱ-9]，48 n.
57) ノース[Ⅱ-126]，x.
58) 同上，343-344.

参 考 文 献

I　連邦政府・議会関係

[I - 1]　Burns, Arthur E., and Williams, Edwards A., *Federal Work, Security, and Relief Programs*, U.S.G.P.O., 1941, Reprinted 1971, Da Capo Press edition.

[I - 2]　*Business Cycles and Unemployment: Report and Recommendations of a Committee of the President's Conference on Unemployment*, N.Y., 1923.

[I - 3]　Carothers, Doris, *Chronology of the Federal Emergency Relief Administration: May 12, 1933, to December 31, 1935*, U.S.G.P.O., 1937, Reprinted 1971, Da Capo Press edition.

[I - 4]　Federal Works Agency, *Final Statistical Report of the Federal Emergency Relief Administration*, U.S.G.P.O., Washington, 1942.

[I - 5]　*Full Employment Act of 1945, Hearings before a Subcommittee of the Committee on Banking and Currency*, United States Senate Seventy-Ninth Congress, First Session on S. 380, U.S.G.P.O., Washington, 1945.

[I - 6]　*Full Employment Act of 1945, Hearings before the Committee on Expenditures in the Executive Departments*, House of Representatives Seventy-Ninth Congress, First Session on H. R. 2202, U.S.G.P.O., Washington, 1945.

[I - 7]　Geddes, Ann E., *Trends in Relief Expenditures: 1910-1935*, U.S.G.P.O., 1937, Reprinted 1971, Da Capo Press edition.

[I - 8]　*History of Employment and Manpower Policy in the U. S. Twenty Years of Experience under the Employment Act of 1946*. U. S. Cong. Senate. Committee on Labor and Public Welfare, 1966.

[I - 9]　*Inquiries on the Employment Act of 1946. Report*. U. S. Cong. House. Committee on Government Operations, 1958.

[I - 10]　National Resources Planning Board, *The Economic Effects of the Federal Public Works Expenditures 1933-1938*, U.S.G.P.O., 1940.

[I - 11]　National Resources Planning Board, *Development of Resources and Stabilization of Employment in the United States. Part I. The Federal Program for National Development, Part II. Regional Development Plans*, and *Part III. Functional Development Policies*, U.S.G.P.O., 1941.

[I - 12]　Obey, David R., and Sarbanes, Paul, ed., *The Changing American Economy: Papers from the Fortieth Anniversary Symposium of the Joint Economic Committee of*

参 考 文 献

the United States Congress, N.Y., 1986.
[I - 13]　Public Papers and Addresses of Franklin D. Roosevelt, with a Special Introduction and Explanatory Notes by President Roosevelt (Samuel I. Rosenman, ed.), Random House, N.Y., 1938.
[I - 14]　Public Papers of the Presidents of the United States, Herbert Hoover, 1929-1933, 4 vols., U.S.G.P.O., 1914-1977.
[I - 15]　Recent Economic Changes in the United States, Report of the (Hoover) Committee on Recent Economic Changes of the President's Conference on Unemployment, 2 vols., N.Y., 1929, Johnson Reprint edition, 1966.
[I - 16]　Report of the President's Conference on Unemployment, Herbert Hoover, Chairman, 1921.
[I - 17]　The State Papers and Other Public Writings of Herbert Hoover, Vol. I, March 4, 1929 to October 1, 1931. Vol.II, October 1, 1931 to March 4, 1933, N.Y. 1933-1934.
[I - 18]　Twentieth Anniversary of the Employment Act of 1946: An Economic Symposium, U.S.G.P.O., 1966.
[I - 19]　Unemployment in the United States. Hearings before the Senate Committee on Education and Labor, 70th Congress, 2nd Session, 1928-1929.
[I - 20]　United States Bureau of the Budget, Committee on Records of War Administration War Records Section, The United States at War, Washington, D.C., 1946, Reprinted 1972, Da Capo Press edition.
[I - 21]　U. S. Department of Commerce, Bureau of the Census, Historical Statistics of the United States: Colonial Times to 1970, Part 1 and Part 2, U.S.G.P.O., 1975.

II　英文研究書

[II - 1]　Abbott, G., From Relief to Social Security, Chicago, 1941.
[II - 2]　Albertson, Dean, Roosevelt's Farmer: Claude R. Wickard in the New Deal, Columbia U.P., 1961, Reprinted 1975, Da Capo Press edition.
[II - 3]　Allen, Frederick L., Only Yesterday: An Informal History of the Nineteen-Twenties, Perennial Library edition, Harper & Row, 1964. (藤久ミネ訳『オンリー・イエスタディ——1920年代・アメリカ』研究社, 1975年, 研究社叢書)
[II - 4]　Allen, Frederick L., Since Yesterday: The Nineteen-Thirties in America Sept. 3, 1929-Sept. 3, 1939, Bantam Matrix edition, 1965.
[II - 5]　Allswang, John, M., The New Deal and American Politics: A Study in Political Change, John Wiley & Sons. 1978.
[II - 6]　Altmeyer, Arthur J., The Formative Years of Social Security, U. of Wisconsin

P., 1966.
[Ⅱ - 7] Andersen, Kristi, *The Creation of a Democratic Majority 1928-1936*, U. of Chicago P., 1979.
[Ⅱ - 8] Armstrong, Louise V., *We Too Are the People*, Boston, 1938, Reprinted 1972, Da Capo Press edition.
[Ⅱ - 9] Baily, Stephen., *Congress Makes a Law: The Story behind the Employment Act of 1946*, Columbia U.P., 1950, Reprinted 1980, Greenwood Press edition.
[Ⅱ - 10] Barber, William J., *From New Era to New Deal: Herbert Hoover, the Economists, and American Economic Policy, 1921-1933*, Cambridge U.P., 1985.
[Ⅱ - 11] Beard, Charles A., and Beard, Mary R., *America in Midpassage*, N.Y., Macmillan, 1946.
[Ⅱ - 12] Bennett, James T., and Johnson, Manuel H., *The Political Economy of Federal Government Growth: 1959-1978*, Texas A & M University, 1980.
[Ⅱ - 13] Bernstein, Irving, *The Lean Years*, Boston, 1960, Reprinted 1983, Da Capo Press paperback edition.
[Ⅱ - 14] Bernstein, Irving, *A Caring Society; The New Deal, The Worker, The Great Depression: A History of the American Worker 1933-1941*, Houghton Mifflin Company, 1985.
[Ⅱ - 15] Bird, Caroline, *The Invisible Scar*, David Mckay Company, Inc., 1966.
[Ⅱ - 16] Black, John D., *Parity, Parity, Parity*, Cambridge, MA, 1942, Reprinted 1972, Da Capo Press edition.
[Ⅱ - 17] Blaisdell, Donald C., *Government and Agriculture: the Growth of Federal Farm Aid*, N.Y., 1940, Reprinted 1974, Da Capo Press edition.
[Ⅱ - 18] Braeman, John, Bremner, Robert H., and Brody, David, ed., *Change and Continuity in Twentieth-Century America: The 1920's*. Ohio State U.P., 1968.
[Ⅱ - 19] Braeman, John, Bremner, Robert H., and Brody, David, *The New Deal*, Volume One, *The National Level*, Ohio State U.P., 1975.
[Ⅱ - 20] Braeman, John, Bremner, Robert H., and Brody, David, *The New Deal*, Volume Two, *The State and Local Level*, Ohio State U.P., 1975.
[Ⅱ - 21] Brown, J. C., *Public Relief 1929-1939*, 1940, Reprinted 1971.
[Ⅱ - 22] Browne, Vincent J., *The Control of the Budget*, 1949.
[Ⅱ - 23] Brownlow, Louis, *A Passion for Anonymity: The Autobiography of Louis Brownlow*, 1958.
[Ⅱ - 24] Brundage, Percival F., *The Bureau of the Budget*, 1970.
[Ⅱ - 25] Burner, David B., "Before the Crash: Hoover's First Eight Months in the Presidency," in Fausold and Mazuzen [Ⅱ - 51].

参考文献 247

[Ⅱ-26] Burner, David, *Herbert Hoover: A Public Life*. N.Y., 1979.
[Ⅱ-27] Burns, Arthur F., and Watson, Donald S., *Government Spending and Economic Expansion*, Washington, 1944, Reprinted 1972, Da Capo Press edition.
[Ⅱ-28] Burns, James M., *Roosevelt: The Lion and the Fox*, 1956.
[Ⅱ-29] Burns, James M., *Roosevelt: The Soldier of Freedom*, N.Y., 1970.
[Ⅱ-30] Carter, John F., *The New Dealers*, N.Y., 1934, Reprinted 1975, Da Capo Press edition.
[Ⅱ-31] Chandler, L. V., *America's Greatest Depression 1929-1941*, N.Y., Evanston, and London, 1970.
[Ⅱ-32] Chapman, Richard N., *Contours of Public Policy, 1939-1945.*, N.Y., and London, 1981.
[Ⅱ-33] Clawson, Marion, *New Deal Planning: The National Resources Planning Board*, The Johns Hopkins U.P., 1981.
[Ⅱ-34] Clarkson, Grosvenor B., *Industrial America in the World War: The Strategy Behind the Line, 1917-1918*, Houghton Mifflin Company, 1923.
[Ⅱ-35] Collins, Robert M., *The Business Response to Keynes, 1929-1964*, Columbia U.P., 1981.
[Ⅱ-36] Conkin, Paul K., *The New Deal*, N.Y., 1967.
[Ⅱ-37] Cuff, Robert D., *The War Industries Board: Business-Government Relations during World War I.*, The Johns Hopkins U.P., 1973.
[Ⅱ-38] Cuff, Robert D., "Herbert Hoover, the Ideology of Voluntarism and War Organization during the Great War," *The Journal of American History*, Vol. 64, No. 2, Sept. 1977.
[Ⅱ-39] Davis, James R., *Pre-Keynesian Economic Policy Proposals in the United States during the Great Depression*, U. of Virginia, Ph. D., 1967, University Microfilms, Inc., Ann Arbor.
[Ⅱ-40] Davis, Joseph S., *Wheat and the AAA*, The Brookings Institution, 1935, Reprinted 1973, Da Capo Press edition.
[Ⅱ-41] Davis, Joseph S., *The World between the Wars, 1919-39: An Economist's View*, Baltimore and London, 1975.
[Ⅱ-42] Dawes, Charles G., *The First Year of the Budget of the United States*, 1923.
[Ⅱ-43] Dimock, Marshal and Dimock, Gladys, *American Government in Action*, 1946.
[Ⅱ-44] Douglas, Paul, *Social Security in the United States*, N.Y., 1936.
[Ⅱ-45] Dreisziger, Nandor A. F., ed., *Mobilization for Total War: The Canadian, American and British Experience 1914-1918, 1939-1945*, Wilfred Laurier U.P.,

1981.

[Ⅱ - 46]　Droze, Wilmon H., Wolfskill, George and Leuchtenburg, William E., *Essays on the New Deal*, U. of Texas P., 1969.

[Ⅱ - 47]　Eccles, Marriner S., *Beckoning Frontiers: Public and Personal Recollections*, ed. by Sidney Hyman, 1951.

[Ⅱ - 48]　Eccles, Marriner S., *Economic Balance and A Balanced Budget*, N.Y., 1940, Reprinted 1973, Da Capo Press edition.

[Ⅱ - 49]　Falk, Isidore S., *Security against Sickness*, N.Y., 1936, Reprinted 1972, Da Capo Press edition.

[Ⅱ - 50]　Fausold, Martin L., *The Presidency of Herbert C. Hoover*, U.P. of Kansas, 1985.

[Ⅱ - 51]　Fausold, Martin L. and Mazuzen, George T., ed., *The Hoover Presidency: A Reappraisal*, State U. of N.Y.P., 1974.

[Ⅱ - 52]　Faÿ, Bernard, *Roosevelt and His America*, Little, Brown, and Company, 1934.

[Ⅱ - 53]　Fine, Sherwood M., *Public Spending and Postwar Economic Policy*, Columbia U.P., 1944.

[Ⅱ - 54]　Fisher, Louis, *Presidential Spending Power*, Princeton U.P., 1975.

[Ⅱ - 55]　Friedman, M. and Schwartz, A.J., *A Monetary History of the United States 1867-1960*, Princeton, N.J., 1963.

[Ⅱ - 56]　Frisch, Morton J., and Diamond, Martin, *The Thirties: A Reconsideration in the Light of the American Political Tradition*, Northern Illinois U.P., 1968.

[Ⅱ - 57]　Freidel, Frank, "The Interregnum Struggle Between Hoover and Roosevelt," in Fausold and Mazuzen [Ⅱ - 51].

[Ⅱ - 58]　Galbraith, John K., "How Keynes Came to America," in his *A Contemporary Guide to Economics, Peace, and Laughter*, 1971. (小原敬士・新川健三郎共訳『経済学・平和・人物論』河出書房新社, 1972 年)

[Ⅱ - 59]　Garraty, John A., *The Great Depression: An Inquiry into the Causes, Course, and Consequences of the Worldwide Depression of the Nineteen-Thirties, as seen by Contemporaries and in the Light of History*, 1986.

[Ⅱ - 60]　Gervasi, Frank, *Big Government: The Meaning and Purpose of the Hoover Commission Report*, 1949.

[Ⅱ - 61]　Gill, Corrington, *Wasted Manpower*, N.Y., 1939, Reprinted 1973, Da Capo Press edition.

[Ⅱ - 62]　Gunther, John, *Roosevelt in Retrospect: A Profile in History*, 1950. (清水俊二訳『回想のローズヴェルト』早川書房, 1968 年)

参 考 文 献

[Ⅱ-63] Hansen, Alvin H., *Full Recovery or Stagnation*, London, 1938.
[Ⅱ-64] Hansen, Alvin H., *Fiscal Policy and Business Cycles*, N.Y., 1941. (都留重人訳『財政政策と景気循環』日本評論社, 1950 年)
[Ⅱ-65] Hansen. Alvin H., *The American Economy*, N.Y., 1957. (小原敬士・伊東政吉訳『アメリカの経済』東洋経済新報社, 1959 年)
[Ⅱ-66] Hansen, Alvin H., *Business Cycles and National Income*, Maruzen Asian Edition.
[Ⅱ-67] Harris, Seymour E., *John Maynard Keynes: Economist and Policy Maker*, N. Y. and London, 1955. (塩野谷九十九訳『ケインズ入門——人・学説・政策』東洋経済新報社, 1957 年)
[Ⅱ-68] Harrod, Roy F., *The Life of John Maynard Keynes*, 1951. (塩野谷九十九訳『ケインズ伝 改訳版 上・下』東洋経済新報社, 1967 年)
[Ⅱ-69] Hawley, Ellis W., "Herbert Hoover and American Corporatism, 1929-1933," in Fausold and Mazuzen[Ⅱ-51].
[Ⅱ-70] Hawley, Ellis W., "Herbert Hoover, the Commerce Secretariat, and the Vision of an 'Associative State,' 1921-1928," *The Journal of American History*, Vol. 61, No.1., June 1974.
[Ⅱ-71] Hawley, Ellis W., ed., *Herbert Hoover as Secretary of Commerce: Studies in New Era Thought and Practice*, U. of Iowa P., 1974.
[Ⅱ-72] Hayes, Douglas A., *Business Confidence and Business Activity: A Case Study of the Recession of 1937*, U. of Michigan P., 1951.
[Ⅱ-73] Hayes, E. P., *Activities of the President's Emergency Committee for Employment*, Printed privately for private circulation, New Hampshire, 1936.
[Ⅱ-74] Hearn, Charles R., *The American Dream in the Great Depression*, Contributions in American Studies, No. 28., Greenwood Press, 1977.
[Ⅱ-75] Herzog, Peter W., *The Morris Plan of Industrial Banking*, 1928. (西崎正訳『モリス式勤労銀行』岩波書店, 1931 年)
[Ⅱ-76] Hobbs, Edward, *Behind the President: A Study of Executive Office Agencies*, 1954.
[Ⅱ-77] Hofstadter, Richard, *The Age of Reform: from Bryan to F.D.R.*, London, 1962.
[Ⅱ-78] Hofstadter, Richard, *The American Political Tradition and the Men Who Made It*, Vintage Books edition, 1973. (田口富久治・泉昌一訳『アメリカの政治的伝統Ⅰ, Ⅱ——その形成者たち』岩波現代叢書, 1968 年)
[Ⅱ-79] Hoover, Herbert, *American Individualism*, N.Y., 1922, Reprinted 1979, Garland Publishing edition.

[Ⅱ - 80]　Hoover, Herbert, *The Challenge to Liberty*, N.Y., 1934, Reprinted 1973, Da Capo Press edition.

[Ⅱ - 81]　Hoover, Herbert, *The Memoirs of Herbert Hoover*, 3 vols., London, Hollis and Carter, 1951-1953.

[Ⅱ - 82]　Howard, Donald S., *The WPA and Federal Relief Policy*, N.Y., 1943, Reprinted 1973, Da Capo Press edition.

[Ⅱ - 83]　Howenstine, E. Jay, Jr., "Public Works Policy in the Twenties," *Social Research*, Vol. 13, No. 4., Dec. 1946.

[Ⅱ - 84]　Huthmacher, J. Joseph, and Susman, Warren I., ed., *Herbert Hoover and the Crisis of American Capitalism*. Essays and Rejoinders by Ellis W. Hawley, Murray N. Rothbard, Robert F. Himmelberg, and Gerald D. Nash, Cambridge, MA, 1973.

[Ⅱ - 85]　Hutton, Will, *The Revolution That Never Was: An Assessment of Keynesian Economics*, Longman Inc., 1986.

[Ⅱ - 86]　Hyman, Sidney, *Marriner S. Eccles: Private Entrepreneur and Public Servant*, California, 1976.

[Ⅱ - 87]　Ickes, Harold, *Back to Work: The Story of PWA*, N.Y., 1935.

[Ⅱ - 88]　Ickes, Harold, *The Secret Diary of Harold L. Ickes: Volume I. The First Thousand Days 1933-1936*, 1953, *Volume II. The Inside Struggle 1936-1939*, 1954, and *Volume III. The Lowering Clouds 1939-1941*, 1954, Reprinted 1974, Da Capo Press edition.

[Ⅱ - 89]　Johnson, Walter, *The Battle against Isolation*, Chicago, 1944, Reprinted 1972, Da Capo Press edition.

[Ⅱ - 90]　Jones, Byrd. L., "The Rise of Keynesians in Wartime Policy and Postwar Planning, 1940-1946," *American Economic Review*, May 1972.

[Ⅱ - 91]　Jones, Jesse H., with Edward Angly, *Fifty Billion Dollars: My Thirteen Years with the RFC (1932-1945)*, N.Y., 1951.

[Ⅱ - 92]　Karl, Barry D., *Executive Reorganization and Reform in the New Deal: The Genesis of Administrative Management, 1900-1939*, Harvard U.P., 1963.

[Ⅱ - 93]　Karl, Barry D., *The Uneasy State: The United States from 1915 to 1945*, U. of Chicago P., 1983.

[Ⅱ - 94]　Kennedy, Susan E., *The Banking Crisis of 1933*, U. P. of Kentucky, 1973.

[Ⅱ - 95]　Kennett, Lee, *For the Duration… : The United States goes to War 'Pearl Harbor—1942'*, Charles Scribner's Sons, 1985.

[Ⅱ - 96]　Keynes, John M., *The Collected Writings of John Maynard Keynes*, London, 1971-.

参考文献　　　　　　　　　　251

[Ⅱ-97] Kimmel, Lewis H., *Federal Budget and Fiscal Policy, 1789-1958*, The Brookings Institution, 1959.

[Ⅱ-98] Kindleberger, Charles P., *The World in Depression 1929-1939*, London, 1973. (石崎昭彦・木村一郎訳『大不況下の世界 1929-1939』東京大学出版会, 1982年)

[Ⅱ-99] Kirkendall, Richard S., "The New Deal and Agriculture," in J. Braeman, R. H. Bremner and D. Brody, ed. [Ⅱ-19].

[Ⅱ-100] Kurzman, Paul A., *Harry Hopkins and the New Deal*, R. E. Burdick, Inc., 1974.

[Ⅱ-101] Lekachman, Robert, ed. *Keynes' General Theory: Reports of Three Decades*, London, 1964. (田中恒夫訳『ケインズ経済学の発展――『一般理論』後の三〇年の歩み』東洋経済新報社, 1967年)

[Ⅱ-102] Ленин, В., Полное собрание сочинений. Изд. 5-е. Том 1-55. Москва, 1958-1965. (『レーニン全集』全45巻, 別巻2巻, 「5版と4版の対照表」大月書店. 第1-35巻 第4版, 1953-1960年. 第36-45巻 第4版の補巻(それまで収録または発見されていなかった著作, 手紙, 準備資料等) 1960-1969年. 別巻2巻 索引 1959-1960年. 5版と4版の対照表 1968年)

[Ⅱ-103] Leuchtenburg, William E., *The Perils of Prosperity, 1914-32*, U. of Chicago P., 1958.

[Ⅱ-104] Leuchtenburg, William E., *Franklin D. Roosevelt and the New Deal 1932-1940*, 1963. (陸井三郎訳『ローズヴェルト』(二十世紀の大政治家3) 紀伊国屋書店, 1968年)

[Ⅱ-105] Lewis, W. Arthur, *Economic Survey 1919-1939*, London, 1949. (石崎昭彦・森恒彦・馬場宏二訳『世界経済論』新評論, 1969年)

[Ⅱ-106] Lindley, Ernest K., *Half Way with Roosevelt*, Revised ed., The Viking Press, 1937, Reprinted 1975, Da Capo Press edition.

[Ⅱ-107] Louchheim, Katie, ed., *The Making of the New Deal: The Insiders Speak*, Harvard U.P., 1983.

[Ⅱ-108] Lowitt, Richard, and Beasley, Maurine, *One Third of a Nation: Lorena Hickok Reports on the Great Depression*, U. of Illinois P., 1981.

[Ⅱ-109] Lynch, David, *The Concentration of Economic Power*, 2nd pr., 1947.

[Ⅱ-110] Lyons, Eugene, *Herbert Hoover: A Biography*, N.Y., 1964.

[Ⅱ-111] MacMahon, Arthur W., Millet, John D., and Ogden, Gladys, *The Administration of Federal Work Relief*, Chicago, 1941, Reprinted 1971, Da Capo Press edition.

[Ⅱ-112] May, Dean L., *From New Deal to New Economics: The American Liberal*

Response to the Recession of *1937*, N.Y. and London, 1981.
- [Ⅱ - 113] Means, Gardiner C., "Industrial Prices and Their Flexibility," in his *The Corporate Revolution in America*, 1962.
- [Ⅱ - 114] Middleton, Roger, *Towards the Managed Economy: Keynes, the Treasury and the Fiscal Policy Debate of the 1930s*, Methuen & Co. Ltd., 1985.
- [Ⅱ - 115] Millett, John D., *The Process and Organization of Government Planning*, N.Y., 1947, Reprinted 1972, Da Capo Press edition.
- [Ⅱ - 116] Milton, George, *The Use of Presidential Power*, 1944.
- [Ⅱ - 117] Mitchell, Broadus, *Depression Decade: From New Era through New Deal, 1929-1941*, Harper Torchbook edition, 1969.
- [Ⅱ - 118] Mitchell, Wesley C., *Business Cycles and their Causes*, U. of California P., 1960. (種瀬茂・松石勝彦・平井規之訳『景気循環』新評論, 1972 年)
- [Ⅱ - 119] Moley, Raymond, *After Seven Years*, New York, 1939, Reprinted 1972, Da Capo Press edition.
- [Ⅱ - 120] Morstein Marx, Fritz, "The Bureau of the Budget: Its Evolution and Present Role," *The American Political Science Review*, Sept., and Oct., 1945.
- [Ⅱ - 121] Moulton, Harold G., et al., *The Recovery Problem in the United States*, Washington, D.C., 1936, Reprinted 1972, Da Capo Press edition.
- [Ⅱ - 122] Nadler, Marcus, and Bogen, Jules I., *The Banking Crisis: the End of an Epoch*, N.Y., 1933, Reprinted 1980, Arno Press edition.
- [Ⅱ - 123] Nash, Gerald D., ed., *Franklin Delano Roosevelt*, N.J., 1967.
- [Ⅱ - 124] Neustadt, Richard E., *Presidential Power: The Politics of Leadership from FDR to Carter*, John Wiley & Sons, Inc., 1960.
- [Ⅱ - 125] Norton, Hugh S., *The Employment Act and the Council of Economic Advisers, 1946-1976*, U. of South Carolina P., 1977.
- [Ⅱ - 126] Nourse, Edwin G., *Economics in the Public Service: Administrative Aspects of the Employment Act*, N.Y., 1953.
- [Ⅱ - 127] O'Connor, J. F. T., *The Banking Crisis and Recovery under the Roosevelt Administration*, Chicago, 1938.
- [Ⅱ - 128] Olson, James S., *Herbert Hoover and the Reconstruction Finance Corporation, 1931-1933*, Iowa State U.P., 1977.
- [Ⅱ - 129] Paris, James D., *Monetary Policies of the United States 1932-1938*, Columbia U.P., 1938.
- [Ⅱ - 130] Patterson, James T., *America's Struggle against Poverty 1900-1980*, Harvard U.P., 1981.
- [Ⅱ - 131] Peel, Roy V., and Donelly, Thomas C., *The 1932 Campaign: An Analysis*,

N.Y., 1935, Reprinted 1973, Da Capo Press edition.
[Ⅱ-132]　Perkins, Frances, *The Roosevelt I Knew*, 1946.
[Ⅱ-133]　Porter, David L., *Congress and the Waning of the New Deal*, Kennikat Press, 1980.
[Ⅱ-134]　Potter, J., *The American Economy between the World Wars*, London and Basingtoke, 1974.
[Ⅱ-135]　Prothro, James W., *The Dollar Decade: Business Ideas in the 1920's*, Louisiana State U.P., 1954.
[Ⅱ-136]　Rauch, Basil, *The History of the New Deal 1933-1938*, 1944, 2nd ed., 1963, Reprinted 1975, Octagon Books edition.
[Ⅱ-137]　Richberg, Donald, *The Rainbow*, 1936.
[Ⅱ-138]　Robinson, Edgar E., and Bornet, Vaughn D., *Herbert Hoover: President of the United States*. Hoover Institution Press, 1975.
[Ⅱ-139]　Rodgers, Cleveland, *The Roosevelt Program*, N.Y., 1933.
[Ⅱ-140]　Romasco, Albert U., *The Poverty of Abundance: Hoover, the Nation, the Depression*, Oxford U.P., 1965.
[Ⅱ-141]　Romasco, Albert U., "Herbert Hoover's Policies for Dealing with the Great Depression: The End of the Old Order or the Beginning of the New?" in Fausold and Mazuzen [Ⅱ-51].
[Ⅱ-142]　Romasco, Albert U., "Hoover-Roosevelt and the Great Depression: A Historiographical Inquiry into a Perennial Comparison," in John Braeman *et al*. [Ⅱ-19].
[Ⅱ-143]　Roose, Kenneth D., *The Economics of Recession and Revival*, Yale U.P., 1954.
[Ⅱ-144]　Roosevelt, Franklin D., *On Our Way*, N.Y., 1934.
[Ⅱ-145]　Rosen, Elliot A., *Hoover, Roosevelt and the Brains Trust: From Depression to New Deal*, Columbia U.P., 1977.
[Ⅱ-146]　Rosenman, Samuel I., *Working with Roosevelt*, N.Y., 1952, Reprinted 1972, Da Capo Press edition.
[Ⅱ-147]　Rosenof, Theodore, *Dogma, Depression, and the New Deal: The Debate of Political Leaders over Economic Recovery*, N.Y., 1975.
[Ⅱ-148]　Rothbard, Murray N., *America's Great Depression*, 3rd ed., Kansas City, 1975.
[Ⅱ-149]　Schlesinger, Arthur M., Vol.I., *The Age of Roosevelt: The Crisis of the Old Order, 1919-1933*, Boston, 1957, Vol.II., *The Coming of the New Deal*, Boston, 1958, and Vol.III., *The Politics of Upheaval*, London, Melbourne and Toronto,

1961. (中屋健一監修『ローズヴェルトの時代 I, II, III』 I「1919～1933 旧体制の危機」救仁卿繁訳, ぺりかん社, 1970 年. II「ニューディールの登場」佐々木専三郎訳, 論争社, 1963 年. III「大変動期の政治」ぺりかん社, 1966 年)

[II - 150]　Schwartz, Bonnie Fox, *The Civil Works Administration, 1933-1934: The Business of Emergency Employment in the New Deal*, Princeton U.P., 1984.

[II - 151]　Schwarz, Jordan A., *The Interregnum of Despair: Hoover, Congress, and the Depression*, U. of Illinois P., 1970.

[II - 152]　Schwarz, Jordan A., "Hoover and Congress: Politics, Personality, and Perspective in the Presidency," in Fausold and Mazuzen [II - 51].

[II - 153]　Schwarz, Jordan A., *The Speculator: Bernard M. Baruch in Washington, 1917-1965*, U. of N. Carolina P., 1981.

[II - 154]　Seldes, Gilbert, *The Years of the Locust (America, 1929-1932)*, Boston, 1933, Reprinted 1973, Da Capo Press edition.

[II - 155]　Selko Daniel T., *The Federal Financial System*, Washington, D.C., 1940, Reprinted 1975, Da Capo Press edition.

[II - 156]　Sherwood, Robert, *Roosevelt and Hopkins*, 1948.

[II - 157]　Slosson, Preston W., *The Great Crusade and After: 1914-1928*, N.Y., 1930.

[II - 158]　Smith, Harold D., "The Bureau of the Budget," *Public Administration Review*, Vol. 1, No. 2, Winter, 1941.

[II - 159]　Smith, Harold D., *The Management of Your Government*, 1945.

[II - 160]　Smith, Richard N., *An Uncommon Man: The Triumph of Herbert Hoover*, N.Y., 1984.

[II - 161]　Sobel, Robert, *Herbert Hoover at the Onset of the Great Depression, 1929-1930*, Philadelphia, 1975.

[II - 162]　Soule, George, *The Coming American Revolution*, The Macmillan Company, 1935.

[II - 163]　Soule, George, *Prosperity Decade; From War to Depression: 1917-1929*, Rinehart & Company, Inc., 1947.

[II - 164]　Stein, Herbert, *The Fiscal Revolution in America*, U. of Chicago P., 1969.

[II - 165]　Stein, Herbert, *Presidential Economics: The Making of Economic Policy from Roosevelt to Reagan and Beyond*, Simon and Schuster, N.Y., 1984. (土志田征一訳『大統領の経済学——ルーズベルトからレーガンまで』日本経済新聞社, 1978 年)

[II - 166]　Studenski, Paul and Kroos, Herman, E., *Financial History of the United*

States, 1st ed., 1952, 2nd ed., 1963.

[Ⅱ - 167] Sweezy, Alan, "The Keynesians and Government Policy, 1933-1939," *American Ecomomic Review*, May 1972.

[Ⅱ - 168] Sweezy, Paul M., "The First Quarter Century," in Lekachman, ed., [Ⅱ - 101].

[Ⅱ - 169] Tugwell, Rexford G., *The Democratic Roosevelt: A Biography of Franklin D. Roosevelt*, N.Y., 1957.

[Ⅱ - 170] Vatter, Harold G., *The U. S. Economy in World War II*, Columbia U.P., 1985.

[Ⅱ - 171] Viner, Jacob, "Comments on my 1936 Review of Keynes' General Theory," in Lekachman, ed., [Ⅱ - 101].

[Ⅱ - 172] Walton, Gary M., *Regulatory Change in an Atmosphere of Crisis: Current Implications of the Roosevelt Years*, Academic Press, 1979.

[Ⅱ - 173] Wann, A. J., *The President as Chief Administrator: A Study of Franklin D. Roosevelt*, 1968.

[Ⅱ - 174] Warren, Harris G., *Herbert Hoover and the Great Depression*, Oxford U.P., 1959.

[Ⅱ - 175] Wecter, Dixon, *The Age of the Great Depression: 1929-1941*, N.Y., 1948.

[Ⅱ - 176] Weir, Margaret, and Skocpol, Theda, "State Structures and the Possibilities for "Keynesian" Responses to the Great Depression in Sweden, Britain, and the United States," in Evans, Peter B., Rueschemeyer, Dietrich, and Skocpol, Theda, ed., *Bringing the State Back in*, Cambridge U.P., 1985.

[Ⅱ - 177] White, Graham, *FDR and the Press*, U. of Chicago P., 1979.

[Ⅱ - 178] White, Graham, and Maze, John, *Harold Ickes of the New Deal: His Private Life and Public Career*, Harvard U.P., 1985.

[Ⅱ - 179] Wilson, David E., *National Planning in the United States: An Annotated Bibliography*, Boulder, Colorado, 1979.

[Ⅱ - 180] Wilson, David E., *The National Planning Idea in U. S. Public Policy: Five Alternative Approaches*, Boulder, Colorado, 1980.

[Ⅱ - 181] Winch, Donald, *Economics and Policy: A Historical Study*, 1969.

[Ⅱ - 182] Witte, Edwin E., *The Development of the Social Security Act*, U. of Wisconsin P., 1962.

[Ⅱ - 183] Wolfskill, George, *Happy Days Are Here Again!* Hinsdale, Ill., 1974.

[Ⅱ - 184] Woofter, T. J., Jr., and Winston, Ellen, *Seven Lean Years*, U. of North Carolina P., 1939, Reprinted 1972, Da Capo Press edition.

[Ⅱ - 185] Wynn, Neil A., *From Progressivism to Prosperity: World War I and Amer-*

ican Society, Holmes & Meier, 1986.

Ⅲ 邦文研究書
- [Ⅲ-1] アメリカ経済研究会編『ニューディールの経済政策』慶応通信, 1965年.
- [Ⅲ-2] 尾上一雄『フーヴァ大統領の不況対策』千倉書房, 1985年.
- [Ⅲ-3] 加藤栄一「ニューディール財政の成果と限界㈠, ㈡」東京大学『社会科学研究』第26巻第5号, 1975年, 第27巻第3号, 1976年.
- [Ⅲ-4] 小松聰『ニューディールの経済体制』雄松堂出版, 1986年.
- [Ⅲ-5] 東京大学社会科学研究所編『ナチス経済とニューディール』東京大学出版会, 1979年.
- [Ⅲ-6] 馬場宏二『アメリカ農業問題の発生』東京大学出版会, 1969年.
- [Ⅲ-7] 森岡孝二『現代資本主義分析と独占理論』青木書店, 1982年.

索　引

ア　行

アメリカ医師会　103
アメリカ外科医師会　103
アメリカ在郷軍人会　89
アメリカ社会保障協会　105
「アメリカのビジネスはビジネスである」　61
アメリカ民主主義のための経済計画　162
アメリカ労働立法協会　102
アメリカ老齢保障協会　99
「アメリカン・システム」　17, 24, 35, 45, 56, 61, 70, 72, 108, 155
「アルファベット機関」　165-168
暗黒の火曜日—1929年10月29日　40
安定公社　37

イッキーズ, H.　115, 121-127, 138, 152, 166, 169, 191-193, 234
一般行政費　89, 107

ヴァイナー, J.　151-153, 157
ウィスコンシン学派　102, 104
ウィッティントン, W.　219, 224
ウィット, E. E.　103, 104
ウィリアム・アプルマン・ウィリアムズ　102
ウィリアムズ, A.　113, 115, 155
ウィルコクス, W.　22
ウィルスン, M. L.　94, 95
ウィルスン大統領　12, 21, 35, 91, 156
ヴィンスン海軍拡張法—1938年　88
ヴィンスン海軍対等法—1934年　88
ヴェブレン, T.　102
ヴェルダン要塞　52
ウォーカー, F.　169, 170
ウォーレス, H. A.　95, 102, 191
ウッズ, A.　33, 44, 60

ウッディン, W.　80, 81, 137
エクルズ, M.　119, 122, 133, 138-155, 234
エプスタイン, A.　99, 105
エリオット, C. W.　191, 193
エリオット, T.　105
「丘の上の白い家」　68
「恐れ以上に恐れるべきものはない」　167
オルスン, J.　61, 82
オルトマイアー, A. J.　103
オールドリッチ, W. W.　84

カ　行

「介入論者」　17
価格設定　14
「隔離演説」("Quarantine Speech")　87
家計赤字方式　119
合衆国商業会議所　9, 223-225
カーティス, C.　44
「カードの配り直し」　75
「金持ちから絞り取れ」という計画 ("soak-the-rich" program)　133
カフリン神父　100
カミングズ, H.　102
カリー, L.　160, 181
管理価格　91
管理官　82
「管理通貨制」　85, 86
「官僚帝国」　18, 34

「機会の国」　107, 177
キーザリング, L.　159, 188
規制緩和 (deregulation)　85
ギフォード, W. (ATT会長)　46
基本農産物　96
救済融資　61

行政研究所　19
行政再編法—1939年　165
「協力・共同国家」　9, 15, 17-25, 34, 48, 56
緊急会議(EC)—1932年　168
緊急救済支出法—1935年　117, 125, 126, 192
緊急教育救済　114
緊急銀行法—1933年　82
緊急公共事業経済諮問委員会　28, 30
緊急支出　86, 89, 107, 131
緊急農地抵当法—1933年　96
銀行法—1933年　83
キンメル，L.　59, 137

「空白期」(interregnum)　72
クズネッツ，S.　23
クラウディング・アウト　49, 58
グラス＝スティーゴール法—1933年　83, 85
クーリッジ大統領　10, 18, 25
グリーン，W.　105
グレインジ(National Grange)　92
軍人恩給　88

ゲイ，E. F.　22
経済報告合同委員会，合同経済委員会(JEC)　2, 163, 235
経済保障委員会　102-104
ケインズ，J. M.　156-159
「ケインズ革命」　5
ケネディ・ラウンド　90

公共事業　86, 107, 121
公共事業拡大法—1937年　126
公共事業局(PWA)　114, 115, 121-127, 165
工業標準局単一慣行部　23
国防費　87, 89
コスティガン，E. P.　46
コモンズ，J. R.　102, 103
雇用促進局(WPA)　98, 112, 114-121, 139
雇用法—1946年　1-3, 76, 141, 156, 163, 185-231

政策の布告　1
パットン修正案　201
マリー原案S. 380　185, 207-213
下院原案H.R. 2202　216
孤立主義　87

サ　行

「最高裁詰め換え」法案—1937年　170
「最後の貸し手」　66
「最後のスペンダー」　66
「財政革命」　127, 128, 137, 143, 144
財政均衡主義　58-60, 66, 146, 150
財政準備金　28, 33
歳入法—1935年　133
財務長官年次報告　78, 86, 125, 134
『サーヴェイ』誌(Survey of Current Business)　22
作付面積の割当て　94
産業緊急委員会(IEC)　168
「産業の自治」　13, 15, 21, 36, 42, 55, 56, 70
「30億ドル準備基金」計画　33
「参謀秘書」　165

資源保全青年団(CCC)　118
「自己精算的な」プロジェクト　66
「死体置場のヘンリー」(Henry the Morgue)　132, 152
失業救済　107, 111, 114
失業対策事業　98, 108
「自発的協力」路線　36, 38, 42, 43, 53, 55, 56, 61, 70, 73, 93, 94
自発的国内割当プラン　94, 95
社会事業全国会議　47
社会保障　89, 97
社会保障法—1935年　97, 101, 103, 104
ジュグラー＝マルクス・サイクル　29, 40, 69, 149
授産救済　98, 114, 121
シュレジンジャー，A.　129
償還請求権なき融資　96
商品信用公社　96
商品前貸　37
商務省　18, 20, 23

索　引　259

食糧・燃料法—1917年　12
新紀元(New Era)　29, 39

スウィージー, A.　128, 138, 157
スウォープ, G.　44
スタイン, H.　59, 132, 148, 188, 214
ストロング, B.　51
ストーン, H. F.　105
スピルマン, W. J.　94
「スペンダーズ」　138, 143-155
スペンディング・ポリシー　3, 78, 128, 131, 134, 137-141, 147, 151

生産統制契約　95
政治学会(Academy of Political Science)　153
節約法—1933年　130, 134
セリグマン, E. R. A.　21
1937-38年景気後退　143-146
全国緊急会議(NEC)—1933年, 1934年　168, 169
全国産業復興法(NIRA)—1933年　114, 116, 121, 192
全国資源計画委員会(NRPB)　170, 193-198, 202, 206
全国信用会社(NCC)　55, 56, 63
全国青少年局(NYA)　167
全国ビジネス・サーヴェイ会議　40-44
戦時金融公社(WFC)　64
戦時産業本部(WIB)　11, 12
戦時動員局(OWM)　165, 203
全米製造業者協会(NAM)　9, 225

ソロー, H.　167

タ　行

第一次世界大戦　10-16, 38
退役軍人への支給金(veterans' bonus)　89
大収縮(the Great Contraction)　51
対敵通商法—1917年　80, 82
大統領行政管理改革委員会　169, 170
大統領行政府　163, 164, 171, 174
大統領経済諮問委員会(CEA)　2, 163, 188, 231
大統領経済報告　2, 218
大統領雇用緊急委員会　44, 60, 113
大統領失業救済組織　45-48, 113
大統領失業コンファランス　26-34, 41, 49, 149
大量失業　108, 188
タウンゼンド運動　99
タウン・ミーティング　169
タグウェル, R.　95, 147, 151, 152
ダグラス, L.　83, 166
ターボァ, G.　219
ダンピング輸出　93, 94

中央銀行なき資本主義　85
長期計画(long-time plans and programs)　170
「長期停滞」　150, 161
調整補償法—1936年　133
直接救済　98

通貨監査長官　82
通常支出　89, 130-134
「つるはしとシャベル」　118, 120, 121, 139

ディル=コナリー法案　99
デューイ, T.　178

統計諮問委員会　21
投資(実物投資)　28
土壌保全全国内割当法—1936年　95
ドーズ, C. G.　65, 173, 174
ドーテン, C. W.　22
トマス修正法—1933年　83
トルーマン, H. S　1, 75, 206, 229
トレイド・アソシエイションズ　14-17, 22, 36, 43
泥棒貴族　12

ナ　行

ナショナル・ビュアロー(NBER)　23, 201

「二重課税」　133
二重予算制度　86, 129-138
ニューディーラー　71, 77, 145, 146
ニューディール　71, 72, 74-76, 79
　「実験」としての——　72, 73, 77, 78, 86
ニューヨーク結核・衛生協会　110
ニューヨーク福祉協議会　110

「年俸1ドル・マン」　11

農業市場法——1929年　36, 37
農業信用局（FCA）　96
農業信用法——1933年　96
農業調整局（AAA）　95, 166
農業調整法——1933年　83, 95

ハ　行

「ハーヴァード・タフツ・セヴン」　162
パーキンズ, F.　97, 101, 102, 104, 127, 159, 161, 191
「バジェット・バランサーズ」　138, 143, 144, 146, 147, 153, 155, 157
ハーディング大統領　18-26
バード, C.　109
バード委員会　170
馬場宏二　92-94
バランタイン, A. A.　81
ハリス, S.　148, 156, 157
ハリスン, G. L.　63, 64
「パリティ」(parity)　90, 92, 96
ハリントン, F. C.　119
バルーク, B. M.　10-12, 203-205
パール・ハーバー　175
バンク・ホリデイ　67, 82
バーンズ, J.　42
ハンセン, A.　2, 140, 161-163, 227, 229
パンプ・プライミング　115, 139, 140

ビアド夫妻　79
ピーク, G.　93, 95
ヒコック, L.　108, 120
PWA支出法——1938年　126
「ビッグ・ガヴァメント」　7, 19

ヒンメルバーグ, R.　8

ファシズム　71
ファーム・ビュアロー (American Farm Bureau Federation)　92, 93
フーヴァ, H. C.　5, 10, 13, 49, 68, 109
　「偉大なるエンジニア」　42, 69
　商務長官としての——　18-25
　食糧長官としての——　11-14
　大統領としての——　5, 34-74
フーヴァ・コミッション　164
フーヴァ政権　6-8, 34, 44, 60
フェアディール　75
フェデラリズム　31, 45, 81, 104, 115
復興金融公社（RFC）　7, 56-67, 82, 96, 111, 126
ブラウンロウ, L.　169, 170
ブラック, J. D.　94, 95
フリードマン＝シュウォーツ　51, 52
ブルースター, R.　33
ブレイン・トラスト　77, 168
ブレーマン, M.　105
プロスロ, J.　9

「平常通りの業務」(business as usual)　42, 77
ベヴァリッジ・プラン　97
ペコラ, F.　84
ヘンダスン, L.　155

報償制度 (merit rating)　104
保障賃金 (security wage)　118
ホドスン, W.　110
ホプキンズ, H.　102, 108, 110-124, 138, 152-155, 166, 170, 234
ホーフスタッター, R.　76
ホーリー, E.　9, 15, 17

マ　行

マイアー, E.　67
マクネアリ＝ハウゲン法案　35, 92-95
マクマホン＝ミレー＝オグデン　120
マナスコ＝レイション　218

索　引

マレリー, O. T.　30-33

ミッチェル, W. C.　21, 25, 39, 102, 191, 193
未分配利潤税　133
ミルズ, O.　81
民間事業局 (CWA)　112-116, 120, 123, 139, 165
ミーンズ, G. C.　91

メイ, D.　148
メロン, A.　6, 19, 54

モーゲンソー, H.　102, 132, 137, 138, 151-154, 160

ヤ　行

ヤング, A. A.　22

ユニオン (Farmers' Educational and Co-operative Union)　92, 93
「揺籃から墓場まで」　97

ラ　行

ライアンズ, E.　14
ラフォレット, R. M., Jr.　46
ラムル, B.　94, 155, 192, 226
ラモント, R. P.　40

リザーヴ・ファンド(積立金)　103
利潤設定 (profit-fixing)　14

リチー, L.　81
リッチバーグ, D.　169, 170
リンカン大統領　80
臨時緊急救済局 (TERA)　110

レイディ・バード・ジョンスン　167
レーマン, H.　111
連邦救済事業計画　117, 118, 125
連邦緊急救済局 (FERA)　102, 111-119, 125, 130, 165
連邦緊急救済法―1933 年　98, 111
連邦芸術プロジェクト, 連邦著作家プロジェクト　121
「連邦雇用事業」　45, 60
連邦準備局　84
連邦農務局　36, 37, 94
連邦預金保険公社 (FDIC)　84, 85

ローク, B.　78, 147
ロシター, W. S.　22
ローズヴェルト大統領 (FDR)　5, 61, 67, 75, 82, 144, 152
ロスバード, M. N.　7
ローゼンマン, S. I.　76, 167
炉辺談話 (fireside chat)　82
ロング, H.　100

ワ　行

ワグナー, R.　45, 60, 212, 216
ワグナー＝ルイス失業保険法案　100

■岩波オンデマンドブックス■

一橋大学経済研究叢書 38
大恐慌とアメリカ財政政策の展開

1988年3月30日　第1刷発行
2018年5月10日　オンデマンド版発行

著　者　平井規之（ひらい のりゆき）

発行者　岡本　厚

発行所　株式会社　岩波書店
〒101-8002　東京都千代田区一ツ橋2-5-5
電話案内　03-5210-4000
http://www.iwanami.co.jp/

印刷／製本・法令印刷

Ⓒ 平井文子 2018
ISBN 978-4-00-730753-9　Printed in Japan